国家文化治理现代化研究

RESEARCH ON THE MODERNIZATION OF
NATIONAL CULTURAL GOVERNANCE

祁述裕 等◎著

社会科学文献出版社
SOCIAL SCIENCES ACADEMIC PRESS (CHINA)

本书为国家社科基金艺术学重大项目（项目批准号：14ZD04）

目　录

导　言

党的十九大报告提出，全面深化改革的总目标是完善和发展中国特色社会主义制度、全面推进国家治理体系和治理能力现代化。推进文化治理体系和治理能力现代化是新时代文化建设的战略任务，也是迫切需要深入研究的重大课题。

本研究旨在从国家层面探讨文化治理体系和治理能力现代化基本框架和实施路径，对推进文化治理体系和治理能力现代化提供可资借鉴的思路。需要说明的是，在国家文化治理中，文化治理体系和治理能力相辅相成。文化治理体系核心是文化制度建设。文化制度更带有全局性、根本性、长远性。本项目研究侧重文化治理体系现代化研究，同时兼顾治理能力现代化研究。

本书共分十一章，每章从不同角度探讨国家文化治理体系和治理能力现代化建设问题。

第一章现代文化治理体系建构。本章以治理理论为理论支撑，论述了文化治理的基本理念和主要内涵，分析了我国文化管理体制存在的突出问题，提出了深化文化管理改革、创新管理体制机制的思路，并对完善文化治理的路径进行了总体分析。

第二章创新文化管理体制机制。本章论述了创新文化管理体制机制是推进文化治理体系现代化的关键，认为当前创新文化管理体制机制应重点做好四个方面的工作：正确认识文化安全，激发文化创造活力；落实"放管服"精神，激发文化市场主体活力；健全文化领域法律制度，坚持依法管理文化；创新文艺管理理念和机制，促进文艺繁荣。

第三章深化文化财税体制改革。本章梳理了我国文化产业发展中政府投资方面存在的问题，提出要正确定位文化产业中的政府投资行为，建立政府投资决策跟踪反馈机制与责任追究运行机制。同时探讨了深化文化财税投资体制改革，优化资源配置的思路。

第四章健全现代文化市场体系。本章梳理了改革开放以来，我国文化领域从计划配置文化资源到以市场为主配置文化资源的转变过程。认为，在市场经济条件下，文化繁荣发展与繁荣文化市场相辅相成。健全现代文化市场体系，必须最大限度发挥市场配置文化资源的积极作用，激发文化创造活力。同时要重视解决市场失灵问题，保障文化市场健康发展。

第五章放宽市场准入，提高文化服务业开放水平。本章重点探讨应如何认识文化领域的对外开放与文化安全的关系，在实行高水平的贸易和投资自由化便利化政策中应该不应该实行"文化例外"，放宽文化市场准入，扩大文化开放的具体思路等重大问题。

第六章构建现代公共文化服务体系。本章梳理了公共文化服务理念的提出和建设历程。认为，构建现代公共文化服务体系需要正确处理基本与非基本、共性与差异性、管理与治理、政府与市场、中央与地方、事业与产业、网点与网络、建设与管理、发展与改革的关系。

第七章创新文化生产经营机制，激发国有文化企业活力。本章梳理了改革开放以来，国有文化单位的改革历程。认为建设有竞争力的新型主流媒体，需要传播方式创新、传播理念创新与管理体制机制创新；打破地域藩篱、行业界限，整合国有文化资源；消除行业垄断，鼓励公平竞争，既鼓励国有文化企业做大做强，也鼓励民营文化企业做大做强。

第八章推进公共文化机构法人治理结构建设。本章梳理了目前公共文化机构法人治理结构的四种模式，提出法人治理结构建设的基本前提是明确相关方权责关系，完善的配套政策是法人治理机制顺利运行的关键。认为，法人治理结构建设为社会力量参与公益服务创造了条件。强调要正确处理党的领导与理事会在权责划分、运作机制等方面的问题。

第九章推动文化非营利组织参与国家文化治理。本章认为，协合式文化治理是塑造国家与社会关系的新模式，提出应加强制度供给，营造利于文化非营利组织培育发展的环境，提出应通过主体重塑，重构文化非营利组织类型划分，加强文化非营利组织的事中事后监管，强调应重视社区文化非营利组织的治理功能。

第十章完善文化政策法规。本章梳理了"十二五"时期文化政策法规体系状况，论述了"十二五"时期我国文化政策法规制定和实施的成绩及不足，对"十三五"时期完善文化政策体系和文化法规体系提出了建议，同时对加强依法行政，强化法律实施提出了思路。

第十一章文化安全的法律治理。本章论述了我国文化安全治理所面临的体制机制瓶颈，分析了文化安全的内涵，强调加强法治建设是文化安全治理的根本途径，梳理了我国文化安全法治建设的现状及存在的问题，提出了加强文化安全法律治理的思路。

本研究成果建立了国家文化治理体系和治理能力现代化建设的分析框架，即以党的十八大、十九大精神为指导，以治理理论为理论基础，以构建现代公共文化服务体系、健全现代文化市场体系、创新文化管理体制机制为基本框架，涵盖文化建设的重大问题和重要领域，在学术界第一次系统地论述了文化治理体系和治理能力现代化的理念、内涵、主要任务等，为文化治理体系和治理能力现代化研究提供了清晰、明确的思路，为学术界更深入的研究提供了可资借鉴的有价值的成果。

第一章　现代文化治理体系建构

　　本章以治理理论为理论支撑，论述了文化治理的基本理念和主要内涵，分析了我国文化管理体制存在的突出问题，提出了深化文化管理改革，创新管理体制机制的思路，并对完善文化治理的路径进行了系统分析。

　　党的十八届三中全会做出了《中共中央关于全面深化改革若干重大问题的决定》，确立了全面深化改革的总目标是完善和发展中国特色社会主义制度，推进国家治理体系和治理能力现代化。到 2020 年，在重要领域和关键环节改革上取得决定性成果，形成系统完备、科学规范、运行有效的制度体系，使各方面制度更加成熟、更加定型。文化治理是国家治理的重要组成部分，国家文化治理体系和治理能力现代化是国家治理体系和治理能力现代化题中应有之义。

一　文化治理理论的提出与本质内涵

　　20 世纪 90 年代以来，在西方学术界，特别是在经济学、政治学和管理学领域，"治理"一词十分流行。学者和政治家一直致力于公共治理，寻求解决公共事务的途径，运用公共治理的逻辑分析框架破解政治发展和行政改革领域遭遇的理论和实践困境。治理理论应运而生，作为一种新的全球治理实现框架，有一个从提出到不断丰富充实的探索过程。

（一）治理理论兴起与内涵

1. 治理理论兴起

　　自 20 世纪 80 年代以来，随着社会化进程加快，公共事务的复杂性和动态性不断增加，随着全球化时代的来临，一种新的治理机制诞生。人类的政治生活发生了重大变革，其中最引人注目的变化之一，便是人类政治过程的重心正在从统治（Government）走向治理（Governance），从善政（Good Government）走向善治（Good Governance），从政府的统治走向没有政府的治理（Governance without Government），从民族国家的政府统治走向全球治理（Global Governance）。在这个过程中，若没有全球合作与治理，人类社会面临的全球性冲突和问题根本无法解决。

西方一些政治家提出的"第三条道路"或"新中派"明确地把"少一些统治，多一些治理"（Less Government, More Governance）当作其新的政治目标，这一目标构成了"第三条道路"的重要内容，德国前总理施罗德更是把"新治理"作为讨论和推行新政治的一个主导概念，推行新治理的核心是全体民众的社会力量。同时，一些重要的国际组织也纷纷发表正式报告，专门阐述治理、善治和全球治理问题。例如，世界银行 1992 年的年度报告是《治理与发展》，经济合作与发展组织（OECD）在 1996 年发布了《促进参与式发展和善治的项目评估》；联合国开发署（UNDP）1996 年的一份年度报告是《人类可持续发展的治理、管理的发展和治理的分工》；联合国教科文组织（UNESCO）在 1997 年也提出了一份名为《治理与联合国教科文组织》的文件；《国际社会科学杂志》1998 年第 3 期出了一个名为"治理"（Governance）的专号。在德国前社会党国际主席、德国前总理勃兰特的倡议下，瑞典前首相卡尔森（Ingvar Carlsson）等 28 位国际知名人士鉴于联合国在 1990～1991 年海湾战争中所树立的威望，在 1992 年发起成立了"全球治理委员会"（Commission on Global Governance），并且在 1995 年联合国成立 50 周年之际发表了题为《我们的全球之家》的行动纲领，该报告对"治理"做出了如下界定：治理是各种公共的或私人的个人和机构管理其共同事务的诸多方式的总和。

不仅政治人物和管理领域机构关注，很多学者的深入介入和研究更是确立了治理理论的内涵和价值。全球治理理论主要创始人之一詹姆斯·罗西瑙在《没有政府统治的治理》和《21 世纪的治理》等文章中，将治理定义为一系列活动领域里的管理机制，虽未得到正式授权，却能有效发挥作用。治理是一种由共同的目标支持的活动，管理活动主体未必是政府，也无须依靠国家的强制力量来实现。治理既包括政府机制，同时也包括非正式的、非政府的机制。罗茨（R. Rhodes）则认为：治理意味着一种新的统治过程，意味着有序统治的条件已经不同以前，或是以新的方法来统治社会①。关于"治理"如何界定，不同学者从不同角度做出了六种不同的解释。

2. 治理理论的特征与内涵

随着"治理"内涵的不断丰富，逐渐发展演变成一个具有丰富内涵的包括治理、善治与全球治理等内容的"治理理论"。而运用治理理论审视和思考政府改革，对于拓展和开阔政府改革的理论和思路具有重要意义，政府改革不能仅仅局限于政府自身的改革，而应该在政治民主化、国家与社会（国家权力与公民权利）、政府与市场等更为广阔的理论视野下思考和推进政府职能转变、公共服务效率提高。

（1）治理理论特征。全球治理委员会关于"治理"的界定最具有代表性和权威性，其具有四个特征：治理不是一整套规则，也不是一种活动，而是一个过程；治理过程的基础不是控制，而是协调；治理不仅涉及公共部门，也可能涉及私人部门；治理不是一种正式的制度，而是持续的互动。概括而言，治理理论也有如下几个特征：第一，权力中心分散化。治理理论认为政府并不是国家唯一的权力中心，各种机构（包括社会的、私人的）只要得到公众的认可，就可以成为社会权力的中心。因此，治理意味着来自政府但又不限于政府的社会公共机构和行为者。第二，合作机制。治理在强调国家与社会合作的过程中，模糊了公私机构之间的界限和责任，不再坚持国家职能的专属性和排他性，而强调国家与社会组织间的相互依赖关系。第三，参与性。治理强调管理对象的参与，希望在管理系统内形成一个自组织网络，加强系统内部的组织性和自主性。第四，效率导向的管理方式创新。治理理论强调政府在完成社会职能时，除了采用原来的手段

---

① 关于"治理理论"缘起变迁的梳理，参考了俞可平《论国家治理现代化》一书，第一版，社会科学文献出版社，2014，第14～58页。

之外，还有责任采用新的方法和措施，以不断地提高管理的效率。

（2）治理理论的内涵。作为一种公共管理活动和公共管理过程，治理包括必要的公共权威、管理规则、治理机制和治理方式。一是治理的主体。尽管政府仍然是治理的主体，但不仅仅限于政府，还有来源于社会机构和团体组织的行为者。治理主体具体包括政府组织和非政府组织、公共组织和私人组织、政治性组织和非政治性行业协会或学术团体、营利性组织和非营利性组织等，具有非常广泛的社会性。随着经济社会发展，政治民主化推进，各种公民社会组织的发展和壮大，国家与社会关系的调适，其他各种治理主体在各自所作用的领域范围发挥着越来越大的作用，而且是政府所无法替代的。二是治理对象或客体。凡是现实生产生活中所涉及的事务和活动，无不是治理的对象。在整个社会体系中，按照国家与社会的分离、政府与市场边界的划分、公域与私域的区分，不同的治理主体对应不同的治理对象或客体，发挥其各自的作用。三是治理手段方式。既包括正式制度和规则，也包括各种非正式的制度安排；既包括政治法律的，也包括经济市场的，还包括社会的、文化的手段和方式，特别强调国家和私营部门合作等手段方式，具体体现了治理工具多元化。四是治理目标。治理的目标是在各种不同的制度关系中运用权力去引导、控制和规范公民的各种活动，最大限度地增进公共利益。

（二）文化治理的本质内涵

文化治理是指政府、各类文化机构和个体参与文化活动、文化管理诸多方式的总和。实现文化治理的目的是建构现代文化治理体系与提升治理能力，为激发全社会文化活力和创造力、解放和发展文化生产力提供体制机制保障。把握治理理论特征、内涵，并将之应用在文化管理过程中，推动文化管理向文化治理转型。

1. "文化治理" 研究的兴起

"文化治理"概念的兴起，既是对既有学术脉络的延续，也受到了政策话语的极大推动。从学术意义上来看，"文化治理"的概念在2007年开始出现在大陆学术文献中，并在2013年党的十八届三中全会上提出全面深化改革的总目标"完善和发展中国特色社会主义制度，推进国家治理体系和治理能力现代化"后，"文化治理"正式进入官方政策，引发了学界研究的热潮。

最早从学术意义上关注"文化治理"概念的是郭灵凤《欧盟文化政策与文化治理》一文。该文主要从文化政策视角关注"文化治理"概念，通过对欧洲文化政策的梳理，他指出欧盟文化政策呈现出一种"从边缘走向中心"，由民族国家内"文化政策部门与其他政府部门之间互不关联、各自为政"走向"跨部门、跨领域、跨民族国家"的复杂网络的合作治理的趋势。"文化治理"用来指称为文化发展确定方向的公共部门、私营机构和自愿/非营利团体组成的复杂网络。① 胡惠林教授则是中国大陆较早从文化产业的视角关注"文化治理"的学者，在《国家文化治理：发展文化产业的新维度》一文中，他认为文化具有社会治理的功能与特征，文化产业具有治理性。其治理性是文化治理性的延伸与发展，发展文化产业作为国家战略和政策的提出，具有国家治理的性质。文化治理主要是指国家文化治理，发展文化产业是治理的中介，而国家文化治理的目标是完善国家治理，进而改变和重塑国家治理模式②。因此，文化产业发展与国家治理的融合就是当今中国的国家文化治理。后来，胡惠林还出版了《国家文化治理：中国文化产业发展战略论》一书，该书系统论述了文化产业治理的内涵和战略价值，成为该领域的第一部专门性著作③。还有学者从公共文化服务的视角关注"文化治理"④，认为公共文化服务既是文化治理的一种形式，也是文化治理的一项内容，在一个公共性日趋衰落的转型社会中，公共文化服务发挥重要的社会治理功能，即引导社会、教育人民和推动发展。他们从政治、社会和经济三个维度，对"文化治理"的概念进行了较为系统的阐释，展示了文化治理所具有的政治面孔、社会面孔和经济面孔，并认为尽管文化治理在具体的实践中可以展现多样面孔和丰富形态，但是其实质都是要透过文化和以文化为场域达致治理。

---

① 郭灵凤：《欧盟文化政策与文化治理》，《欧洲研究》2007 年第 2 期。
② 胡惠林：《国家文化治理：发展文化产业的新维度》，《学术月刊》2012 年第 5 期。
③ 胡惠林：《国家文化治理：中国文化产业发展战略论》，上海人民出版社，2012。
④ 吴理财：《把治理引入公共文化服务》，《探索与争鸣》2012 年第 6 期。

"文化治理"研究引起学界更深入的关注并推向高潮,是在中共十八届三中全会之后。在政策话语推动下的文化治理研究有两个侧重点:一是强调文化的治理作用,强调文化治理是国家治理的重要内容。刘忱指出"文化的使命是为国家治理提供一整套相对稳定、让广大人民接受认同的思想价值体系,也要为即将到来的制度变革、社会创新等打牢思想基础","国家治理不仅需要文化来摇旗呐喊,而且需要文化为国家治理导航引路"。① 二是强调从"文化管理"向"文化治理"转变,主张突破传统单一的政府主体自上而下的"文化管理",走向由政府、企事业单位、社会组织和公民个人互动合作的"文化治理"。例如,祁述裕教授就强调赋予地方文化行政部门更多的文化自主权,充分发挥社会组织的作用,从而实现文化管理体制机制从单一管理主体走向多元共治,是国家文化治理建设的重点工作。② 国家行政学院文化政策与管理研究中心还专门召开了"大力推进国家文化治理现代化"的专题研讨会,并在《探索与争鸣》2014 年第 5 期集中发表 10 篇论文,这是国内最集中探究文化治理问题的研究成果。专家们认为,国家文化治理体系和治理能力现代化是国家治理体系和治理能力的一个重要组成部分,是文化体制改革的首要任务和目标,更是实现社会主义核心价值融入制度体系、真正形成社会主义文化凝聚力的保障。面对社会主义核心价值体系与体制改革长期处于"两张皮"的状态、文化体制空转与工具去功能化、社会主义公民文化权利治理模式的阙如等文化治理领域的突出问题,要实现文化善治,应构建社会主义公民文化权利治理体系,提高社会参与度;完善现代文化市场体系,提高市场开放度;建立现代公共文化服务体系,提高文化安全配置度。同时,与会专家还认为,与政治治理、社会治理的"硬管理"不同,文化治理则较多的是一种"软管理"。我们应在国家治理体系和治理能力现代化中寻找解决问题的制度张力与工具活力,将国家文化治理纳入市场化、法治化、人性化的轨道中。

---

① 刘忱:《国家治理与文化治理的关系》,《中国党政干部论坛》2014 年第 10 期。
② 祁述裕:《国家文化治理建设的三大核心任务》,《探索与争鸣》2014 年第 5 期。

2. "文化治理"的内涵

文化治理可以说是治理理论在文化管理领域中的具体体现。对"文化治理"概念的理解，可以从宏观、中观和微观三个层面来把握。"文化治理"，作为一种集理念、制度、机制和技术于一体的治理形式与治理领域，它既涉及文化功能的重新发掘，又涉及文化组织方式的革新，还涉及个体文化能动性的彰显。概括而言，文化治理主要体现了如下几点：

一是要多角度理解文化的治理功能，特别是文化对于凝聚人心、社会认同、激发创造活力等方面的价值作用，从社会治理层面得到认可。

二是治理主体多元。文化治理不同于"文化管理""文化统治"，要超越传统的"管理文化事业"的"文化行政"或"文化管理"思维，更加注重"多元行动主体如何以互动合作的方式实现对文化的治理"。对于中国传统文化管理体制机制来说，需要借助"文化治理"的方式实现制度再造转型，并通过对社会力量的吸纳引导，激活社会文化创造的活力。

三是搭建新的平等性、包容性沟通平台，完善工作推进机制，包括政府、社会组织、文化企业和个体互动合作的网络化"文化治理"组织。"文化治理"作为社会治理的一个重要载体，其自身对传统文化管理理念、模式、方式，提出了更高的制度设计要求，同时积极培育各类不同微观市场主体，完善各类微观主体的管理和功能，是这一新制度设计得以实现的必备条件。实现文化治理首先需要制度设计创新，政府部门必须把职能转变、机制保障和规则平等作为制度再造的新起点①。

在文化治理过程中，治理主体既包括政府，也包括社会组织、文化企业和个体；治理对象则包括文化产业、公共文化服务和日常文化生活等文化形态；实现治理的技术既包括政策话语表述、文化象征操作、活动程序安排、实物空间布局等，也包括文化解码、价值认同和行为自觉等自我治理的技术；治理目标则是"透过文化和以文化为场域"达到国家公共政策所设定和意欲达到的某一特定时期的目标②。唯有实现文化治理变革，才可

---

① 高宏存：《培育多元主体参与的弹性文化治理》，《探索与争鸣》2014年第5期。
② 王前：《理解"文化治理"：理论渊源与概念流变》，《云南行政学院学报》2015年第6期。

以实现公民参与公共文化治理，推动文化共建共治共管共享，更好地激活各方活力，建设社会主义文化。

二　文化治理体系和治理能力现代化的主要任务

推进国家文化治理体系和治理能力现代化要解决的主要问题是处理好政府与市场、社会的三者关系。首先，正确定位政府职能，限定行政权力。要严格按照《行政许可法》的要求，凡是公民、法人或其他组织能够自主决定的，凡是市场竞争机制能够有效调节的，凡是行业组织或者中介机构能够自律管理的，凡是行政机关采取事后监管等其他行政管理方式能够解决的，政府都不应设定行政审批权。其次，健全现代文化市场体系，使文化市场在资源配置中发挥积极作用，同时更好地发挥政府作用。最后，构建现代公共文化服务体系，充分发挥政府、社会组织、企业等多方力量，维护公民文化权利，满足公民基本公共文化需求。

推进文化治理体系和治理能力现代化需完成构建现代公共文化服务体系、建立健全现代文化市场体系、创新文化管理体制机制三大任务。

（一）构建现代公共文化服务体系

构建现代公共文化服务体系，既是建设公共服务体系的客观要求，也是文化治理的重要内容和主要目标，对于保障公民文化权益、满足公民文化需求、实现文化共建共享具有十分重要的价值和意义。当前，各地在构建公共文化服务体系上普遍存在重硬件轻软件、重投入轻管理、重管理轻治理等问题，导致公共文化服务无论在规模上，还是在效能、效率、效益和质量上，与服务对象需求差距甚远。一个重要原因就是以政府为单一主体的传统公共文化服务建设、管理和运营模式大行其道，因此必须引入文化治理理念、方式、手段，在加强公共文化服务基础设施、网络建设的基础上，以维护公民文化权利为重点，以调整政府与市场、社会的关系为核心，着力构建现代公共文化服务体系。这就需要解决如下四个问题：

一是丰富公共文化服务内涵。很多人把公共文化服务简单等同于读书看报等"5+1"，局限于满足群众基本文化需求，实际上，公共文化服务的内涵远比"5+1"丰富，应该包括保障公民文化自由、满足基本文化需求、维护文化公平正义、鼓励文化参与管理等。构建现代公共文化体系，首要的是正确认识并丰富公共文化服务的内涵，搞清楚现代公共文化服务体系"是什么、为什么、为谁建、谁来建、怎么建"等关键问题。二是弘扬社会主义核心价值观。这是构建公共文化服务体系的题中之意和重要目标。要通过构建现代公共文化服务体系，让群众在参与文化活动和文化治理中陶冶情操、传承文化，实现以文化人。三是提高公共文化服务效率。当前，公共文化服务效率偏低的情况比较突出，群众对此意见较大，一个重要原因是公共文化服务社会化程度低、竞争力不足。十八届三中全会明确提出，要引入竞争机制，推动公共文化服务社会化发展，这为构建现代公共文化服务体系进一步指明了方向。公共文化产品和服务的供给不能由公益性文化单位独家垄断，必须引入竞争机制，鼓励社会力量、社会资本参与公共文化服务体系建设；必须充分发挥市场和社会力量作用，引入竞争机制，提升公共产品和服务的供给效率和质量。四是推动公共文化服务体制机制创新。当前公共文化服务建设的工作重点应转移到以文化治理为核心的体制机制创新上来。比如，在农村和社区可推行文化居委会自治式管理，支持鼓励公民不仅接受和享受公共文化服务，还参与公共文化管理和服务；借鉴股份公司的董事会治理模式，探索形成公共文化服务事业单位的法人治理结构；建立群众评价反馈、绩效考核和成本约束机制，推动文化惠民项目与群众需求有效对接，提高财政资金的使用效率和事业单位的运营管理效率。

党的十八届三中全会将"推进国家治理体系和治理能力现代化"作为全面深化改革的总目标，提出了推进国家文化治理体系和治理能力现代化的总命题。贯彻落实十八届三中全会精神，推进国家文化治理体系和治理能力现代化，是当前和今后一个时期文化建设和文化体制改革的首要任务和重大课题。推进国家文化治理体系和治理能力现代化，目标是激发全民族文化创造活力、解放和发展文化生产力，核心是处理好政府与市场、社会在参与文化活动、实施文化管理等方面的关系，关键是构建政府、市场和社会相统一的"三位一体"的国家文化治理体制机制，推动文化管理向文化治理和文化善治转变。

（二）建立健全现代文化市场体系

建立健全现代文化市场体系，既是建立健全现代市场体系，确保国民经济健康快速发展的客观需要，也是推进国家文化治理体系和治理能力现代化，确保文化产业健康快速发展的内在要求。文化产业作为国家文化治理的一个重要领域，要实现健康快速发展并达到善治，核心是调整政府与市场的关系，关键是把"看得见的手"与"看不见的手"都用起来，在更好地发挥政府的作用的基础上，使市场在资源配置中起决定性作用。同时也要看到，当前文化市场体系不完善、政府干预过多和监管不到位等问题已严重制约我国文化产业发展，政府把文化产业和文化体制改革工作的重心转移到建设现代文化市场体系上来迫在眉睫。建立健全现代文化市场体系，需要解决如下四个问题：

一是保障各类文化市场主体权利平等、机会平等、规则平等。当前，我国文化产业发展中公有制与非公有制文化经济不公平竞争现象比较突出。比如，我国私营文化企业已经占全部文化企业总数的七成以上，国有文化企业仅占不到三成，但私营文化企业与国有文化企业所获得的政府财政支持和补贴很不均等。以演出业为例，2012年全国国有演出院团数量约等于民营演出院团数量的1/4，但在政府拨款和演出补贴上所获得的收入是民营院团的10余倍。因此应把确保市场主体的平等竞争作为发展文化产业的基础性工作来抓。二是推动国有文化企业跨地区、跨行业、跨所有制兼并重组。跨界融合发展是文化产业发展的鲜明特征。国务院出台了关于推进文化创意设计服务与相关产业融合发展的意见，足见国家对文化产业融合发展的高度重视。但实际上，我国国有文化产业的跨区域、跨行业、跨所有制发展仍有很长的路要走。以中国移动杭州手机基地为例，该基地是国内最大的移动数字阅读平台，购买图书版权30万册，阅读月访问用户8500万，每天页面点击量近5亿次，月收入1.5亿元，但无法进入图书出版领域，难以延伸产业链。应把确保生产资源要素有效流动作为下一步发展文化产业的突破口来抓。三是提高国有文化企业社会公信力。做大做强国有文化企业一直是发展文化产业的重要目标，也是文化体制改革的重要内容。但从实际效果看，一味强调做大做强国有文化企业既无法实现目标，也因为财政资金过多流向国有文化企业，造成不公平的市场竞争，不利于文化产业健康发展。国有文化企业作为政府职能的延伸，其价值和地位不在于资产有多少、增长多少，而在于能否弥补市场失灵、承担公共文化责任和维护社会公平正义，即是否具有社会公信力。应把提高国有文化企业社会公信力作为国有文化企业改革发展的重要目标来抓。四是建立健全文化市场支撑体系。行业管理、诚信体系、市场监管等市场支撑体系是文化产业发展的重要保障，但这些市场支撑体系恰好是我国文化产业发展的短板。为此，政府既要解决"政府越位"，建立公平的文化市场竞争秩序，也要弥补"政府缺位"，把工作重点放在市场支撑体系建设上，通过建立市场诚信体系、市场监管体系、市场配套服务体系和行业协会自律管理体系等克服"市场失灵"，弥补市场缺陷，更好地发挥政府在文化宏观管理、市场监管、公共服务等方面的作用。

（三）创新文化管理体制机制

文化管理体制机制创新是国家文化治理体系和治理能力现代化建设的重点，是推动文化管理向文化治理和文化善治转变的关键环节。文化管理体制机制做不到现代化，健全现代文化市场体系、构建现代公共文化服务体系也难以落到实处。推进国家文化治理体系和治理能力现代化，要求文化管理由传统的文化管理向现代文化管理、文化治理和文化善治转变。现代文化管理与传统文化管理在组织结构、管理原则、管理手段、管理方式、管理主体以及绩效评估等方面，都有很大不同。我国现有的文化管理体制机制发轫于革命战争时期，有着浓厚的计划经济色彩，行政主导、分业管理、粗放管理等传统文化管理的特点比较鲜明，推进政府文化管理体制机制创新，实现从传统文化管理向现代文化管理转型是一场深刻的变革，任重而道远。从当前看，文化管理体制机制创新核心是实现政府文化管理体制和管理能力的现代化。

从管理体制现代化来讲，需要把握两点：一是从职能和目标看，要建立服务型政府，就是推动政府文化管理从管制性向服务型、从管理型向治理性转变，把职能和目标更多地转向维护公民文化权益、满足公民文化需求上来。二是从管理主体看，要转变职能、简政放权，从单一主体转向多元共治。从单一管理主体到管理主体多元化是实现国家治理现代化的重要内容。文化管理同样要从现在主要依靠党委、政府的单一主体管理拓展到多元主体治理，充分吸纳和发挥市场主体、社会团体、行业协会、基层群众、媒体机构等参与文化治理的功能和作用。同时，在政府内部要体现分权原则，充分发挥地方、基层政府在文化治理中的作用。

从管理能力现代化来讲，需要实现两个转型：一是从行政管理为主向依法管理为主转型。现代化的治理体系和治理方式首先要求依法管理。目前，我国文化内容管理主要依靠行政手段调节，管理的科学化、民主化程度不高。突出问题是文化内容管理法制不健全，缺乏具有指导性、可操作性和效力层级高的法律法规，管理者主要依据长官意志和个人主观判断，采取行政手段干预，执法透明度低，相应的责任追究和追诉赔偿机制没有建立起来，由此造成管理者与被管理者之间龃龉不断。建设法治国家，坚持依法行政是我国基本的治国理念，文化领域也不例外。在文化内容管理上禁止什么，反对什么，都必须做到有法可依，有章可循。值得一提的是，应高度重视改变法律法规与党的规章不统一的问题。我国实行的是党委宣传系统指导政府文化媒体系统工作的管理体制，如何做到党的规章与法律法规协调统一，是实现文化治理体系和治理方式现代化需要解决的突出问题。2013年出台的《中央党内法规制定工作五年规划纲要（2013—2017年）》提出，"宪法为上，党章为本。以宪法为遵循，保证党内法规体现宪法和法律的精神和要求，保证党内法规制度体系与中国特色社会主义法律体系内在统一，确保各级党组织和党员在宪法和法律范围内活动"。这是我国文化内容管理走向法治化的重要步骤。

二是从粗放式管理向分类化、精细化管理转型。目前我国文化内容管理存在着手段粗疏、单一等问题。突出表现在忽视文化产业自身的规律和特点，在管理手段上多采取"一刀切"，事前引导和事中把控不足，往往是

"头痛医头、脚痛医脚"。文化内容管理最需要对症下药，需要以精细化、差别化和个性化为管理原则。如通过实行文化艺术消费分级制，满足不同类型消费者的需求。同时，在管理手段上不能仅仅依靠"禁查堵"，要加大管理方式的创新力度。比如，根据文化发展方向、市场需求和民众偏好制定有针对性的创作扶持政策，使资金投入重点倾向基础创作环节，通过政策补贴引导创作主体生产符合文化发展需求的优秀作品。

三　我国文化管理体制存在的突出问题

改革开放以来，我国文化管理体制改革取得了很大成绩，但距离国家治理体系和治理能力现代化的要求还有很大差距，还存在许多迫切需要解决的问题。

（一）文化管理滞后于文化发展

1. 意识形态主导的理念没有大的突破

我国文化管理理论、管理体制、管理方式形成于战争年代。在战争年代和计划经济时期，文化管理的目的是为政治服务，手段是依靠政权力量，主要方式是宣传灌输。意识形态被视为文化的主要属性，在"文革"时期甚至被作为文化的唯一属性。这种管理理念、管理体制和方式曾经发挥过极为重要的积极作用，但也出现过严重的问题。

改革开放以后我国社会环境发生了翻天覆地的变化，管理理论、管理体制、管理方式等迫切需要与时俱进。改革开放以后尽管不断探索文化领域的改革，特别是党的十六大关于文化事业与文化产业的区分，从理论层面澄清了文化领域泛意识形态化的误区，在理论上有很大突破，但在具体实践过程中，仍然没有完全摆脱文化为政治服务的理念，"宁左勿右"仍在一定程度上影响着文化决策。

2. 法律法规不健全

发达国家文化产业各门类都已经形成了一套成熟完善的法律体系。以美国媒体业法律体系为例。美国已经形成了宪法、宪法第一修正案、《联邦电信法》等一系列相当完备的法律体系。政府管理部门主要是依法进行管理。

与发达国家相比，我国文化法律体系还不健全①，文化立法滞后的问题十分突出。政府文化管理方面成文法律少，效能层级低。据不完全统计，截至目前，我国立法总数 38000 多件，其中文化立法的数量约 1042 件，约占整个立法总数的 2.7%。就不同领域的法律构成比例来看，经济、政治、文化、社会和生态五大管理领域中的法律在全部现行法中所占比例分别为 31.5%、52.1%、1.68%、7.56%、7.56%。整个文化管理领域，如今有《文物保护法》、《非物质文化遗产保护法》、《公共文化服务保障法》《中国电影产业促进法》、《公共图书馆法》以及关联较大的《著作权法》六部法律。其中，《公共文化服务保障法》《中国电影产业促进法》《公共图书馆法》均为十八届三中全会以后制定和实施的。尽管十八届三中全会以来文化立法取得了很大成绩，但与依法治国的要求还很不适应，与当前纷繁复杂的文化管理实践也很不适应。

3. 管理方式简单粗放

突出表现在改革举措存在"一刀切"的问题。一是改革顶层设计不周全，对不同文化行业、不同文化类别的改革不加区别。如演出业与媒体产业的生产方式有很大的差别。媒体产业可以规模化生产，是大众文化。而演出业则是个性化的，观众是小众化的。因此，在对这两类文化行业进行改革设计时应尊重其特点和规律。但 21 世纪初，我们在进行公益性文化机构与经营性文化产业分类改革时，经营性媒体产业和演艺业采取的是完全相同的改革举措，都简单地推向市场，导致后来演艺业出现了许多问题。二是对媒体产业的管理"一刀切"。媒体行业是一个类型众多、差别很大的行业。但我们在传统媒体管理中，过于强调媒体产业的意识形态属性，将媒体产业作为民营资本无法接入的禁区，结果导致传统媒体产业机制不活，资本流通不畅，缺乏活力，报纸、期刊、电台、电视台等在新媒体的冲击

---

① 法律体系包括全国人民代表大会或常务委员会制定的法律，国务院制定的行政法规，地方各省、自治区、直辖市人大制定的地方性法规，还有民族自治区制定的自治条例，包括自治县、自治州单行的条例，还包括国务院各部委制定的部门法律规章。

下难以为继。三是文化内容监管简单随意，稳定性不强。文化产品创作和生产，尤其是影视作品的生产程度复杂、生产周期长、市场风险大，需要稳定的市场环境。但我们的文化内容管理，特别是影视剧管理往往临时性要求多，限制性管理多，这不利于影视企业投资和生产预期的稳定性，也不利于激发影视产品创新的积极性。

4. 应对市场失灵的措施不够有效，缺乏行之有效的治本之策

市场经济极大地激发了文化创造热情，但也带来了严重的问题。主要表现在以下几个方面：一是随着互联网的兴起，新的文化表现方式、表现手段、文化产品层出不穷。互联网娱乐文化在丰富观众文化消费的同时，也出现了道德水准低下、内容荒诞、虚假信息盛行、侵犯个人隐私等诸多问题，引起公众的忧虑和不满。如何解决上述问题，目前还缺乏行之有效的措施。二是一些文化企业唯利是图，票房造假、偷税漏税、演员报酬过高等违背市场运行规则、违反社会公德的经营行为，引起观众普遍不满。三是知识产权保护不到位。近些年，我国知识产权保护取得了很大成绩，但侵权盗版的问题仍普遍存在，屡禁不绝。上述问题说明，文化市场也存在失灵现象。文化市场失灵问题需要通过行政、法治、社会等多种力量予以匡正。文化管理部门在这方面做了很多努力，也取得了一些成效，但仍然缺乏行之有效的治本之策。

（二）文化生产经营机制不适应市场化改革取向

1. 按照行政级次配置文化资源

我们国家文化机构的设置长期是按照计划经济模式配置文化资源，以电视业为例，我国广播电视业是按照行政级次来设置的。目前电视台实行的是四级办台体制，即中央、省（区、市）、市、县办电视台，卫星频道（卫视）也是按照行政区划分配，每个省（区、市）一个。按照行政级次的设置存在以下问题：一是内容重复，造成频道资源浪费。各地电视频道设置雷同。如综合频道、经济频道、体育频道、青少年频道等。四级办电视台带来产业集中度低、文化资源大量闲置和浪费等问题。二是全国大多数地方电视台面临生存困境。电视台主要依靠广告收入来生存。随着互联网

冲击的加大，加上企业普遍面临经济压力，全国绝大多数地方电视台广告收入下降，生存压力越来越大。尽管各地政府有财政补贴，但仍是杯水车薪。而由于电视台被定位为社会资本禁入领域，资金来源渠道狭窄的问题十分突出。报纸期刊和图书出版也有相似的情况。

2. 所有制壁垒不利于解放和发展文化生产力

改革开放以来，随着社会主义市场经济体制的建立和完善，投资主体多元化格局已经形成。在民间资本、社会力量参与文化内容生产、参与文化传播渠道建设方面，虽然有了很大程度的开放，但还很不够。在一些文化领域，文化资源仍高度集中在国有文化企事业单位手中，投资主体单一、责权不明晰、投资效益低下的问题突出，不利于文化产业与文化事业的发展。同时，虽然国家有关政策指出非公有制文化企业在项目审批、资质认定、融资等方面与国有文化企业享有同等待遇。但实际上，在政府专项支持等许多方面，国有文化企业与民营文化企业仍然存在不均衡。

3. 财政金融政策尚待完善

一是财收政策不完善。我国文化产业规模还较小，发展过程中离不开税收扶持。在西方发达国家，政府十分重视税收对文化产业的扶持。而我国文化产业税费偏高的问题一直没有得到有效的解决。二是资本市场融资难，由于我国资本市场体系不健全，主板市场的上市条件太高，对大多数中小文化企业来说，很难实现上市融资，亟须文化产业金融创新，不断拓宽文化投融资渠道。

总之，只有不断深化文化体制改革，一方面推进文化宏观管理体制改革，另一方面深化文化生产微观运行机制改革，通过不断创新管理理念、思路、模式、方式，激活文化活力，提高文化竞争力。

四　完善文化治理的路径分析

构建国家文化治理体系，核心是政府文化职能和文化行政模式实现从传统管理向现代化治理的转变。

（一）管理原则：简政放权

长期以来，政府统管各项文化事业，充当着文化事业的所有者、举办者、管理者、经营者多重角色。文化事业单位是政府部门的附属物，文化单位的目标任务、人员编制、活动经费、岗位设置、人事任免均由上级行政部门负责。文化单位的产品实行计划供给，政府通过计划形式确定每年文化产品供给的数量和类型。这就割断了各文化单位与市场的联系，使文化单位难以成为真正的市场主体和法人实体。而政府的计划又往往难以及时反映文化消费者的需求，造成文化产品供给与公共需求之间的矛盾。政府与文化事业单位之间的行政化关系，阻碍了文化事业的健康发展。

实现国家治理体系和治理能力现代化，要求文化领域的党委和政府转变职能，进一步简政放权。文化市场能做的交给文化市场，社会能做的交给社会，文化企业能做的交给文化企业，政府管好自己应该管的事情。

要做到上述这些，需要坚持两大原则，即"分权"原则和"一臂之距"原则。文化管理的"分权"，目的在于使各个地方根据自己的特点管理文化和发展文化，提高地方支持文化发展的积极性，激发地方以及基层单位的积极性，在减轻中央财政负担的同时，有效保障文化政策目标的实现。"一臂之距"的基本内涵是指国家对文化拨款的间接管理模式，具体指通过设立由专家组成并独立行使职能的公共机构执行文化资助的具体分配等相关事宜的模式。"一臂之距"的文化自主与管理原则为世界上许多国家所接受，加拿大、澳大利亚、英国等多数发达国家均采用这一文化管理模式。正如国际艺术理事会和文化机构联盟的文件所指出的："目前在世界各地，无论穷国还是富国，也不论英语国家还是非英语国家，都普遍建立了对文化艺术进行资助的准政府国家机构。"

我国政府文化管理职能转变、简政放权的路径，归纳起来主要有以下几点。

1. 退出微观运行领域，实现管办分离

其一，政府在经营性文化领域逐步减少直接供给文化产品和文化服务，把办企业、办活动的权力真正交还给市场主体，减少政府不恰当的干预，

同时使社会资本有机会进入更多的文化领域。其二，政府要将国有文化企业和文化事业单位经营中一系列的重要权力还给企业和事业单位，包括资源分配、奖励分配、人事任免等，积极鼓励和推动文化单位内部各项制度改革，让国有文化单位和企业在经营性活动中，拥有更多的自主权，实现责、权、利相统一。其三，对于国有文化企事业的管理，政府要建立既有利于国有资产管理，又体现文化产业特殊性的新型国有文化资产管理模式。要对国有文化单位实行国有资产授权经营，同时制定体现社会效益和经济效益相统一的国有资产经营业绩考核办法，加强对国有文化资产的监管，确保国有资产保值增值，实现政府导向和市场需求的统一。其四，由于文化的特殊性，在某些经营性文化产业中，还存在着具有自然垄断性质的业务。政府要推进这些领域的改革，将政府与垄断经营业务利益分开，并将其作为政府规制的重点，着重强调社会效益等公共目标的考核和监督。同时，政府在这些领域要积极引入竞争机制，打破业务垄断，降低成本、提高效率，努力实现社会效益的最大化。

2. 强化政府在宏观文化管理领域的作用

文化具有意识形态特殊性，政府应始终注意把握社会舆论导向。文化产业属性也要求加强对文化发展的整体规划，合理调整产业布局与结构。

首先，政府要制定文化事业和文化产业中长期、近期发展规划和阶段性发展目标，通过科学规划，运用综合手段，促进文化产业集聚，培育文化产业园区，支持高新技术的开发运用，发挥文化产业的联动效应。其次，加强文化发展的政策引导。对于文化发展的调控和引导，主要是制订和完善各类文化经济政策，以确定经济杠杆的运用尺度和范围。制定和完善文化单位转企改制、走向市场的相关配套政策，比如社会保险、职工离退休、资产处置政策、公共财政补助等。落实和完善财政、税收、物价、土地、投融资、编制、人才等方面的政策，支持文化产业的发展。特别是在税收方面，应该根据文化产品生产和经营的具体性质和作用，实行减税或免税政策、差别税率政策、税利返还政策等；在融资方面，实行包括低息、无息、贴息等在内的资助性信贷优惠、资产抵押等金融信贷政策，扶持文化单位的经营活动和硬件改造；在多元投资方面，要积极、稳妥地引进外资发展文化产业，积极鼓励民营文化企业的发展，特别是要通过政策引导，鼓励民营资本对文化事业、文化企业、文化设施的投入，逐步形成政府投入和社会投入相结合，多渠道、多元化的文化产业投入机制。

（二）组织结构：从分业管理到综合管理

目前，我国文化产业管理是一种"小文化"式的分业管理，即由党委宣传部门主抓，文化部门、国家广播电视总局等政府文化部门分业管理。管理的文化产业门类主要有文艺演出、新闻报刊出版、广播电影电视和互联网内容监管等。这种文化产业管理体制与文化管理体制相一致，有其合理性，但随着网络渗透率越来越高，分业管理的不适应性问题愈发突出。

1. "小文化"的文化产业管理格局与国家统计机构"大文化"的文化产业内涵不适应

近年来，国家统计局先后三次对纳入文化产业概念下进行统计的行业范围进行界定，其界定的文化产业类别均大大超出"小文化"管理的类别①。将国家统计局对文化产业的类别界定与目前文化产业管理格局进行比较可看出，从产业角度看，目前许多文化产业中最具成长性（如互联网和移动互联网行业）和最具广泛性、地域特色的行业（如特色文化产业），不属于现有文化产业管理的范围。由此带来文化产业政策和管理畸轻畸重现象：一是正式文件中所论及的文化产业，重点是宣传文化系统管理职能范围的文化行业，是"小文化"概念的文化产业，而国家统计局所列出的许多文化行业往往不在关注范围之内；二是目前文化产业政策支持的对象基本上是宣传文化系统的国有文化单位，其他文化行业的文化企业和文化机构鲜有获得政策支持的机会。

2. "小文化"文化产业管理格局难以有效统筹文化资源

文化产业不仅涉及宣传文化系统，也涉及发改、财政、国土、规划、

---

① 2004 年国家统计局颁布的《文化及相关产业分类》提出文化及相关产业是指为社会公众提供文化、娱乐产品和服务的活动，以及与这些活动有关联的活动的集合，将文化产业分为六大类。《文化及相关产业分类（2012）》中则将文化及相关产业定义为为社会公众提供文化产品和文化相关产品的生产活动的集合，将文化产业分为十大类。《文化及相关产业分类（2018）》将文化产业分为九大类。

科技、工信、政策性金融机构等众多部门。由于主管意识形态的宣传部门无法协调除文化系统之外的政府部门,由宣传主管部门主抓文化产业,难免出现小马拉大车的现象。

3. 文化产业管理格局与产业日趋融合的潮流不吻合

在当代社会,文化生产与信息、旅游、休闲、制造、建筑、商贸、餐饮等相关领域的结合日趋紧密,文化业态日益丰富,产业边界日趋模糊。随着产业融合步伐的加快,当代文化产业正经历着新的产业调整、重组和转型,"小文化"管理格局弊端日益突出,导致产业的上下游环节割裂、部门职能交叉、职责不清、多头管理与管理缺位并存等问题,与文化产业发展的要求严重不适应。以传统的分业管理为特点的"小文化"管理体制已经无法适应文化产业发展新格局。

基于以上小文化式的分业管理的种种弊端,文化机构迫切需要进行改革。文化产业管理需由"小文化"向"大文化"转变,文化结构需由原来的纵向式管理向纵横结合式的综合管理转变,稳步推进大部制。文化管理实行大部制,也是国际趋势。如英国的文体部就是一个大部制的管理。除承担文化管理职能外,还承担建筑、体育、时装、园林等众多职能。党的十九大以后实施的新一轮机构改革,将原文化部与国家旅游局合并成为文化和旅游部,有助于整合文化资源,实施统一管理。这是对分业管理弊端的一个有效匡正。

(三) 管理主体:从单一管理主体到管理主体多元化

从单一管理主体到管理主体多元化是实现国家治理现代化的重要内容,文化管理同样要从现在主要依靠党委、政府的单一主体管理拓展到多元主体治理。文化生产方式的多样性、分散性和监督管理的专业性,加上新兴文化业态层出不穷,文化产品和服务的传播速度大大提高,单纯依靠政府力量越来越难以实现文化内容的有效管理,迫切需要管理主体的多元化,需要社会组织和公众广泛参与,包括更好地发挥行业协会等社会组织的作用,实现行业自律,以及提升创作主体、媒体机构自我管理能力。

西方各国的文化艺术管理体制是一种政府、社会、公众共同参与的

"共同"治理模式。除政府部门外，大量的非政府、非营利组织即所谓的第三部门参与文化决策、执行，文化产品的生产和文化服务的提供等各个环节。尽管国家行政部门在很大程度上掌握着公共文化事务的权力，但并非是唯一的决策方，文艺组织、艺术家、社会各界人士等通过参与文化政策咨询、参与各种文化委员会、媒体监督等，发挥着参与文化事务的决策、执行、监督等多方面的作用。"政府 + 专家（精英）+ 民众（社会）"共同参与文化事务管理的模式和机制，有效保障了文化决策的广泛社会参与，保证了文化决策的科学性和民主性。社会组织和公众的参与，也可以降低政府管理成本，缓解文化管理部门人手不足的矛盾。

我国在推动社会参与文化管理方面积极探索，如北京朝阳区文化馆在朝阳区堡头建立了文化居委会，采取了新的自治式管理，除了理事长是专职之外，其他副理事长以及管理委员都是居民选举产生的，采取居民自我管理、自我决策的管理模式。在基层"文化治理"上做出了有益的探索。①

（四）管理方式：从粗放式管理转向精细化、差别化管理

文化内容管理是文化产业管理的核心，我国文化产业发展的一个突出问题是缺乏好创意、好故事、好内容。文化内容的平庸，在很大程度上是由文化内容管理手段的滞后造成的。以电视剧管理为例。电视剧管理多采取限制令等粗放式管理，事前引导和事中把控不足，基本是"头痛医头，脚痛医脚"。如国家广播电影电视总局针对娱乐节目中存在的跟风抄袭、质量低下等现象，于 2011 年 10 月正式下达《限娱令》。《限娱令》对所有娱乐节目实行播出总量控制和时长限制。文化内容管理最需要对症下药，需要以精细化、差别化为管理原则。

（五）管理手段：从以行政管理为主转向以依法管理为主

近些年，政府在完善文化管理方面做了许多有益探索，但总体来说还

---

① 李志慧、徐顺利：《破解文化馆发展困境：找准公共文化服务的实质——以北京市朝阳区文化馆"文化治理"之路为例》，《行政管理改革》2013 年第 1 期。

是以依靠行政管理为主，表现在以下几个方面。

一是靠典型事件决策。靠典型事件决策往往具有动作迅速、实施有效的特点，但也会使政策缺乏统一性、连续性、稳定性。"靠典型事件决策"反映出促进文化繁荣的要求与规范文化市场的政策相互矛盾。以21世纪演艺体制改革为例。21世纪演艺体制改革的做法在很大程度上受到了丽江市民族歌舞团转企改制的启发。丽江市民族歌舞团通过引入民营资本，进行转企改制，排演出民族风情舞蹈《丽水金沙》，并长演不衰，确实是一个成功的案例。丽江民族歌舞团改制成功，就其外部环境来说是因为丽江是一个旅游城市，有大量的旅游消费者作支撑，然而这在全国鲜有其匹。因此，把丽江民族歌舞团转企改制作为普遍做法在全国推广，就带来很大的问题。这也是演艺院团改革困难重重的一个重要原因。

二是"以试点引路"。在计划经济时期，全国实行划一的体制和管理方式，一个领域、一个行业所面临的问题往往具有很大的相似性。"以试点为先导"的改革方法能够避免一些事关重大的改革由于缺乏经验、草率行事可能带来的失误和混乱。改革开放以来，中国东、中、西部经济状况和文化状况有很大的差异，社会不同区域、不同产业中的不同类别，日趋呈现出独特性、差异性、多变性的特点，"以试点为先导"改革方法的有效性大大降低。

在市场经济体制下，依法管理社会事务是对政府管理的基本要求，要确立依法治国、依法行政的理念。实现文化治理，政府文化管理理念须做相应调整，从以行政管理为主向以依法管理为主转变。

建设社会主义法治国家，坚持依法行政，是我国基本的治国理念，文化领域也不例外。坚持民主管理文化、依法管理文化，文化体制改革重大政策要经过民主程序充分讨论，特别是要经过改革主体的讨论和认同。文化管理必须有法可依，有章可循。

近年来，我国文化立法速度加快，文化立法工作取得了显著成绩，但仍落后于文化发展的要求。主要存在着以下一些问题。

一是立法盲点较多。与文化的建设与发展密切相关的、必不可少的重要法律，如《新闻法》《出版法》《文化事业法》《文化产业法》《文化市场管理法》等在我国尚属空白。如在新闻报道方面，因缺少《新闻法》，对采访权、报道权与拒绝采访权、拒绝报道权、采访范围和隐私范围等都没有明确的规定。

二是有些法律法规互相抵触，缺少系统性。根本大法与具体法律之间、中央法规与地方法规之间缺乏内在的统一性，一些具体的文化法律法规的规定与作为根本大法的宪法相矛盾，一些由地方制定的文化法律法规与中央的文化法律法规相冲突。各个部门之间的立法权限也不够清晰，制定法规时往往从本部门的自身利益出发，设定各种审批权、管理权、处罚权，缺乏全局的认识和与其他相关部门的充分沟通协调，造成了"政出多门"，也使各部门的行政规章之间缺少总体的系统性。法律法规之间存在着一定的冲突和缺乏科学的系统性，导致法律法规在实施中的相互矛盾、推诿扯皮以及多头审批、多头执法和交叉处罚等问题，严重损害了法律应有的严肃性和权威性。

三是法律法规缺乏应有的严密性。由于我国的文化立法工作还处在初级阶段，许多制定出来的法律法规缺乏应有的严密性。一些文化法律法规的概念、术语界定不明确，表述不清晰，一些文化法律法规的条文、条款的规定过于含糊笼统。还有一些文化法律法规已明显地与我国现在的文化建设实际相脱节，不能较好地适应当前文化建设的快速发展和加入 WTO 后我国文化建设所面临的新形势、新任务。这些文化法律法规没有及时清理、废止和修订，给执法部门造成无所适从的尴尬局面。

加快文化法制建设，建立健全文化法律保障体系。一是加快文化立法，完备文化法律体系。文化法制包括基本文化法律和各种配套的文化法规。基本文化法律是在它所涉及的文化领域内起统帅作用的法律，制约了该领域内的各项单行文化法规。目前，我国许多基本文化法律都属空白，基本文化法律的立法任务还相当艰巨。有了基本文化法律，还需制定与之相配套和衔接的各种单项文化法规。配套的法律规范涉及的方面最多，数量最大，是文化法规体系的重要组成部分。二是完善文化行政执法体系，提高执法效能。确立文化执法的独立法律地位，增强文化执法机构的权威。进一步确认文化执法部门的行政处罚权、行政强制措施权和行政强制执行权，实行综合执法。进一步完善文化执法程序。要按法律规定的操作规则办事，保证文化执法的公正性和严肃性。要建立法规执行情况的监督检查制度，保证有关国家机关和人民群众对文化执法工作的监督，建立相应的检查、证据、听证、复议、应诉以及重大案件的备案等制度。建立一支高素质的文化执法队伍。要健全机构，充实队伍，完善培训、考核和监督等有关制度，特别要在提高思想和职业素质上下大功夫。建立文化执法责任制。用机制来约束和监督执法行为，促使执法机关和执法人员严格执法。公安、文化、工商行政管理等部门，要切实依法行政，从严管理。运用现代科技手段管理文化市场。具有高科技特性的文化市场，要求政府管理手段必须现代化、信息化，要用高科技的手段来应对高科技的犯罪。要在文化市场监管领域推进电子政务，建立文化市场动态信息网络，提高政府的行政效率和管理水平，以管理信息化带动决策科学化和管理、执法规范化。

第二章　创新文化管理体制机制

创新文化管理体制机制是推进文化治理体系现代化的关键。本章认为，当前，创新文化管理体制机制重点应做好四个方面的工作：一是正确认识文化安全，激发文化创造活力；二是落实放管服精神，激发文化市场主体活力；三是健全文化领域法律制度，坚持依法管理文化；四是创新文艺管理理念和机制，促进文艺繁荣。

一　正确认识文化安全，激发文化创造活力

近些年，随着《国家安全法》的颁布，"文化安全"问题很受关注。尤其是 2017 年，随着《网络安全法》在当年 6 月 1 日实施，"文化安全"更是被文件和报刊文章频频提及，成为热门词语。在一些文章中，文化安全被等同于意识形态安全，维护文化安全被视为首要任务。

激发文化创新创造活力，需要宽松的社会环境和文化氛围。如何正确认识文化安全，正确处理文化繁荣与文化安全的关系，在"防范和抵制不良文化的影响，掌握意识形态领域主导权"① 的同时，防止在文化管理中泛意识形态化，是推动新时代文化繁荣兴盛需要解决的重要问题。

（一）防止文化管理泛意识形态化

文化安全是文化不受威胁的客观状态，是国家安全的重要组成部分。防范和抵制各类不良文化的侵蚀、维护文化安全是促进文化繁荣兴盛的重

---

① 参见《国家安全法》第二十三条。

要内容。

值得关注的是，在实际工作中存在把文化安全等同于意识形态安全、把文化管理泛意识形态化的问题。比如，出于维护文化安全的考虑，现在有些研究课题成果审定、文艺作品评论、文化艺术专项资金项目评审等，往往把坚持正确的文化方向作为关键，若违背这一项，就一票否决。至于出现什么情况算是违背了正确的文化方向，威胁了文化安全，并无科学、合理、具体的界定。又如，在国际贸易和投资自由化谈判中，为维护意识形态安全，主张应坚持"文化例外"，对放宽文化市场准入、扩大文化服务业对外开放持消极甚至否定态度。这种过度强调文化安全威胁的情况，不利于激发艺术积极性、创造性，不利于文化市场的对外开放，不利于推动文化繁荣兴盛。

文化管理领域存在的"泛意识形态化"倾向，与计划经济时期文化管理"政治挂帅"的理念有某些相似之处。"政治挂帅"不加区分地强调，为政治服务是文化管理的首要宗旨，甚至是唯一宗旨。这种管理理念存在很大缺陷。特别是在"文革"期间，"政治挂帅"更是到了登峰造极的地步。

改革开放以后，鉴于"文革"教训，邓小平同志在1979年第四次文代会上宣布，将文艺（文化）管理的宗旨由文艺为政治服务，调整为文艺为社会主义服务，为人民服务。"二为"成为改革开放以后我国文化发展的基本方向。党的十九大报告再次论述了"二为"方向，强调文化领域要坚持以人民为中心的导向。在改革开放40周年之际，我们应该珍视历史教训，坚持正确的文化发展理念。

（二）泛意识形态化倾向不利于激发文化创新创造活力

毫无疑问，意识形态是国家的精神根基，关系到我们党的执政地位和国家安危。因此，维护意识形态安全在文化管理中居于特殊重要位置。但意识形态安全是一个有特定内涵的概念。实际上，危及意识形态安全的主要是涉及重大政治原则问题。正如习近平同志所指出的，在舆论领域主要是指"恶意攻击党的领导、攻击社会主义制度、歪曲党史国史、造谣生事的言论"。① 在研究领域主要是指把政治问题当作学术问题的观点、做法。②

由此可见，意识形态安全主要指重大政治立场和政治判断。泛意识形态化的问题在于把意识形态问题扩大化，把非意识形态的问题意识形态化。比如，有的评论把从人性的角度对人物性格刻画的作品，上升到政治的高度予以批判。又如，有的课题项目评审，明确把对现行具体政策的评价作为政治问题看待，不允许提出异议，如此等等。这些对文化安全内涵不加区别"一锅烩"的做法，不利于激发文化创新的积极性，也不利于文化繁荣兴盛。

2016 年，习近平同志在哲学社会科学工作座谈会上的讲话中指出："百花齐放、百家争鸣，是繁荣发展我国哲学社会科学的重要方针。要提倡理论创新和知识创新，鼓励大胆探索，开展平等、健康、活泼和充分说理的学术争鸣，活跃学术空气。要坚持和发扬学术民主，尊重差异，包容多样，提倡不同学术观点、不同风格学派相互切磋、平等讨论。"③ 显然，泛意识形态化倾向不符合百花齐放、百家争鸣，有违学术民主、艺术民主。

（三）正确认识文化安全与意识形态安全的关系

1. 文化安全不等同于意识形态安全

泛意识形态化倾向的错误是把文化安全等同于意识形态安全。实际上，从内涵上看，文化安全是比意识形态安全更大的概念。文化安全包括意识形态安全，但不等同于意识形态安全。当前文化产品涉及文化安全的情况主要有四类：违反四项基本原则、激化民族矛盾和宗教冲突、违背社会公德、侵犯个人权利。上述四类都属于危及文化安全的行为，而涉及意识形态安全的主要是前两者。尽管上述四类都涉及文化安全，但其性质、影响有很大不同，应区别对待。

---

① 2013 年在全国宣传思想工作会议上的讲话（2013 年 8 月 19 日），转引《习近平关于社会主义文化论述摘编》，中央文献出版社，2017，第 28 页。
② 习近平同志在哲学社会科学工作座谈会上的讲话（2016 年 5 月 17 日），转引自《习近平关于社会主义文化论述摘编》，中央文献出版社，2017，第 93 ~ 94 页。
③ 习近平：《在哲学社会科学工作座谈会上的谈话》，人民出版社，2016，第 28 页。

就当前我国文化领域的现实状况而言，文化安全主要包括三方面内容：意识形态安全、民族文化安全和公共文化安全。加强文化安全建设就是要增强防范和抵制不良文化的能力。"防范和抵制不良文化的影响"是《国家安全法》对文化安全提出的具体要求。从我国文化发展存在的问题来看，"不良文化"主要包括以下四方面内容。

第一，违背四项基本原则的文化。意识形态是特定社会中反映统治阶级意志、代表统治阶级利益的理论体系，意识形态安全是反映统治阶级意志、代表统治阶级利益的观念和理论体系不受威胁的客观状态。

第二，激化民族矛盾和宗教冲突的文化。不同的自然环境和社会生活造就了不同的民族文化，民族文化之间的差异是文化多样性的基础、是人类文明进步的重要动力。但极端民族主义者偏狭地理解民族文化差异，对其他民族文化持歧视甚至敌视态度，鼓吹本民族文化至上，贬低其他民族文化，煽动民族仇恨，制造民族矛盾和冲突。

第三，违背社会公德的文化。社会公德是指被社会全体成员普遍认可、遵循的基本道德准则和行为规范，它包含人们对善与恶、美与丑、荣与辱等现象的认识和判断。在利益驱动下，一些文化企业和文化从业者生产一些低俗、庸俗、恶俗的文化产品来迎合市场，违背了社会公德，违反了文化产品社会效益与经济效益统一的原则。

第四，侵犯个人权利的文化。在文化产品的生产和传播中，因利益驱动，捏造事实诽谤他人，为博人眼球泄露他人隐私信息，为非法牟利歪曲、篡改、剽窃他人作品而侵犯个人权利的情形并不鲜见。

对上述四类不良文化，我们都要旗帜鲜明地反对和抵制。其中，危害意识形态安全的文化、激化民族矛盾和宗教冲突的文化两类均属于危及意识形态安全的文化。违背社会公德的文化、侵犯个人权利的文化则不属于危及意识形态安全的文化。对不同性质的文化应该采取不同的解决方式。正如党的十九大报告所指出的，要"注意区分政治原则问题、思想认识问题、学术观点问题"。比如，2017年对网络直播的专项整治行动，主要就是针对网络直播业存在的违背社会公德、低俗、恶俗等问题开展的一项文化市场执法行为。

2. 文化安全是一个动态概念

文化安全是一个动态概念，具有以下三个特点。

第一，文化安全状况随着文化内容和接受者的改变而改变。一般来说，文化安全状况与文化产品接受者的素质成正比。同样的文化产品，接受者的素质越高，其文化安全系数就越高、所受到的威胁就越小。同样的文化内容，适合成年人，不一定适合儿童；适合高素质人群，不一定适合低素质人群。

第二，文化安全状况与一国的经济、政治、社会发展状况有着紧密的联系。一般来说，文化安全状况与国家总体状况成正比。一个国家经济、政治、社会发展状况越好，文化安全状况就越好；反之，则较差。

第三，文化安全状况与文化背景等直接相关。一般来说，不同民族之间文化接受度与文化差异成反比。文化贸易中有一个"文化折扣"的词，它是指国际市场中的文化产品会因文化背景差异不被其他地区受众认同或理解而导致其价值的降低。比如中国文化和东南亚国家文化相近，与欧美国家文化则差异较大。因此，中国文化产品进入东南亚市场较为容易，进入欧美市场难度就大得多。文化背景差异越大，被不同国家或地区受众接受的程度就越低，对这些国家或地区的文化威胁就越小，文化安全系数也就越高。

3. 协调好文化安全与文化发展的关系

要正确认识文化安全与意识形态安全的关系。意识形态是政治安全的核心要素，它与新闻、出版、文艺、广播、电影、电视等文化生产中所包含的精神要素或思想观念有联系，但并非完全地、百分之百地重合。英国社会学家、传媒学者约翰·B. 汤普森曾指出："象征现象（文化现象）或某些象征现象并不就是意识形态的，而只有在特定环境中它们服务于维持统治关系时才是意识形态的。"[1] 也就是说，只有当新闻、出版、文艺、广播、电影、电视等文化生产所包含的精神要素或思想观念与权力（政治权力）相关联或相互作用时，它们所涉及的文化安全才关乎意识形态安全。因此，文化安全是一个比意识形态安全更大的概念，文化安全包括但不限

---

① 〔英〕约翰·B. 汤普森：《意识形态与现代文化》，高铦等译，译林出版社，2012，第63页。

于意识形态安全。

在实际工作中处理好文化安全与文化发展的关系十分重要。文化要讲安全，安全是发展的条件；文化更要讲发展，发展是安全的基础，是最大的安全。维护文化安全应以发展为原则。只有发展和安全并重才能增强文化整体实力和竞争力，防范和抵制不良文化的影响，实现持久的文化安全。

在看待我国开展国际文化交往和参与国际文化市场竞争问题上也一样。要以开放为原则、安全为底线。吸收各国优秀文明成果、开拓国际文化市场、推动中华文化"走出去"都要建立在文化开放的基础之上。在文化开放过程中难免会遇到各种各样的文化安全问题，只要实事求是，理性辨别，科学应对，都能有效化解。这也是坚持文化自信的应有之义。

二 落实"放管服"精神，激发文化市场主体活力

近年来，为发挥市场在资源配置中的决定性作用和更好地发挥政府作用，党中央、国务院大力推动"放管服"，要求做到简政放权，放管结合，优化服务。在文化领域同样要落实中央"放管服"精神。对文化管理来说，"放"就是下放文化行政权，降低文化市场准入门槛，理清多个部门重复管理的文化行政权；"管"就是文化行政部门要创新监管职能，利用新体制新技术加强监管机制创新，促进文化市场公平竞争；"服"就是转变政府职能，减少行政对文化市场的干预和对市场主体过多的行政审批行为，降低市场主体运营的行政成本，提升市场主体的活力和创新能力。

在很长时间里，由于文化领域具有意识形态属性，广播、电视、报纸期刊、出版等媒体行业实施的是特许经营体制，只允许国有文化单位运营。对文化内容产品的监管通常采取严格的前置审批的方式。近些年，随着改革开放的不断发展，文化管理方式也在逐步调整。比如，影视剧审批，由原来统一由国家管理部门组织审查，转为由省、自治区、直辖市负责审查；影视剧立项，也由原来需提供完整剧本，变为提供故事梗概。又如，在落实中央"放管服"精神过程中，文化系统减少了许多行政审批事项。2012年，文化部共有 13 项行政许可项目。截至 2017 年 9 月底，文化部取消 3

项，下放 6 项，目前仅保留 4 项行政许可项目，取消和下放的项目比例达 69.2%；中国文化艺术政府奖设置 3 个子项，分项由 24 个压缩至 8 个，评奖数量由 530 个名额减少到 60 个，[①] 有了很大改进。但与其他领域相比，文化领域行政审批过多、市场准入门槛过高的问题仍很突出，落实"放管服"的任务仍十分艰巨。

（一）行政审批多，准入门槛高，文化市场主体负担重

以北京市中关村互联网教育中心为例。中关村互联网教育中心是全国首家互联网教育基地，自 2014 年 6 月挂牌成立后，吸引 70 家互联网教育企业入驻，涵盖了学前教育、中小学基础教育、高等教育等众多领域，为全国的互联网教育产业发展，乃至全国网络教育"双创"活动提供了可资借鉴的范式。

笔者在中关村互联网教育基地调研发现，目前行政审批提交材料多，互联网教育企业行政审批手续烦琐、审批周期长。例如，申请互联网信息服务增值电信业务经营许可证（ICP 许可），企业需要提交申请经营电信业务的业务发展、实施计划和技术方案，公司经会计师事务所审计的年度财务会计报告等 15 项材料，审批工作周期为 60 个工作日。信息网络传播视听节目许可证为国务院、省级两级审批，累计时限为 60 个工作日。仅网络文化经营许可证的审批时限为 40 天。

再以网络视听业为例。我国网络视听产业（网络自制剧、网络电影、网络综艺等）发展迅速。过去五年，中国网络视频用户规模从 3.49 亿增加到 5.65 亿，增长了 61.9%。在线视频市场规模从 2012 年的约 90 亿元增长到 2016 年的 609 亿元，年均增幅超过 50%。网络视听产业成为培育新经济的重要引擎。

网络视听产业的快速发展与行政部门对该产业的较为合理的内容监管有很大关系。互联网兴起后，为适应网络文化产品更迭快速、信息海量等

---

① 《砥砺奋进的五年——搭建"四梁八柱"、释放改革红利，十八大以来文化体制改革成效和文化法治建设成就显著》，《中国文化报》2017 年 10 月 23 日，第 1 版。

特点，鼓励互联网文化企业发展，有关管理部门对网络视听产品（网络自制剧、网络电影、网络综艺等）采取不同于传统影视产品的管理办法，由以前的审批制改为备案制。传统影视产品须通过由有关管理部门组织的内容审批，领取许可证，方可播出或放映。网络视听产品采取的是"先审后播、自审自播"的做法。网络视听企业自制的网络剧，其内容审查改为由该网站审核员进行审定（审核员需接受原国家新闻出版广电总局培训考核），无须报送有关政府管理部门审批；上线前需在主管部门备案，获得备案编号即可上线。有关部门主要是事中、事后监管。管理部门承担对网络文化产品的监管任务，凡网站自制剧播出引发异议的，由政府管理部门组织专家审核团队负责审核，并酌情做出处理。① 上述做法减少了内容审查的时间成本，提高了效率，激发了新兴网络业态的活力。

　　但近年来，随着网络视听业在社会生活中影响越来越大，对网络视听产品的审批有趋严的势头。2016 年，原国家新闻出版广电总局《关于进一步加强网络原创视听节目规划建设和管理的通知》（以下简称《通知》）规定，从 2016 年 12 月 19 日开始，所有视频网站的网络大电影、网剧、网络综艺等网络视听内容，都须实行重点网络原创节目②备案登记制度。就是说，重点网络原创节目上线前需要进行"上线备案"和"规划备案"两次备案程序。也就是说，在原有的"上线"备案程序之前，《通知》增加了重点网络原创节目在创作规划阶段需进行"规划备案"的程序。取得规划备案号后方可进行上线备案。两次备案全部审核通过之后才可上线。

　　《通知》发布后引起了网络视听企业的普遍不满。按照《通知》要求，

---

① 参见 2012 年 7 月，国家广电总局和国家互联网信息办公室联合下发的《关于进一步加强网络剧、微电影等网络视听节目管理的通知》（广发〔2012〕53 号），该《通知》旨在引导和规范网络剧、微电影等网络视听节目发展。2014 年初，国家新闻出版广电总局印发了《关于进一步完善网络剧、微电影等网络视听节目管理的补充通知》（新广发〔2014〕2 号），要求网络剧、微电影制作机构需要"持证上岗"，网站不得转发非实名用户上传微电影。进一步规范了视听新媒体平台下网络剧、微电影等网络视听节目的运营机制。

② 重点网络原创节目是指网络视听节目服务单位招商主推的节目、拟在网络视听节目服务单位网站（客户端）首页推广的节目、投资超过 500 万元的网络剧或者投资超过 100 万元的网络电影（微电影）、拟优先供网站会员观看的节目和网络视听节目服务单位资源备案的其他重点网络原创视听节目。

两次备案的审核周期均为 25 个工作日，总共需要 50 个工作日。这将大大延长网络视听产品的上线周期，不符合网络视听节目时效性强、更新速度快的特点，给企业造成不必要的负担。

移动游戏（又称手机游戏）管理也存在同样的问题。近年来，随着智能手机的普及和技术进步，移动游戏快速发展。2017 年中国游戏市场实际销售收入达到 2036.1 亿元，同比增长 23.0%。其中，手游收入占 57%，实际销售收入达到 1161.2 亿元，同比增长 41.7%。移动游戏活跃用户数量近 6 亿。中国已超越美国成为全球手机游戏第一大市场。[①]

2016 年 5 月 24 日，有关管理部门出台《关于移动游戏出版服务管理的通知》（新广出办发〔2016〕44 号）（以下简称《通知》）。《通知》以解决目前移动游戏市场粗制滥造、侵权盗版问题为由，对移动游戏上线运营，设置了前置审批。要求移动游戏上线前必须从国家新闻出版广电总局申领版号，否则不允许上线。同时要求已运营的移动游戏必须在规定的时间里补办版号，否则作为非法出版物处理。《通知》还规定，只有取得出版行政主管部门批准，取得网络出版服务许可证的出版机构和网络企业，才能办理申领版号的相关工作。

《通知》发布之前，国产移动游戏实行的是移动游戏企业自审、文化部备案和游戏平台测试三个环节，整个流程在一个月之内即可完成。手机游戏上线运营后由文化市场执法部门负责监管。具体流程如图 2-1。

《通知》下发以后，移动游戏的监管产生了很大变化：第一，移动游戏由原先仅需在文化部备案，调整为必须同时获得国家新闻出版广电总局的版号才可上线。第二，没有网络出版服务许可证的移动游戏公司，需要委托具有互联网出版资质的企业或者出版社进行内容审查，并提交所在省、自治区、直辖市主管部门进行审批，通过后再报国家新闻出版广电局进行审批。移动游戏原来由事中、事后监管，变成事前审批。见图 2-2。

《通知》发布后移动游戏管理存在三个问题。

---

① 参见中国音像与数字出版协会游戏工委（GPC）、伽马数据（CNG）、国际数据公司（IDC）联合发布的《2017 年中国游戏产业报告》。

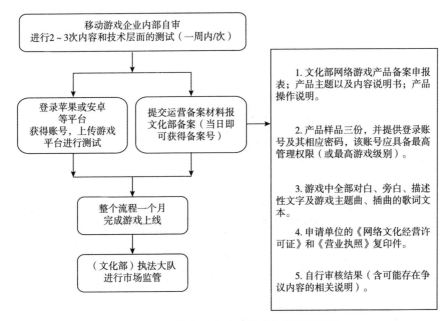

图 2-1　文化部国产移动游戏上线管理流程

第一，审批程序烦琐，不符合互联网行业的特点。《通知》将原先的备案制改为国家新闻出版广电总局和省（直辖市）有关管理部门两级审批制，审批程序烦琐。有游戏企业经营者反映，情景类游戏从企业申报材料到领取版号需要 4~6 个月，大致相当于一款畅销的手机游戏在市场上流行的时间。这大大延长了移动游戏产品的上线周期，无疑增加了企业的运营成本，与移动互联网娱乐产品时效性强、产品迭代快速的特点不相吻合。

第二，对中小游戏企业设置了歧视性准入门槛，增加中小游戏企业负担。《通知》还规定，只有取得国家新闻出版广电总局网络出版服务许可证的网络出版服务单位，才能办理申领版号的相关工作。这就意味着小微移动游戏企业研发的移动游戏要想上线，只能花一笔价格不菲的代理费，委托具有网络出版服务许可证的网络出版服务单位办理申领版号，这无疑又增加了小微企业的负担。

第三，无法有效解决移动游戏市场粗制滥造、侵权盗版的问题。总局出台《通知》本意是要治理手机游戏市场存在的粗制滥造和侵权盗版行为，

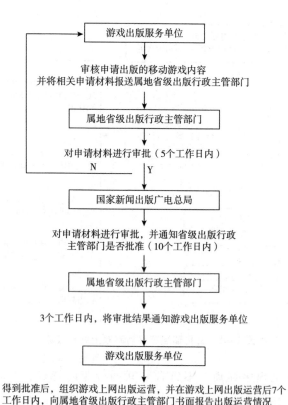

图 2-2　国家新闻出版广电总局《通知》发布后移动游戏审批流程

但实际上《通知》无法解决上述问题。首先，政府文件无法为娱乐产品的质量划定标准。手游市场的粗制滥造问题主要靠消费者投票来解决。如果手游产品存在色情、暴力过度乃至政治倾向问题，文化部采取备案制，网络平台同样能解决，无须增加叠床架屋式的审批。其次，《通知》无法解决侵权盗版的认定。认定手游市场侵权盗版行为，主要靠被侵权方投诉和消费者举报，版号审批部门是无法判定一款游戏是否存在侵权盗版行为的。而且，让民事主体自己采取维权的行为，成本最小，效果最好。

（二）减少行政审批，加强事中、事后监管，做到放管结合，优化服务

1. 尊重互联网产品特点

对网络文化产品监管趋严，其主要依据是网络视听产业管理要坚持线

上与线下标准一致。但在调研中许多网络视听企业认为，坚持线上与线下一个标准主要是指文化内容监管，审查方式则应该根据网络视听产品总量大、更新快、时效性强等特征，采取符合网络文化产品特点和规律的监管方式。

实际上，网络文化产品的海量内容使前置审批难度越来越大。以网络视听节目为例。网络视听节目的特点是数量大，种类多，增长速度快。据统计，2016 年，网络剧备案 4558 部，微电影和网络大电影备案 5556 部，娱乐类栏目备案数达 611 档 6962 期。其中，网络剧备案部数同比增长466％，发展迅速。海量的视频内容为监管带来了很大的压力。以北京市为例，北京市属网络视听节目服务持证单位 123 家，占全国网络视听节目服务持证机构近1/5，而北京市新闻出版广电局投入网络视听节目备案审查的人员编制仅十余人，即便有外聘专家队伍来辅助审查，也很难满足迅速发展的产业需求。

2. 实行备案制管理

互联网文化行业迫切需要减少行政干预，减少对网络文化企业不必要的行政审批，降低网络文化企业运营的行政成本，激发其活力和创新能力。

第一，对提供互联网信息服务企业统一实行备案管理。目前，按照有关规定，我国互联网企业为上网用户提供信息服务分为经营性和非经营性两类，国家对经营性互联网信息服务实行许可制度，即办理互联网信息服务增值电信业务经营许可证（ICP 许可），对非经营性互联网信息服务实行备案制度。实行许可制度是造成审批标准高、程序烦琐、审批周期长的主因。实际上 ICP 许可的主要功能是溯源，即用以追溯提供互联网信息服务企业的基本情况、IP 地址等。目前通过备案管理完全可以满足溯源功能要求。因此，为减少行政审批，凡互联网企业申请开展互联网信息服务的，应统一采取备案管理制度，企业可自行决定开展经营性或非经营性互联网信息服务。

第二，对互联网文化产品实行备案管理。以手机游戏为例。如前所述，手机游戏具有市场变化迅疾、产品更迭速度快等特点。采取前置审批的做法，延长移动游戏产品上线周期，增加移动游戏企业成本，不利于手机游戏产业的发展。此前，国产移动游戏实行的移动游戏企业自审、文化部备案和游戏平台测试，重在加强手机游戏上线运营后的监管，监管情况良好。因此，应取消移动游戏的版号审批，坚持实行备案制管理。针对移动游戏快速迭代的特点，坚持采取以事中事后监管为主的监管方法，加大在移动游戏上线之后的日常监管力度，通过抽查、奖励举报、行政处罚等方式，规范移动游戏市场，营造公平竞争环境。

3. 利用新技术加强监管机制创新，积极探索监管的新模式、新方法

第一，充分利用互联网思维和方法监管网络文化产品，加强事中事后监管，提高监管体系的信息化水平。包括通过线上监管系统对网络文化产品进行动态监测、举报投诉处理、线上听证、处罚公示等，还包括关闭和下线违规网络文化企业和文化产品。

以网络直播业为例。2017 年，以网络直播为代表的网络表演行业成为网络热点，有巨大的发展前景。数据显示，我国在线直播平台数量最多时接近 200 家，网络直播平台用户数量达 2 亿，大型直播平台每日高峰时段同时在线人数接近 400 万。有业内人士预计，到 2020 年，网络直播行业总产值将达到 1000 多亿元。① 但网络直播企业运营不规范，靠刺激性信息吸引点击量或打赏，低俗、庸俗、恶俗的现象时有发生。有关管理部门通过加强网上监控，采取清理行动，及时遏制网络直播业的乱象。仅 2017 年 1~6 月，各部门查处关闭违法违规直播平台 73 家，累计关闭 9.1 万个直播间，清理 12 万个用户账号，封禁了 3.8 万个违规主播账号，将 1819 名严重违规主播纳入永久封禁黑名单。②

第二，强化判例借鉴，建立监管大数据库。对网络文化产品实行前置审批之所以饱受诟病，其中一个重要原因是，审批标准只有原则性规定，审批尺度往往因人而异，审批结果的公正性无法保证。因此，利用现代科技手段，对已有监管案例进行积累并建立监管大数据库，对提高网络文化产品乃至各类文化产品的监管科学性具有重要价值。应积极推动建设文化

---

① 《文化部处理 1 万多名"网红" 网络直播缘何成为色情重灾区?》，2016 年 7 月 15 日，中国网。

② 《"大撒币"狂欢背后：直播平台九成尸横遍野》，传媒头条，2018 年 1 月 11 日。

内容产品特别是网络文化节目监管大数据库，并公开发布，使网络运营企业可以查询已有的相关判例和判罚数据，规避风险。同时，建立监管大数据库也有助于进一步清晰监管标准，降低网络视听节目监管中的主观性和随意性，使监管主体在有法可依的同时做到"有例可循"，尽量避免因监管者个人喜好而影响监管结果的情况发生。

4. 加强综合管理

第一，从分业管理转向综合管理。目前，我国文化领域实行分业管理。从国家层面看，由中宣部、原文化部、国家新闻出版广电总局、国家信息化办公室、工信部、中国文联、中国作协等文化部门或社会团体按照文化行业的门类实行分业管理。分业管理格局的特点是分门别类式的管理，优点是责任明确。现代社会的发展，科学技术进步，使得新兴文化行业不断涌现，文化行业之间呈融合之势。传统的分业管理方式导致管理职能交叉、监管事项重合，增加了文化市场主体运营的行政成本，越来越不适应文化发展的要求。

以网络文化管理为例。目前，互联网文化企业经营需要领取四证，分别是互联网信息服务增值电信业务经营许可证、互联网出版许可证、信息网络传播视听节目许可证、文化经营许可证。这四个经营许可证的审批分别由国家工业和信息化部（省、自治区、直辖市通信管理局）、国家新闻出版广电总局、文化部负责。部门职能交叉，监管内容重复，事项界定不清晰。

以国家新闻出版广电总局颁发的互联网出版许可证、信息网络传播视听节目许可证为例。前者适用范围是"文学、艺术、科学等领域内具有知识性、思想性的文字、图片、地图、游戏、动漫、音视频读物等原创数字化作品"，后者适用范围是"互联网视听节目服务，是指制作、编辑、集成并通过互联网向公众提供视音频节目，以及为他人提供上载传播视听节目服务的活动"。上述两证所监管的"音视频读物"和"视音频节目"是同一产品。再如，文化经营许可证的监管范围包括所有互联网文化产品的制作、复制、发行、播放等活动，对文化产品的界定并不清晰，与上述监管范围重复。这造成了互联网文化企业多头管理，相关证件需重复申请的现状。

因此，有必要对互联网文化企业证照进行合并或两证合一。明确各种证件所监管的内容范围，合并相同的管理证照，减少或取消不必要的重复申请。

第二，加强行业自律，推进社会协同治理。党的十九大报告提出，要构建政府与社会协同治理的新模式，从管理向治理转型。社会协同治理，要求市场主体、社会组织、行业协会都应参与其中，实现文化共治。现在的网络直播鱼目混珠，有些网络直播内容明显是"少儿不宜"。如何让未成年人远离网络直播，需要各大网络直播平台把好第一关。2016 年，多家从事网络表演的主要企业负责人共同发布《北京网络直播行业自律公约》，承诺所有主播必须实名认证，不为 18 岁以下的未成年人提供主播注册通道，起到了很好的效果。

三 健全文化领域法律制度，坚持依法管理文化

2017 年是我国文化领域法律制度建设取得明显成效的一年。2017 年先后通过或实施的文化法律有《网络安全法》《公共文化服务保障法》《中国电影产业促进法》《关于加强网络信息保护的决定》《中华人民共和国图书馆法》。这在很大程度上改变了长期以来文化领域"两部半法律"的局面。[①]

尽管我国文化领域法律建设取得了显著成绩，但立法滞后、文化法制体系不健全的问题仍十分突出，与党的十九大报告提出的完善以宪法为核心的中国特色社会主义法律体系，全面推进依法治国的要求还有很大差距。文化领域的法治建设重点应加强以下几个方面的工作。

（一）健全文化领域法律制度

第一，制定文化基本法。维护公民文化权利是文化建设的重要基础和前提，是党的十九大报告提出的以人民为中心的导向的重要基础和前提。维护公民文化权利首先要明确公民文化权利的内涵。我国宪法明确了公民

---

① "两部半法律"："两部"是指《文物法》和《非物质遗产法》，"半个"是指《著作权法》。《著作权法》当中保护知识产权等内容跟文化发展息息相关，但该法律其他内容，比如商标、专利等，跟文化领域关系不大。

的权利，其中包括文化权利。但只是原则性要求，较为笼统。因此，许多国家以宪法为基础，制定了文化基本法，进一步明确公民文化权利的具体内涵，以此作为文化建设的基础。

以俄罗斯 1999 年修订的《俄罗斯联邦文化基本法》为例（以下简称《文化基本法》）。俄罗斯《文化基本法》明确了公民文化权利和政府文化职责。《文化基本法》明确公民享有以下文化权利：创作权，个人文化独创权，文化价值知情权，人文教育权和艺术教育权，文化领域所有权，在文化领域创建组织、机构及企业权，在文化领域创建社会团体权，创作活动成果出口权，国外文化活动权；也明确了政府在文化领域的八大职责：文化保护和发展规划，保障公民参与文化活动、获得文化价值和财富，促进文化领域内慈善、资助、赞助事业的发展，保障所有文化活动主体的自由和独立性，遏制文化垄断，为优秀人才的自我实现创造条件，为俄罗斯联邦民族文化提供优先条件，文化统计。这就为制定相关文化政策奠定了基础。

第二，加快文化立法，重点解决立法缺失点。我国文化领域还存在不少立法盲点，许多应该通过立法规范的文化领域，目前还存在缺失的现象。如因缺少《新闻法》，在新闻报道方面对采访权、报道权与拒绝采访权、拒绝报道权、采访范围和隐私范围等没有明确的法律规定。立法盲点多也表现在具体行业立法缺失上。以广播电视业为例。美国广播电视业出台了《公共电视法》《美国有线电视法》《儿童电视法》《广播电视反低俗内容强制法》等系列相关法律。我国目前尚无相关法律出台。应尽快出台文化产业促进法、演出法、出版法、文化市场管理法等文化法律法规。

（二）发挥法律规范文化活动的效用，做到宽严适当

文化法治建设提速值得肯定，如何发挥法律规范文化活动的实际效用，推动文化繁荣，更应该重视。在我国文化法治体系逐渐完善的同时，应加大对文化法律的执行力度。

以《中国电影产业促进法》为例。早在改革开放初期，电影界就呼吁要制定电影法。经过近 40 年的努力，《中国电影产业促进法》于 2016 年发布。

该法规定了在电影内容上严禁出现的 13 类内容或镜头。如"伤害民族情感，破坏民族团结""侵害未成年人合法权益或损害未成年人身心健康""渲染暴力、恐怖，教唆犯罪或者传授犯罪方法"等。

由于对这些问题的理解和把握十分困难，因此需要出台实施细则或通过判例来对法律文本进行具体的说明，以增加法律文本的可操作性。

（三）依法维护文化企业和文化工作者的合法权益

保护文化企业和文化工作者的合法权益，是制定文化法律法规的应有之义。尽管《公司法》中有明确的维护企业权益的条文，但在文化活动中，这些条文很少能被文化机构用来维护权利。实际上，文化企业的权益同样需要保护，他们的合理诉求同样值得重视。保护文化企业的合法权益和合理诉求，是激发文化生产者创造活力的基础性工作。

首先，凡涉及制定促进文化创造和生产的文化法律法规，应以维护文化企业的权益为出发点，以服务文化企业为主要目的。

以《文化产业促进法（草案）》起草为例。近年来，相关文化管理部门在主持起草《文化产业促进法（草案）》时，笔者参与了相关研究和修改工作。笔者认为，《文化产业促进法（草案）》应该把维护文化企业合法权益、服务文化企业为主要目的作为核心内容。《文化产业促进法》条款中应包括：文化产品和服务的内容审查标准应保持稳定、持续。由于产业发展、社会变动等客观原因确需对相关文化产品和服务内容审查标准进行修改的，须召开听证会听取相关文化企业意见，并向相关文化企业充分说明理由，修改方案并依法向社会公布。

其次，应保持政策法规的严肃性。就内容审查来说，经评审专家通过的文化产品，就应该是合法合规的产品。如果在播出、放映或演出过程中被禁止，有关管理部门应公开做出解释。同时，审查部门应承担一定的经济责任，作为对产品出品方的补偿。

最后，内容审查标准的变更不具有溯及既往的效力。因修改内容审查标准造成文化企业损失的，如果不涉及不可抗力的因素，应对企业予以适当补偿。

总之，要激发全民族文化创新创造活力，很重要的一点，就是要约束权力，需要发挥市场配置资源的决定性作用和更好地发挥政府作用。

（四）依法对文化娱乐产品实行分级制管理

2017 年《中国电影产业促进法》实施。但该促进法没有涉及对电影消费分级制问题。2017 年是国产移动游戏大放异彩的一年。以《王者荣耀》为代表的移动游戏风靡世界，但也因许多未成年人沉迷其中，使该游戏受到多方指责。对娱乐产品实行消费分级的呼吁再次成为话题。

当代社会，人们精神文化消费需求日趋旺盛，消费需求日趋多样化、个性化、差异化。如何满足人们多样化的文化消费需求，按照文化产品的不同特点进行差别化管理，是文化管理科学化的必然要求。

对影视娱乐产品实行消费分级是国际通行做法，也是国内文化界多年来的呼吁。但因为种种原因在中国内地难以实行。我国内地目前是世界上少数几个尚没有实行文化娱乐产品消费分级制的国家。从某种意义上说，对文化娱乐产品是否实行分级管理，是衡量一个国家文化市场成熟度的重要标志。

1. 对文化娱乐产品实行消费分级制是国际通行做法

以电影为例。美国是最早进行电影分级的国家。从美国电影业发展历史来看，美国电影经过了一个从行政审查到分级制的过程。20 世纪 50、60 年代以后，美国电影协会提出电影分级制，把电影分成五级：大众级、普通辅导级、特别辅导级、限制级、成人级。主要是根据电影的暴力与性表现的程度等进行划分，并对每个类别分别做了界定。实行电影分级制，帮助消费者选择不同类型的电影，有助于消费者的身心健康。见表 2 - 1。

表 2 - 1 美国电影分级标准

大众级（G）	所有年龄均可观看，无裸体、性爱场面，吸毒和暴力场面非常少
普通辅导级（PG）	建议在父母陪伴下观看。基本无性爱、吸毒和裸体场面，即使有时间也很短。恐怖暴力场面不超出适度范围
特别辅导级（PG13）	不适于 13 岁以下儿童。无粗野的持续暴力镜头，一般无裸体镜头，有时有吸毒镜头和脏话

限制级 （R）	17 岁以下必须由父母或监护陪伴才能观看。包含成人内容，有较多性爱、暴力、吸毒场面和脏话
成人级 （NC17）	17 岁及以下的未成年人禁止观看。有清楚的性爱场面，大量吸毒、暴力镜头和脏话

美国电影分级的做法后来为世界绝大多数国家和地区所效仿。以中国香港为例。香港把电影分为三级（其中第Ⅱ级又分为 A 级和 B 级），其中，第Ⅰ级适合任何年龄人士观看，第Ⅲ级只准 18 岁及以上人士观看，见表 2 - 2。

表 2 - 2　香港电影分级标准

级　别	定　义
第Ⅰ级	适合任何年龄人士
第Ⅱ级	儿童不宜
第ⅡA级	儿童不宜，但建议家长指引
第ⅡB级	青少年及儿童不宜，但建议家长指引
第Ⅲ级	只准 18 岁及以上人士观看

电视也一样。20 世纪末，由美国全国广播电视联盟（NBA）、全国有线电视联盟（NCTA）和美国电影协会（MPAA）共同制定了"电视家长指导原则"，即电视分级体系（TV rating system）。这一指导原则获得美国联邦通讯委员会（FCC）通过和采用，电视分级制正式生效①。根据《1996 年通讯法案》规定，从 1998 年 2 月开始，所有在美国境内销售的 13 英寸以上电视机都必须装置一种可读取节目编码信号的 V - Chip（童锁），家长可以通过 V - Chip 选择家庭可以收看的电视节目。

世纪之交，随着网络游戏的快速发展，参照影视产品消费分级制，网络游戏消费分级制也应运而生。实行分级制，有助于消费者选择不同级次

---

① 美国电视节目分级的信息会在节目开始时显示在屏幕上，通常是左上方，时间是 15 秒，如果节目时间长于 1 小时，那么在以后开始的每小时都要显示分级信息。美国电视剧分为 7 个级别，其中主要的 4 个级别是：TV - G（suitable for all audiences）适合所有人群观看；TV - PG（parental guidance suggested）儿童需要父母指导进行观看；TV - 14（parental guidancesuggested for children under 14）14 岁以下儿童需要父母指导进行观看；TV - MA（suitable for mature audiences）仅适合 17 岁以上成年人观看，1998 年 10 月以前使用 TV - M 标志。

的文化产品。

人们往往以为，实行消费分级制会导致表现暴力和性内容的文化产品泛滥，其实不然。科学的管理在满足人们不同需求的同时，也在引导健康的文化消费。以美国电影为例。美国是最早实行电影分级的国家。美国电影分了五级，最低级别的是大众级（General），最高级别的是成人影片（NC17）①，就是 17 岁以下的孩子不得观看。在美国，如果一家影院要放 NC17 级电影，必须要查验每一个观众的身份证、驾驶证等证明身份的证件，证明其满 17 岁。如果观众没有带身份证件进电影院观看，被警察查获，这家电影院会受到很重的处罚。此外，美国 NC17 级电影做的广告，不能让未成年人在他的经过区域看到。可见，美国影院放映 NC17 级很麻烦，要增加检查身份证的工作人员，还不能在公共空间做广告宣传。其实，对 NC17 级感兴趣的人群相对是较少的。所以，美国主流商业电影院，基本不放 NC17 级电影。相反，等级越低，观众越多。据统计，实行分级制以后，美国历史上票房收入最好的前十部电影，都是大众级电影。中国香港实行电影分级制以后，一度成人电影盛行，但很快就回归常态。现在，主流影院很少放映成人电影。

电视也一样。规范公共广播电视频道的内容，有利于保持公共文化媒体的健康性。保持公共文化媒体的健康性，关键是要做到有法可依，赏罚分明。有别于我国文化管理上大多依靠"禁查堵"的做法，美国联邦通讯委员会对公共广播电视内容管理严格，对低俗节目、不敬节目、淫秽节目有清晰的界定，其目的是让电视节目生产机构和播出机构有章可循。

又如，美国《儿童电视法》规定，商业电视台每周至少播出 3 小时儿童节目，含有色情、暴力的节目只能在晚 12 点至凌晨 4 点播出。从 1998 年始，要求所有电视厂商必须对 13 英寸电视内置"防暴力芯片"，密码由成年人掌握。此外，还对违规播出低俗内容者进行高额处罚。

再如，2005 年美国国会参议院、众议院制定了《广播电视反低俗内容

---

① 就是中国俗称的三级片，NC 是 No Children，就是 17 岁以下的孩子不得观看，No 就是不得，这是一个禁止性的级别。

强制法》，对违规播出低俗内容者由每次违规罚款最高 3.5 万美元提高到最高 50 万美元，对特定违规案例的累计罚款可达 300 万美元。

美国《刑法》第 1464 条规定，禁止公共电视台播出含有"淫秽、亵渎或粗俗"的内容。违法者罚款高达 12500 美元或者最高两年徒刑，也可两罪并罚。

2. 我国影视娱乐产品迫切需要探索分级制

在内地，有关影视娱乐产品实行分级制的呼吁一直没有间断。早在改革开放初期的 20 世纪 80 年代，《大众电影》复刊第一期就呼吁实行电影分级制。这方面的诉求几乎贯彻改革开放的全过程。

没有电影分级可能会使不同年龄、不同类型的观众无差别地观看同一部电影，但有些电影镜头确实不适合未成年人观看。

实际上，如果用美国的电影分级标准来分，中国内地大部分电影基本上都要进入二级（即美国的普通辅导级和中国香港的第Ⅱ级）以上，当然中国内地也基本上没有 NC17 级的电影。业界有按照美国和中国香港评级标准对中国内地近年来部分电影进行尝试性评级，结果发现，相当一部分电影都是二级以上，需要对观众进行分级管理，见表 2 - 3。

表 2 - 3 国产电影的美国/中国香港评级

电影	级别	电影	级别
《画皮 2》	中国香港：ⅡB	《昨天》	美国：R
《一九四二》	中国香港：ⅡB	《洗澡》	美国：PG - 13 中国香港：Ⅰ
《王的盛宴》	中国香港：ⅡB	《霍元甲》	美国：PG - 13 中国香港：ⅡB
《白鹿原》	中国香港：Ⅲ	《南京！南京！》	美国：R 中国香港：ⅡB
《逆战》	中国香港：ⅡB	《风声》	美国：R/中国香港：ⅡB
《金陵十三钗》	美国：R 中国香港：ⅡB	《十月围城》	美国：R 中国香港：ⅡB
《龙门飞甲》	美国：R 中国香港：ⅡB	《功夫》	美国：R 中国香港：ⅡB

续表

电影	级别	电影	级别
《新少林寺》	美国：R 中国香港：ⅡB	《疯狂的石头》	中国香港：ⅡB
《白蛇传说》	美国：PG－13	《2046》	美国：R 中国香港：ⅡB
武侠	美国：R 中国香港：ⅡB	《集结号》	中国香港：ⅡB
《让子弹飞》	中国香港：ⅡB	《投名状》	美国：R 中国香港：ⅡB
《叶问2》	中国香港：ⅡB	《活着》	中国香港：Ⅱ
《非诚勿扰2》	中国香港：Ⅰ	《英雄》	美国：PG－13 中国香港：ⅡB
《大兵小将》	美国：PG－13 中国香港：ⅡB	《大红灯笼高高挂》	美国：PG
《赵氏孤儿》	中国香港：ⅡB	《菊豆》	美国：PG－13
《狄仁杰》	美国：PG－13 中国香港：ⅡB	《秋菊打官司》	美国：PG
《剑雨》	美国：R 中国香港：ⅡB	《摇啊摇，摇到外婆桥》	美国：R
《苏乞儿》	美国：R 中国香港：ⅡB	《满城尽带黄金甲》	美国：R 中国香港：ⅡB
《斗牛》	美国：R 中国香港：ⅡB	《三枪拍案惊奇》	美国：R 中国香港：ⅡA
《霸王别姬》	美国：R	《紫蝴蝶》	美国：R
《可可西里》	中国香港：ⅡB	《十七岁的单车》	美国：PG－13

　　网络游戏作为大众娱乐方式，同样迫切需要实行分级管理。这有助于防止暴力等内容对未成年人的伤害。

　　多年前，我国相关行业协会已经研究并发布了网络游戏分级制度，如2004年9月中国青少年网络协会与游戏工委联合推出的国内第一套以游戏推广为目的的游戏分级制度《中国绿色游戏评测与推荐制度》。该标准将游戏划分为5级，分别为"全年龄段：适合所有人""初中生年龄段以上：适合初中及以上的人群""高中生年龄段以上：适合高中及以上的人群""18
岁年龄段以上：只面对 18 岁以上人士，不应该对未成年人推广发行"以及
"危险级"。无论是游戏评定标准还是评定程序等均较为成熟，基本能够作
为推行的基础。

四　创新文艺管理理念和机制，促进文艺繁荣

繁荣文艺产品创作和生产历来是文化建设的核心。近些年，我国文艺
创作和生产十分活跃，出现了不少好作品。但正如习近平同志所指出的，
两"缺"的问题仍很突出：一是有数量缺质量，二是有高原缺高峰。我
国文艺创作和生产距离人民对美好生活的需要还有很大差距，中国文艺产
品的国际竞争力和影响力还不强。需要坚持以人民为中心的创作导向，创
新文艺管理理念和机制。重点是要从两个方面入手：一是加强现实题材创
作，推动艺术创新；二是尊重文艺特点和规律，坚持科学的文艺作品评价
标准。

（一）加强现实题材创作，推动文艺创新

文艺是时代的一面镜子。衡量一个时代文艺繁荣，文艺成就的高低，
很大程度上是看其反映当代现实生活、表现人民群众喜怒哀乐的广度和深
度。历史上的伟大诗人和作家如杜甫、曹雪芹等，他们的作品都是深刻表
现其所生活时代的矛盾和冲突，并因之成为不朽之作。

以影视业为例。2017 年我国影视业反映现实题材的影视产品明显增加。
2017 年年初，湖南卫视黄金时段播出的电视连续剧《人民的名义》，制作精
湛，收视率高，引起了社会的热议。这是时隔 15 年，卫视黄金时段再次播
出反腐电视连续剧。随后播出的电视连续剧《欢乐颂 2》，也因细腻地表现
当代都市女性的生活和情感而获得观众的好评。2017 年现实题材的电影产
品迭出，包括冯小刚导演的电影《芳华》，以反映底层女性生活艰辛、揭露
官商勾结为题材的电影《嘉年华》。2017 年年末，以反映清华大学几代师生
报效国家为内容，时间横跨近一百年的电影《无问西东》，为 2017 年影视

业在拓展现实题材上画上了较为圆满的句号。值得一提的是，《无问西东》系解禁电影。这部电影早在 5 年前就已完成拍摄，正式杀青。因内容敏感被禁，2017 年解禁复出。

1. 现实题材类型不丰富、高质量作品不多、消费者认可度不高

尽管近年来我国在现实题材上有所拓展，但现实题材少、文艺类型单调的问题仍很突出。以影视题材为例，目前，影视题材存在着类型不够丰富、有深度的作品不多、消费者认可度不高三大问题。

第一，现实题材类型不丰富。近些年我国文艺在现实题材上有所拓展，但现实题材偏少、文艺类型单调的问题仍很突出。以影视为例，目前，影视题材上存在着"三多三少"现象。"三多"是宫廷题材多，娱乐题材多，玄幻题材多；"三少"是民生题材少，重大社会问题题材少，少数民族题材少。

当代社会正经历深刻转型，为艺术表现提供了无比丰富的题材，比如城市化、农民工、留守儿童、教育、环境污染、拆迁、贫富差别、医患矛盾等，这些既是社会转型过程中发生的重大矛盾，也是关系人民群众切身利益的现实问题。遗憾的是，上述很多问题在我们的影视剧里并没有得到充分的反映。

将我国影视题材类型与影视发达国家相比，就更能看出在题材涉及面上的差距。2017 年，笔者把中国近五年影视作品所表现的题材与美国互联网电影资料库①网站排名前 200 的电影、韩国近五年的电影票房排前 50 位的电影题材做了比较，发现近五年我国影视在七大类型（题材和内容）上没有涉及或很少涉及，见表 2 - 4。

表 2 - 4　近 5 年中国内地电影未涉及或很少涉及的类型（题材和内容）

题材	美国	韩国
涉案题材（真实案件、监狱、黑帮、犯罪）	《肖申克的救赎》《教父》《后窗》《七宗罪》《沉默的羔羊》	《杀人回忆》《金福南事件始末》《恐怖直播》
对法律和社会问题的反思	《达拉斯买家俱乐部》	《辩护人》《熔炉》《素媛》

① 美国亚马逊网站下属一家公司，简称 IMDB，是专门发布有关电影信息的网站。

续表

题材	美国	韩国
科幻片（超级英雄、太空探索）	《星球大战》《星际穿越》《独立日》《钢铁侠》	《超能力者》
宗教（民族）	《聚焦》《但丁密码》	《密阳》
历史、战争反思话题	《现代启示录》（越战）	《鬼乡》（慰安妇题材）
灾难（自然灾害、僵尸、鬼怪、世界末日）	《2012》《后天》《末日崩塌》《我是传奇》	《汉江怪物》《釜山行》《雪国列车》
爱情（有色情成分、儿童情感、同性恋、婚外恋等）	《人鬼情未了》《这个杀手不太冷》《断背山》	《小姐》《王的男人》《失乐园》

美国和韩国资料来源：互联网电影资料库（IMDB）排行榜和韩国电影票房近五年前50位。

　　从表2-4可以看出，我国影视作品在上述七大类型（题材和内容）上存在着明显的缺失现象，而这七大类型大都是国际影视业的热点。以涉案题材为例。涉案影视剧以情节生动、深刻揭示人性、多方面反映社会生活等特点，历来是最受欢迎的类型片之一。互联网电影资料库（IMDB）电影排行榜是观众对历年来放映的电影进行的评分排名。其中，评分超过九分的仅有三部影视作品，这三部均为涉案题材，分别是《肖申克的救赎》《教父1》《教父2》。可见，涉案题材在文艺作品中具有特殊地位。我国传统戏曲也有不少涉案经典剧，如《窦娥冤》《杨乃武与小白菜》等。

　　第二，高质量文艺产品不多。以电视剧为例，根据北京艺恩世纪科技数据股份有限公司发布的《2018年现实主义题材头部影视剧市场调研报告》，2015～2017年我国现实题材电视剧总体口碑不高，评分普遍不超过6分。①

　　第三，消费者认可度不高。以电影为例，2015～2017年三年，能够进入票房前十的深刻反映现实问题的电影寥寥无几。排名前十的影片基本上被境外电影、喜剧搞笑片、历史片、玄幻片垄断。以2015年为例，见表2-5。

---

　　① 《2018年现实主义题材头部影视剧市场调研报告》。

表 2 - 5　2015 年中国内地电影票房排名前十位

单位：亿元

排名	电影名称	制片国家/地区	总票房	上映时间	类型
1	速度与激情 7	美国	24.26	2015/4/12	动作/惊悚/犯罪
2	捉妖记	中国大陆	24.21	2015/7/16	喜剧/奇幻
3	寻龙诀	中国大陆	16.79	2015/12/18	剧情/动作/奇幻/冒险
4	港囧	中国大陆	16.2	2015/9/25	喜剧
5	复仇者联盟 2：奥创纪元	美国	14.5	2015/5/12	动作/科幻/奇幻/冒险
6	夏洛特烦恼	中国大陆	14.39	2015/9/30	喜剧/爱情
7	侏罗纪世界	美国	14.09	2015/6/10	动作/科幻/冒险
8	煎饼侠	中国大陆	11.51	2015/7/17	喜剧
9	澳门风云 2	中国香港/中国大陆	9.72	2015/2/19	喜剧/动作
10	西游记之大圣归来	中国大陆	9.56	2015/2/19	喜剧/动作/动画/奇幻

数据来源：电影票房数据，http://58921.com。

中国内地收视率排名前十的电视剧反映现实题材的要多一些，但 2015 年，收视率排名前两位的仍然是宫斗剧，见表 2 - 6。

表 2 - 6　2015 年中国内地电视剧收视率排名前 10 位

单位：%

排名	电视剧名称	频道	收视率	播出时间	类型
1	芈月传	东方卫视	2.867	2015/4/8	言情/历史/古装/宫廷
		北京卫视	2.809	2015/11/30	
2	花千骨	湖南卫视	2.123	2015/6/9	仙侠/古装
3	王大花的革命生涯	中央电视台综合频道	2.016	2015/4/2	剧情/战争
4	好大一个家	中央电视台综合频道	2	2015/1/27	喜剧/家庭
5	锦绣缘华丽冒险	湖南卫视	1.994	2015/3/3	剧情/爱情
6	伪装者	湖南卫视	1.932	2015/8/31	剧情/悬疑

排名	电视剧名称	频道	收视率	播出时间	类型
7	活色生香	湖南卫视	1.891	2015/2/4	剧情/爱情/家庭/古装
8	神犬小七	湖南卫视	1.764	2015/8/9	都市/情感
9	于无声处	中央电视台综合频道	1.733	2015/4/28	剧情/悬疑
10	妻子的谎言	湖南卫视	1.695	2015/3/29	剧情/都市/家庭/言情

数据来源：收视率排行，http：//www.tvtv.hk。

2. 表现社会热点的题材存在政治和市场两方面的风险

表现社会问题，暴露阴暗面的题材往往要冒一定的风险。以 2017 年播出的电视连续剧《人民的名义》为例。该剧因为反腐尺度大，一些投资方担心不能播出而纷纷撤资，险些夭折。电影《我不是潘金莲》阵容强大，导演、演员、出品方等在中国电影界都是举足轻重的，但因该电影是以反映村民上访为题材，系敏感内容，经过了反复审查和修改。按照属地审查的原则，该电影由北京市有关部门负责组织专家进行内容审查。据悉，因该电影题材敏感度高，对能不能公开放映，评审专家莫衷一是。最后该电影被提交到国家电影局，由国家电影局负责组织专家审定，在审定过程中对其中的一些重要情节、镜头作了修改。该影片最后市委书记的大段反腐宣言式独白，也是在修改过程中加上的。

在审查过程中夭折或在播出后被叫停的影视片也有。比如，前些年播出的电视连续剧《蜗居》就是一例。该剧是第一部涉及都市高房价给年轻人带来巨大生活压力的电视剧，演员演技也十分精湛。播出后引起观众的共鸣，收视率很高。但该剧后来被禁播。理由是该剧涉及官员贪腐的内容，尤其是把官员的婚外恋表现得过于美好，有"三观"不正之嫌。

现实题材少存在多种因素。首先，文化市场是一个高风险的市场。精神文化消费的不确定性，使得文化产品的市场效益具有难以预测的特点。相比于其他题材，把握现实题材对文艺生产者来说难度更大，观众因为熟悉现实题材，要求自然也更高。其次，目前文艺作品审查政策的某些不确定性也增加了文化产品的风险。为规避风险，文艺产品生产机构自然会选择一些既符合主旋律，又有市场效应的文艺类型和表现形式。这就是抗战神剧——一种娱乐化的抗战剧——充斥银屏的原因。尽管抗战神剧题材符合主旋律，但把给民族带来极大苦难的抗战历史娱乐化，丧失了艺术的思想价值和艺术追求，负面效应远远大于正面效应。因此，从激发艺术创造活力角度，坚持依法行政，明确法律底线，解除文艺产品生产者后顾之忧，为文化机构创造可预期的、良好的政策环境至关重要。

问题即时代的声音。一个时代的重大事件或社会热点，最能体现时代特点。文艺是历史的一面镜子。表现当代社会生活，反映人民群众的理想和愿望是艺术家的天职。历史上伟大的文学艺术大都是以表现当代社会热点、反映民众的理想和生活而成为经典。同时，反映当代社会的生活也有利于凝聚社会共识，促进社会和谐。如孔子所说，发挥文艺"可以兴，可以观，可以群，可以怨"的效用。

以表现民族题材为例。以不同民族间关系为题材的大众文化产品是沟通民族情感、化解民族矛盾的一种重要方式。20世纪60年代，一些反映边疆地区和少数民族人民生活的电影，如《阿诗玛》《冰山上的来客》《农奴》《五朵金花》等，在带给观众艺术享受的同时，也在促进民族融合、增进不同民族之间的相互了解中发挥了不可替代的重要作用。

近些年，反映边疆和少数民族的题材也变得更加敏感，风险也更大。影视企业大都不愿涉足这个领域。这不利于发挥文艺在促进不同民族交流、融合和形成共识中的作用。

3. 减少行政干预，完善文艺产品内容审查机制

一直以来，我国对影视剧的放映或播出，实行对内容事先审查和发放发行许可证制度。尽管学术界对这种对内容进行事先审查的做法有争议，但就目前来说还是有其合理性的。事先审查可以保证影视等大众文化产品不出现突破政治底线、有损民族团结等的问题。

同时也要看到，近些年，随着简政放权，影视剧的行政审批也在减少。比如，电影审批程序不断简化。以前，我国电影实行的是配额制。拍电影受许可证限制，就是发多少许可证，拍多少部电影，后来逐步取消了指标限制。又如，以前，向国家广电总局申请拍电视，需要提供成熟的剧本，

后来只提交故事梗概即可。再如，20世纪90年代，对电视剧播出的审批制进行了改革，从原来由国家电视剧管理部门负责审批，改为由省一级相关部门进行审批。只有重大革命题材仍由原国家电视剧管理部门组织专家进行审定。如此等等。

但总体来说，在内容审查上行政干预过多的问题仍很突出，如何进一步减少行政干预，完善文艺产品内容审查机制，是激发创新创造活力、繁荣文艺需要解决的一个突出问题。

以反腐涉案剧为例。2017年上半年播出的电视连续剧《人民的名义》，被称为反腐涉案题材中"15年来第一部黄金时段播出的电视连续剧"。就是说，反腐涉案剧曾是电视台黄金时段出现过的电视题材，只是最近15年，此类题材的电视连续剧在卫视黄金时段消失了。

实际上，在世纪之交，我国卫视频道曾经历过反腐涉案题材的电视剧热。这种现象引起了管理部门的担忧。一是担心屏幕上过多的案件、犯罪场面会让观众对社会产生不安和误解；二是认为有的反腐涉案剧制作存在粗制滥造的问题。为此，21世纪初，管理部门先后三次对涉案剧进行调控。

第一次是控制涉案剧的数量。手段是在题材规划时严控涉案题材电视剧，将反腐涉案剧审批权从省级机构收上来，重新由国家电视剧管理部门负责审定，其目的是对反腐涉案剧数量进行严格限制。

第二次是对创作方法、表现手段进行限制。原国家广电总局和公安部联合发布了《禁止以纪实手段展示作案和破案过程》，明令禁止以纪实方式展示作案过程和侦破过程，防止有可能帮助罪犯形成反侦查的意识和手段。

第三次是规定反腐剧、涉案剧不准进入黄金档时间段。经历了前两次调控，仍然没有达到预期效果。于是，2004年，原国家广电总局规定，卫视黄金时间不得播放"凶杀暴力涉案剧"。这一条政策杀伤力最强。从此，反腐涉案剧类型片几乎在电视剧类型系列里消失了。因为，黄金档不让播等于掐断了电视剧制作的资金来源。黄金档不让播意味着没有多少观众收看节目，没有足够的观众收看节目就意味着不会有企业赞助、广告支持。从那以后，反腐涉案剧的生存空间基本上局限于地方电视台、网剧等。

2007 年电视剧管理部门对卫视黄金档的电视剧又做了进一步的规定，规定其只能播放主旋律作品。从此，在卫视黄金档，观众已经看不到除了主旋律题材警匪片之外的其他涉案题材作品了。

多年来，电视剧管理部门在对电视剧进行事先审查中归纳出 60 多条是非判断的具体标准，这些标准是经验的积累，如同负面清单，提醒电视剧制作机构制作方需要注意的一些方面，有很大价值。问题是，这些具体标准应该与判例结合起来才能发挥可供借鉴的作用，如果仅仅是一些原则规定，就难免在审查过程中出现问题。

比如"不能架空历史"。审定表现历史题材的电视剧有一条原则，就是此类电视剧必须要有历史依据，有明确的朝代可考。但就是这样一条审查原则，差点将电视连续剧《琅琊榜》封杀。《琅琊榜》播出后反响很好，也是近年来在国外落地最多的国产电视剧。该剧改编自网络小说，而网络小说往往都有意淡化具体的历史朝代。同时，该剧主旨是传达正义的理念，类似于法国著名电影《基督山伯爵》。因此，《琅琊榜》送审后遇到的问题就是作为历史剧其历史朝代不清楚，违背了"不能架空历史"的审定原则。为了能够过关，编剧最后绞尽脑汁，为该剧设计了处于中国古代五代十国的历史背景。五代十国时期年代久远，历史复杂，纷争不断，当代人一般对这段历史不熟悉，于是勉强过了关。

又如，"男一号不能是反派人物"，也是电视剧审查必须遵循的一条规则。这条规则就使另一部电视连续剧《南京爱情》无缘在卫视的黄金时段播出。原因是《南京爱情》中的男主角是反派人物。该剧是以民国时期的南京为历史背景，讲述的是一位都市女性与青年才子之间的爱情故事。后来抗战爆发，这位青年才子经不住诱惑当了汉奸，于是都市女性毅然与之分手。该剧因违背了"男一号不能是反派人物"这条规则，无法在卫视黄金时段播出。

4. 取消"部门一票否决"

"部门一票否决"是指凡影视剧涉及的题材须由分管部门进行审定。如凡是涉及民族宗教的须由统战部审定，凡是涉及公安的必须公安部审定，凡是涉及教育的必须教育部来审定，等等。"部门一票否决"是制约题材拓展的一大障碍。

不同部门由于工作性质不同，评判文化产品肯定有不同的视角，标准也有差异。政府部门是政治把关，其视角、标准与艺术视角有差异，也严格很多，往往导致有些影视作品难以过关。应该说，对于一些敏感题材或敏感内容，职能部门参与审定有其合理性，其意见很有参考价值。但部门意见不能代替文艺评价，不应赋予部门一票否决的权力。

凡此种种都说明，激发文化创新创造活力，迫切需要进一步完善地方影视剧内容审查机制。

（二）尊重文艺特点和规律，坚持科学的文艺作品评价标准

1. 把握文艺特点和规律，坚持科学的文艺作品评价标准

艺术有其自身的特点和表现形式。

第一，文学是人学。文艺的基本特点是表现人性，文艺家是从人性的角度观察社会和人生。这一特点使得文艺与政治评价有不同的观察视角，呈现出不同的情感态度。

比如，2017年由冯小刚导演的电影《芳华》上映。虽然这部影片中反映对越自卫反击战的情节和镜头时间不长，但其呈现出战争的残酷性给观众带来情感震撼。

第二，文艺的特点是表现具体的人和事。文艺汲取的是生活中的个案，不能简单地与政治理念相对应。用政治教科书的标准衡量文艺作品，往往犯削足适履的错误。以陈忠实20世纪90年代出版的著名小说《白鹿原》为例。这部小说出版后，以其深厚的历史感和极大的艺术价值受到一致好评，但小说中的有些人物描写和情节仍然受到一些批评。比如，小说描写地主老财与长工成了莫逆之交。描写革命者在当时"左"倾路线中被打成反革命，蒙冤屈死，有的甚至被活埋，等等。这些描写被指责为混淆阶级矛盾，抹黑我党革命历史。时过境迁，现在我们再审视当年的这些批评，就会感觉有纯粹从政治角度评判小说、把文学的个性描写等同于政治理念之嫌，其观点是经不住推敲的。

第三，文艺形象大于理念。文学的特点是形象描写。衡量文学的价值

主要是看其表现的生活和人物形象的真实性和丰富性。文学形象当然包括作家的政治态度和作品所反映的政治态度，但远不是政治态度所能概括的。莎士比亚和巴尔扎克是马克思、恩格斯非常欣赏的两位欧洲作家，从政治态度上看这两个作家都属于保皇派。但他们的作品表现出异常丰富的社会生活，表现了生活自身的演进逻辑，超越了其政治观念的束缚。这就是文艺的价值和魅力所在。正如恩格斯所说："巴尔扎克《人间喜剧》里给我们提供了一部法国社会的卓越的现实主义历史。虽然作为政治上保皇党的巴尔扎克，他的同情是在注定要灭亡的封建贵族方面，但他却辛辣地嘲讽了他们，并歌颂了当时代表历史前进方向的共和党英雄。"

2. 政治挂帅式的评价艺术作品的标准，不符合艺术特点和规律，不利于文艺健康发展

评价文艺有两种标准：一种是思想标准，一种是艺术标准。前者是指文艺产品表现出来的思想倾向，后者是指文艺产品反映生活的真实程度和深刻程度。就思想倾向来说，其内涵十分丰富，包括政治态度、宗教情怀、道德伦理观等。文艺作品所表达出来的思想倾向有时与主流意识形态一致，有时与现行具体政策、日常生活伦理不完全吻合。在文艺作品所表达的思想倾向与主流意识形态相左的时候，我们应该对文艺作品持宽容的态度。不能因此就全盘否定文艺产品的艺术价值。

在这方面，中国传统社会对文艺作品的宽容度和价值认知值得借鉴。中国传统社会的一些著名戏曲，如《西厢记》《牡丹亭》等表达了对青年男女私定终身的爱情观念的肯定和赞扬。就其思想倾向来说，与当时的主流道德伦理是相悖的。但在中国传统社会，《西厢记》《牡丹亭》等的艺术价值还是得到了主流社会的认可。相反，如果仅仅从思想倾向上评价一部文艺作品的价值，甚至仅仅从政治倾向来判断文艺作品的价值，就很可能以偏概全，陷入把丰富的文艺作品等于简单的政治宣传品的错误。这不利于激发文艺家的创造力，不利于文艺繁荣。

新中国成立以后，我国文化建设取得了很大成绩。但政治挂帅理念的逐步确立对文化繁荣造成的负面影响也很大，教训十分深刻。政治挂帅理念是通过对电影《武训传》的批判确立下来的。

《武训传》是新中国成立前后拍摄的一部电影。表现的是一个叫武训的乞丐，一生行乞兴学的感人故事。历史上武训实有其人，他是山东堂邑县人，以行乞为生，没有家室。他有志教育，把毕生乞讨所得全部捐出来兴办学堂，深受当地人的尊重和爱戴。山东民间有个说法，说是山东出了两个圣人，一个是孔子，另一个就是武训。新中国成立前后，在著名教育家陶行知倡议下，著名导演孙瑜执导了这部电影，由著名演员赵丹饰演武训。

1951年，《人民日报》刊发社论，题为《应当重视电影〈武训传〉的讨论》，对这部电影的思想倾向提出了严厉批评，认为武训身处一个革命战争年代，但他不去触动封建文化的毫毛，反而宣传封建文化。认为这部电影的主旨是宣扬教育救国，否定了中国共产党武装斗争、夺取革命政权的道路。随后，文化界组织了对《武训传》的批判。围绕电影《武训传》的批判是新中国成立以后文艺界开展的第一场文艺批判运动。这场批判运动为文化创作和文艺批评确定了一个原则，就是要坚持政治挂帅，坚持主流意识形态成为衡量文艺产品的首要标准。

在这个原则下，新中国成立以后发动了一系列文艺批判运动。批判"中间人物论"就是一例。一些小说、电影、戏剧等文艺作品把表现思想不先进、缺点明显的普通群众作为主角，表现其思想转变的过程。而这在当时被认为不符合政治挂帅的原则，受到了批判。随着文艺批判的不断升级，政治挂帅原则的要求也越来越高，以至于到"文革"期间确立了文艺创作的"三突出"原则，就是要求所有的文艺作品都要遵循突出正面人物，正面人物中要突出英雄人物，英雄人物中要突出主要英雄人物的表现方法。本来无比丰富的文艺活动，变成了呆板的教条和模式。

2018年是改革开放四十周年。温故而知新，回顾新中国成立以来文化界的经验教训，特别是走过的弯路，对推进新时代文化繁荣兴盛具有极为重要的现实意义。在今天，仍然需要强调尊重艺术的特点和规律，从生活出发，表现人物的真实性和性格丰富性，不能把正面人物、英雄人物脸谱化，也不能把反面人物妖魔化。

3. 鼓励文艺家追求先进世界观与艺术表现力的统一

我们讲要尊重艺术的特点和规律，讲文学是人学，讲形象大于理念等，并不意味着艺术家不需要先进理念，伟大的作家大都是同时拥有先进的理念和深厚的艺术表现力，优秀的艺术作品大都是先进的思想观念和反映生活的丰富、深刻度的有机统一。因此，应该鼓励艺术家做到先进理念与艺术表现力的统一。对艺术家来说，也应该把追求先进世界观与艺术表现力的统一作为自己的人生追求和艺术追求。

第三章　深化文化财税体制改革

　　本章梳理了我国文化产业发展中政府投资方面存在的问题，提出要正确定位文化产业中的政府投资行为，建立政府投资决策跟踪反馈机制与责任追究运行机制。探讨了深化文化财税投资体制改革，优化资源配置的思路。

　　政府投资是我国文化产业快速健康发展的基础。如何提高政府投资效率、规范政府投资行为，是推动我国文化产业发展方式转变过程中需要重视和解决的重大问题。规范政府文化投资行为，提高政府文化投资效率，需要进一步深化我国文化财税投资体制改革，建立有效的监督反馈机制，为文化产业平稳快速健康发展提供有力的保障。①

　　多年来，我国文化产业发展主要依靠投资推动，而非消费拉动；一些文化产业领域主要依靠财政资金引导，而非民间投资。尽管我国文化产业的投资主体已开始逐渐趋向多元化，但依然存在着政府投资比例偏高的问题，民间资本与外资的活力尚未充分释放；政府文化资金的投资决策随意性大、投资领域不够清晰，投资风险约束机制不够完善；政府文化投资的

---

　　① 政府投资，在国外，一般称为政府工程（government project）或公共工程（public project），我国是改革开放以后才逐渐开始使用这种说法。新中国成立初至改革开放以前，政府是唯一的投资主体，投资决策权限高度集中在政府手中，其投资范围也几乎涵盖了所有的投资领域；改革开放后，政府的投资角色也相应地发生了变化，逐步形成了政府投资与非政府投资的区分。目前对政府投资的定义很多，不同的政府部门或学术界的具体描述都不相同，但它们所指的含义和界定的范围是基本一致的。总结起来可以归为两种观点：一种是按投资的资金来源划分，即财政预算投入用于建造和购置固定资产的资金、专项建设资金，国债资金等为政府投资；另一种是按投资主体划分，即政府或代表政府的国有企业建造和购置固定资产的投资，不论其资金来源如何，均为政府投资。

调控机制不完善，缺乏有效的政府投资监管体系；文化领域平等竞争的市场环境尚未形成；加之文化本身具有复杂的意识形态属性，导致文化投资者无法对投资前景做出准确判断，抑制了其投资冲动。在市场经济条件下，如何规范政府文化投资行为，提高政府文化投资效率，确保文化投资的高效、有序，是深化文化投资体制改革所要解决的重要课题。

一　文化产业发展中政府投资方面存在的问题

在现代社会中，政府投资的目的：一是为了矫正"市场失灵"，满足社会公共需要，为社会提供公共产品；二是为了弥补"市场残缺"，培育市场体系，实现经济和社会发展战略。政府投资的资金主要来源于财政资金、政策性融资等。政府投资虽然也注重经济效益，但更注重投资所带来的社会效益。在市场经济条件下，政府投资职能和范围的界定必须有进有退，即一方面要逐步退出一般竞争性、营利性的投资范围，另一方面需切实强化基础性、公共性及国民经济重要领域的投资。进一步深化我国文化投资体制改革，要正确定位政府投资行为，有所为，有所不为。

（一）我国文化产业投资特征

投资就是向某一经营领域投入可用于增值目的的经济量，作为投资主体追求资本增值的经济行为。投资风险和回报效率是投资运行的起点和归宿。但文化产业投资的风险和回报，与食品业、军工业、金融业和机械制造业等一般产业的风险和回报有同有异。文化产业投资与其他产业投资相比，有以下几个特征。

1. 投资过程具有高风险性

文化产业投入较高，投资回收期较长，投资风险较大。文化产品创作、培育及成型的周期一般比较长，投资过程中先期投入的资金并不能产生集聚效益，往往处在投资收益曲线的最低点，尤其是用于形成固定资产的文化基础设施建设投资，投资回收期更长，且投资回报依赖于市场化运作，而文化创意产业投资市场尚未形成相对成熟的运营模式和持续盈利能力，存在着相当程度的不确定性；同时，文化产业的主要资产形式是品牌和无形资产，该类资产的市场价值评估缺乏权威的标准和方法，市场投资风险相当大。

2. 投资回报具有延伸性

文化产业投资投入的是资本和其他经济量，产出的是以文化价值为主的产品和服务。文化产业投资的回报往往不是通过产品和服务一次性的市场销售来实现的，而是通过产业链条上的分段转让和销售，逐步获得回报。产品和服务中所附含的文化价值可反复使用，从而使文化产业投资形成延伸的回报链条。文化产业投资者可以集中于产品和服务的上游开发，特别是打造原创性内容，也可以集中于投资产业链的中下游，做文化内容的再开发和文化产品的再加工、再销售。

3. 投资客体具有无形性

人才、创意、知识、品牌等无形资本的投资构成文化产业投资的重要组成部分。文化创意产业投资的演进则表现为货币资本与智力、技术、信息等资本相融合的过程。与传统文化产业相比，现代文化产业所涉及的领域更为广泛，文化产业与 IT 业、通信业相互依托，创意与信息技术相结合，拓展了文化产业原有的领域，并使之逐步成为服务产业的核心组成部分；相应地，文化产业的投资对象也由原来的传统文化领域拓展到新兴文化领域，现代服务业中无形资产的投资成为文化产业投资的重要部分。政府对文化产业的投资实质上是对企业研究与发展投资的一种补充。而大量的应用及开发研究工作，应由国有文化单位和非公有制文化单位承担，并形成比较合理的投资结构。在资本结构中，无形资产占的比重应超过有形资产占的比重。无形资产所占比重越大，资本增值幅度就越大；在无形资产中，创意、知识、品牌、管理、科技等组合得越好，对资本增值的贡献率就越大。这正是文化产业投资结构优化的独特之处。

4. 具有自身的独特性

文化商品是一种特殊商品，其意识形态属性和涉及国家文化安全的特点决定了文化产业投资与其他产业投资不同的准入门槛和管理方式。文化产业投资有区别于其他产业投资的社会功能。一般产业投资没有明显的社会功能，而文化产业投资具有明显的社会功能，具体表现在：一是文化功能。文化商品或服务的精神价值高于物质价值，精神存在高于物质存在，其本质上是文化资本的生产、流通和享有。因此，文化产业的首要功能在于传播文化，主要表现为通过文化资本的产业传承，实现文化的社会功能。二是经济功能。文化产业是集文化性、技术性、商业性于一身的产业，它的价值取向就是追寻经济利润。

（二）文化产业发展中政府投资方面存在的主要问题

在我国，文化产业的发展前景虽然为人们普遍看好，但目前仍然存在投资渠道不畅、投资机制不合理、文化投资效益低下、法律保障机制不健全等问题，现行的文化产业投资政策不能很好地适应我国文化产业发展的需要。

1. 投资缺乏市场约束，效率低下

以政府财政为主导的投资行为往往偏离了对项目本身效益预期的理性判断，更多地从政绩方面考虑，缺乏科学的投资决策过程，投资行为缺少市场化的理性约束，关注短期利益多，结果造成所谓的政府投资"漏斗效应"。例如，地方政府参与电影的投资，最先尝到甜头的是云南丽江。当年，丽江市政府与张艺谋合作《千里走单骑》，并负担该片首映的全部费用，此举获得全国大规模宣传①。相比《千里走单骑》6000万元的影片耗资，这个首映礼堪称豪华，耗资超过2000万元，甚至超过了当初《十面埋伏》和《英雄》的首映礼所花的费用②。据了解，这2300万元的投资，新画面公司只是出了小部分，多半都是当地政府埋单。而张艺谋的《千里走单骑》当年创造票房收入仅为3400万元。

2. 投资结构失衡

政府作为文化产业的投资主体，从长期来看，并不利于文化产业的发展。政府应逐步减少直接投资，做好文化产业的服务员。实际上，文

---

① 殷维：《地方政府与名导合作电影——一场双赢的游戏》，《新文化报》2010年3月15日。
② 《〈千里走单骑〉首映礼昨晚揭幕耗资超2000万堪称豪华》，《东方今报》2005年12月17日。

化产业是一个竞争性领域。但中国的许多文化产业，政府成为主要投资者，这对文化产业的发展十分不利。政府作为投资主体一方面脱离了市场的需要；一方面造成资源浪费，无法获得正常的投资回报。因此，要提高投资回报的效益，在整个文化产业投资结构形成中，就必须确立"市场"这只无形的手的作用，使文化投资方向能真正与大众文化消费需求相匹配。

在发展文化产业的初级阶段，大量的政府投入对文化产业发展是有好处的。因为企业一般承担不了高额的创意投入，尽管有些企业有能力投入，但考虑到风险因素也不愿意投入。政府投入文化产业的时间不应该太长，因为太长就会形成垄断，乃至形成不公平竞争，并导致低效率。目前，我国文化产业发展存在的一个突出问题就是政府垄断一些文化产业领域的主要资源。所以，对政府来说，应考虑破除垄断，让民间资金在更大的领域参与文化产业投资。相对于政府投资而言，民间资本的投资更讲究效益，效果会更好。

3. 投资方式不合理

从政府投资文化产业层面来看，政府投资文化产业的方式主要有投资补助、贴息、转贷等。在我国大多数地区和部门，政府对文化产业的投资方式还比较单一，仅局限在投资补助上，连贴息和转贷都很少实行。究其原因，其一，绝大多数文化单位是非独立的法人企业，无融资权；其二，文化产业具有意识形态属性和其他社会属性，投资风险较大，投资者往往望而却步。实际上，文化产业投资虽然有意识形态属性，涉及国家文化安全，但其他产业的大部分投资方式还是可以用于文化产业领域的。

近些年来，我国政府的直接财政拨款和一些文化艺术经济优惠政策给予了文化产业发展很大的帮助，但这种事业型投入方式，并不能代替市场化投资方式。政府资金对突破投资瓶颈的作用相对有限，财政的行政属性也使其难以支撑；我国文化产业的金融介入程度较低，在融资手段上处于初级阶段，银行信贷明显不足，缺乏现代化的金融手段。

目前，我国财政对文化产业的投入以按项目补贴为主要方式，很难体现激励奖惩，弱化了财政投入的杠杆效应。政府对文化产业各种形式的财政支持与文化产业的需求相比，总额偏小，支持力度有待加强。政府文化产业发展专项资金支持方式主要有后期奖励、项目补贴和贷款贴息等。后期奖励通常用于对取得良好经济效益企业的鼓励表彰，能获得这项奖励的企业往往在资金运营方面环境较宽松；项目补贴一般只针对国有成分较高的企业，不属于市场经济条件下的主流投资方式。此外，专项资金中还必须留出部分资金用于贷款贴息和建立融资担保措施所需的担保资金等。因此，政府资金对突破投融资瓶颈的作用相对有限，只是起到了引导社会资本投资文化产业的作用。而由于支持力度不大，引导和撬动社会资本的作用也有限。

4. 政府投资角色错位

长期以来，在一些文化产业领域，政府既管理文化产业的发展，又参与投资、经营文化企业，是这些领域文化产品和服务供给的主导者，这限制了市场主体进入行业的热情，不利于这些文化行业的发展。政府在文化产业发展过程中既扮演了裁判员的角色，又兼任了运动员的身份，而这违反了市场经济运行的规则，也损害了公平竞争的原则。

5. 文化投资的风险难以掌控

由于我国文化产业起步晚，文化产业法规体系不完善，无法与快速发展的文化产业相适应。环境与政策的不确定性，使投资的风险难以管理；同时，因为文化产业的意识形态因素与文化安全的影响，准入机制制约了投资路径。虽然政策鼓励市场发展，但行政束缚仍然存在。

总之，文化产业自身特性决定了它是一个高风险、高投资，但也可能是高收益的新兴产业。在文化产业起步阶段，政府的资助与扶持固然不可缺少，但为了产业的长远健康发展，政府资金扶持必须逐步退出，让民间、社会资本"接棒"。因此，我国文化产业投资现状有待改变。

二　正确定位文化产业中的政府投资行为

目前，在我国文化产业的政府主导投资过程中，主要资金来源：一个是各级财政资金，另一个是银行信贷资金。为解决资金问题，一方面政府往往把精力放在争取各级财政投入方面，但这增加了内部运行成本，还滋生出公共腐败行为，同时造成财政资金的低效投入；另一方面，政府施加各种影响或者以财政做担保向银行争取贷款，但归还贷款的责任不明确，银行由于业务发展需要得到地方政府的支持，往往会满足政府方面的资金要求，由此形成较大的银行信贷资金风险。为此，在规范政府的文化投资行为、转变政府的文化投资方式过程中，应当坚持政府主导与市场约束相结合的原则，因为市场与政府的有效结合是经济社会达到帕累托最优的充分必要条件。在市场与政府作用的关系上，要把"看得见的手"和"看不见的手"两者有效地结合起来，实现作用互补。

（一）合理定位政府的投资范围与角色

随着我国文化产业的发展，许多地区都遇到了文化投资的短期效益和长远回报的矛盾，遇到了政府的公共投资和企业的商业投资如何衔接配套，以及如何分担投资风险和分享投资效益的问题。这就需要政府统筹兼顾，采取必要的投资倾斜政策，促成一个比较合理的投资结构，也需要合理地界定政府的投资范围与角色，引导投资方向。

明显具有公益性的文化产品（公共物品），需要政府直接参与或借助公共政策推动其生产。对于具有正外部性的文化产品的生产和交易给予必要的补贴，以扩大其供给和交易，达到社会最佳生产和交易量。政府在维护、促进文化产业发展过程中，既要及时培育市场，消除市场失灵，又要防止过度干预，造成政府失灵。特别是在通过财政工具（财政补贴、税收减免）刺激文化产业发展时，应通过体制、机制创新确保整个政策过程的公开、公平、透明、高效。

只有合理界定政府投资范围，才可以充分发挥政府投资的效益，使政府投资更好地弥补"市场失灵"，为经济和社会发展提供必要的基础条件，即只有合理界定政府投资范围，才可以为企业提供更广阔的投资空间，体现了政府投资不与民间资金争利的精神。

（二）改变政府管理理念，调整投资结构

政府应转变文化产业的管理理念，突破长期形成的文化管理条块矛盾，根据性质相关、产业联动的特征，借鉴国际管理经验构建大文化管理模式，通过组织创新推进经营性和非经营性文化的协调发展。逐步由"办文化"转到"管文化"上来，完成政府职能的"归位"，强化行业管理，实行政企、政事分开，真正承担起法规建设、政策制定、监督管理、精品导向等主要职责。

应该调整政府投资布局，政府对文化产业的投资应主要集中在以下几个领域：一是公共性文化事业和经营性文化产业中的公益性部分，即非营利性的公益文化行业，如图书馆、纪念馆、美术馆、文化馆、国家基础性社会科学研究机构等。二是涉及国家文化和信息安全的文化行业和基础设施，如党报、党刊、国家广播电台、电视台以及国家广播电视和通信的骨干网络设施等。三是代表国家水准和具有民族特色的艺术院团。政府可以通过与文化企业等投资主体合股参与共同进行投资，不但为企业等投资主体分摊了风险，同时也在客观上减轻了政府在文化产业投资方面的压力。

（三）转变政府资金的扶持方式，引导投资方向

政府投资文化产业的方式主要有投资补助、贴息、转贷等。对于具有较高社会效益和经济效益的文化产业项目，政府财政应予以积极支持，但支持的方式不是以前的"统包统揽"方式，而应根据市场化原则，通过少量引导性直接投资，以及各类"文化专项资金""文化产业基金""文化创投基金""文化投资基金"等与国际惯例接轨的投资形式，吸引更多的非公有资本来参加项目的建设和发展。

政府投资应更加重视发挥市场机制的调节作用。首先，应逐步改变原来的按项目补贴的投资方式，对于那些创新性强、技术含量高的文化项目，应予以更多的政策倾斜，通过政府采购等方式，强化政府投资的引导性。其次，在投资方式上，要改变直接投入或补贴的传统方式，大力吸引民间资本和外资。或者对一些支持文化产业的金融机构，如银行、保险公司、

担保公司、信托公司等进行财政补贴或税收优惠，以提高各类金融机构支持文化企业融资的积极性。最后，可以由政府部门牵头，吸引民间资本共同设立针对文化产业的政策性银行。这类银行的运营模式、管理理念将为其他商业银行对文化产业的授信提供借鉴。

（四）规范地方政府的投资行为

以 GDP 增长为基础的晋升激励在调动地方官员发展地区经济的积极性方面曾发挥过重要的历史作用，但也带来了严重的副作用。因此，我们有必要对地方官员的政绩考核制度进行反思。目前中央政府特别强调科学发展，淡化 GDP 指标，强调绿色 GDP 概念等，正是改革传统政绩考核体系的积极举措。为了尽量降低晋升激励所带来的消极后果，地方政府应负责本地区的公益性项目。应该将地方政府的注意力集中在提高服务本地公众的能力和满意度等方面。地方政府尽量不介入营利性项目，减少地方政府对市场的干预。地方政府干预少了，直接投资少了，角色真正转变为公共产品的供给者、经济社会环境的创造者、维护者，政府机构不但能自动生成"内部消肿"效应和廉政效应，而且还能在抑制地方项目投资盲目过热方面自动发挥积极作用。

（五）制定有关文化投资的法律法规，营造良好的投资环境

政府在文化领域投资中的作用不仅表现在通过政府财政拨款对文化项目进行直接投资，更重要的是体现政府营造与改善投资环境。制定有关的文化投资法规、章程、实施细则以及相关配套的政策、措施，并通过监督实施，形成一整套行之有效的规范文化投资的法律法规体系，使文化领域投资有法可依、有章可循。

无论是对国内的投资者还是对外商来说，投资环境是他们最为关注的。目前我国已经从中央层面就发展文化产业制定了发展计划，出台了相关的扶持政策。但是，成熟且有竞争力的产业需要得到立法层面的支持，虽然我国先后颁布了《著作权法》《专利法》《广告法》等法律，但是相比欧美发达国家，我国的法律体系建设仍有差距。因此，为了吸引更多的资本进

入文化产业，政府就必须不断地改善投资环境。投资环境的改善既是政府一项长期的任务与工作，也是促进文化产业发展的重要保障。

三　建立政府投资决策跟踪反馈机制与责任追究运行机制

针对目前各地方政府文化投资行为中存在的盲目投资、重复投资、低效投资等问题，需要进一步深化文化投资体制改革，坚决把不该管的事交给企业、中介组织和市场，但同时要把该管的事切实管好。当前，首先需要完善政府投资管理办法，加强政府投资监管体系建设，建立起有效的政府投资决策跟踪反馈机制与责任追究机制。加强政府投资监管，是保证文化创意产业健康发展有序运行的必要前提和保障。

（一）建立决策追踪反馈机制，及时纠偏完善

随着国家对文化产业支持力度不断加大，有力地推动了我国文化产业的快速发展，在此背景下，我国文化产业的固定资产投资也呈现快速增长势头，投资规模持续扩大；各级地方政府的国民经济与社会发展"十三五"规划中，都加大了对文化产业的扶持力度，以各种名义出台的政府投资较"十二五"都出现了显著的增长。政府投资互相攀比的问题也在一些地方出现，造成产业结构趋同等问题。某些盲目投资和低水平重复投资等行为更是浪费社会资源，贻害无穷。比如，某些地方政府为了追求政绩，盲目上马各种文化产业园区，重量不重质；文化园区存在"地产化""空壳化"等问题。

因此，必须对文化产业发展过程中政府的投资行为进行监督，建立行之有效的决策追踪反馈机制，及时纠偏完善。一是对决策方案执行情况进行有效监督，形成灵敏的决策反馈机制，这是决策顺利实施、及时调整的重要手段。不仅出了问题要监督，决策前和执行中也要进行监督，不仅要确保正确决策的顺利实施，也要能够适时纠正和调整错误或不合理的决策。二是建立政府重大决策执行报告制度，充分利用专业人才或社会专业机构定期对决策的执行情况以民意调查、抽样检查、跟踪检查、评估审查等方

式进行跟踪与反馈，及时获取对政府决策偏差的反馈信息，并适时调整和完善有关决策。三是通过反馈、披露投资效益等重要信息，促使全社会在投资决策中慎重行事，经济、有效地使用资金，科学规范地加强管理。

（二）建立严格有效的投资责任追究制度

在现行的投资体制下，投资责任约束制度是不完善的。政府控制较大资源且不存在投资责任约束，就使其可能成为重复建设的原因之一。一些部门的领导按照自己的意图，盲目进行投资，导致投资规模失控、各地产业结构趋同，一定程度上助长了全国范围的粗放经济增长和资源浪费。

因此，应当建立严格的投资责任追究制度，并将其以法律形式固定下来，真正使项目决策者承担投资决策责任，实现"谁决策，谁负责"，有效抑制盲目投资、乱花钱的行为。一要建立投资决策环节的事前制衡和事后责任追究机制。明确界定决策者的权力、职责，搞好责任分解，明确责任内容。二要建立责任追究工作报告制度和检查考核制度，实行责任追究公开制。出了问题由谁提出追究建议，由谁做出追究决定，以及追究的形式、应该履行的手续等，都应制定明确的界线、范围和标准，并确保责任追究信息反馈渠道的通畅。凡不遵守法律法规给国家造成重大损失的，要依法追究有关责任人的行政和法律责任。

（三）完善政府投资项目决策机制

随着国家出台一系列支持文化产业的政策，有意涉足文化产业的上市公司会越来越多。多家房地产类上市公司经营战略重心向文化产业倾斜，如华侨城、中天城投、凤凰股份、张江高科、中体产业等，它们通过扩张主题公园与文化园区建设、成立文化演艺公司等多种方式，加速在文化行业的布局，但蜂拥而至往往造成行业发展过热以及资源配置的失衡。

应建立健全政府投资项目决策机制。各级政府投资的结构安排应该优先向民生、生态、创新等领域倾斜。对专业性、技术性较强的重大事项，要督促决策者进行必要的专家评估和论证，防止由行政领导来"拍脑袋"决定投资项目。对经济社会发展有重大影响，或对生态环境保护、资源开发利用有重大影响，或与社会公众利益密切相关、社会关注程度较高的项目要进行决策听证。督促决策者把科学决策、依法决策、民主决策作为投资决策的基本准则，建立和完善群众参与、专家咨询和集体决策相结合的决策机制和制度，健全决策规则，规范决策程序，强化决策责任，减少决策失误，防止滥用权力滋生腐败。

（四）完善政府投资监管机制

投资尤其是政府投资，是我国近年来保持较高经济增长的重要"发动机"和"推动器"。然而，政府投资在推动经济社会发展的同时，由于存在制度漏洞和监管缺位等问题，该领域成为官员腐败、政绩工程、重复建设等经济社会问题多发的领域之一。政府投资领域存在的问题，与缺乏公正有效的政府投资监督制度有关。

以河北省首家文化产业股权投资基金"玄元基金"为例。2011 年 8 月，玄元股权投资基金管理股份有限公司以旅游文化产业股权投资基金的名义成立，注册资金为 5000 万元，资金规模约 10 亿元。但其投资范围远不止旅游文化，还包括影视娱乐、生物科技、食品工业等领域，这就使人对其基金性质、享受相关产业政策优惠合法性等产生怀疑。另外，由于监管缺失，玄元基金募集资金的项目都曾以"发展文化产业"的名义进行，存在类传销式的募资行为。目前 PE（私募股权投资）实行备案制，但大量打着 PE 旗号进行非法集资的企业不会去备案。即便企业备案了，如何甄别企业行为也是一项挑战。针对这种情况，地方政府应该对 PE 进行监管。因为很多问题发生在基层，比如一些地方政府在 PE 领域就是既监管又提供服务的。

在投资监管过程中，一要做到微观与宏观相结合。摆正投资监管在宏观调控中的位置，充分有效地发挥投资监管在宏观调控中的作用，从微观入手，从宏观着眼，通过对投资项目点上的监督检查，提炼出其中带有普遍性、倾向性的问题。在投资项目"点"的监管过程中，尽可能帮助投资及项目建设单位健全管理机制，提高决策科学性，以监管促规范，以规范促发展。二要做到事前、事中和事后监管相结合。要认真总结政府投资监管的经验教训，完善监管方法，特别要把事前、事中监管有效开展起来，使之与事后的专项监管并驾齐驱。三要建立政府投资项目的社会监督机制，鼓励公众和新闻媒体对政府投资项目进行监督。如通过建立和完善项目举报制度，鼓励公众和新闻媒体对政府投资项目建设过程中出现的违法、违规和腐败问题进行举报、曝光，从而有助于加强项目监督管理、防范违法违规现象和揭露工程投资建设领域的腐败行为。

（五）实施投资项目公示制度

政府投资监管中存在的主要问题是"政府投资相关财政信息公开不全面"。政府投资的政府性资金包括财政预算内投资资金、各类专项建设基金、国家主权外债资金、其他政府性资金四类。目前的情况是，第二、第三和第四类资金的有关政府投资信息尚无系统的政府公开报告制度，而第一类资金，各地方政府也往往只是提供了一些粗略信息，这不利于政府投资监管活动的正常和有效开展。

为此，要实行投资项目信息公示制度。除涉及国家安全和秘密的项目外，凡是政府审批、核准、备案的项目，都要将有关项目可行性、合规性的文件资料，项目执行情况、质量、投资、效益等方面的情况和有关监管单位联系方式等内容向社会进行公示，接受公众和新闻媒体的监督。对投资项目实施过程中出现重大设计变更的，有关部门也要在追加投资前，将设计变更的原因进行公示。对工期超过一年的项目，应于每年初公示上年度项目执行情况和本年度主要建设内容与资金使用计划等信息。

通过实行重大事项社会公示制度等措施，加大群众监督的力度。要以法规的形式明确社会公示的范围和原则，制定社会公示的具体程序，选择社会公示的有效形式。此外，对公示期间群众和利益相关者反映的问题、情况、信息要高度重视，认真研究，切实解决，并把其纳入决策的实施过程中。同时，要把大众传媒的监督，人大、政协的监督等各种监督与反馈形式有机结合起来，形成自上而下与自下而上有机结合的监督与反馈体系。

四 深化文化财税投资体制改革，优化资源配置

文化投资体制改革是文化体制改革的一个重要组成部分，集中体现在投资主体、投资方式以及投资管理方式的改革和创新三个方面，是一种基础性的制度安排，关系着资源在市场、政府、社会之间的合理配置和有效使用。通过文化投资机制改革，充分挖掘国有文化资源的潜能，充分释放非公有资本和外资的潜能，解决文化产业发展过程中的资金问题，形成国有资本、非公有资本、外资、社会捐助、资本市场等多种途径共同构成的文化产业投资格局。

（一）完善政府对文化投资的宏观调控制度

政府文化投资的主要目的，是支持和保障公益性文化事业发展，提供公共文化产品和服务，以保障公民基本文化权利。对竞争性领域的文化投资，政府要逐步退出，做到不与民争利，努力为社会资本拓宽发展空间。完善政府对文化投资体制的宏观调控制度，主要从以下几个方面着手。

一是政府要逐步取消文化投资审批制度，推行投资备案登记制，完善间接调控体系。要及时把握文化投资动态，编制文化产业投资导向目录，完善投资信息定期发布制度，积极引导社会资本投向。科学界定政府文化部门的职能和权限，对所行使权力的类型、方式和介入领域进行全面清理，凡是市场、企业和社会可以自行调节和自我管理的、不需政府干预的事项和领域，政府应该从中退出。

二是完善政府投资制衡机制，优化权力资源配置，按照分工制衡的原则，对重要权力的行使进行适当的分解。特别是对行使权力的重要部门和关键环节要有必要的分权或分工，使分解后的各项权力之间相互配合、相互牵制，防止因权力过于集中又不受制约而产生权力腐败。对于各种失职或越权行为，相关部门和人员要切实担负起监督和制衡的责任。

三是科学界定地方政府投资领域。在转轨时期，地方政府非理性自主投资大都集中于竞争性和营利性领域，以短期利益为目的，以致各地区之

间在该领域出现比较严重的重复投资和重复建设，扰乱了整个国家的宏观经济秩序。而在本应该由地方政府投资的非营利性的基础设施领域则长期存在严重的投资供给不足。科学界定政府投资领域，调整政府投资方向的一个重要方面是规范地方政府的投资行为。

四是建立政府文化采购制度。实行政府文化采购，有利于构造平等竞争的市场环境，促进国有文化事业单位转换内部运作机制，加快非国有文化单位的发展。政府要根据自己的文化职责，制定文化采购计划，积极鼓励文化创新。政府采购面向不同所有制文化单位，不同所有制文化单位平等参与竞投，政府择优购买。今后，政府对文化事业的投入，主要应当通过政府采购来进行。政府对文化的引导，也可通过科学、周密的文化采购计划来间接实现。

（二）加大对公益性文化事业的投资力度

公益性文化事业的投资实际上包含两个部分：一是指为保障国家文化安全、社会公平和公民基本文化权益而进行的国家文化基础设施建设和侧重于农村以及西部地区的国家重大文化项目投融资；二是指有关为公众提供产品和服务的公益性文化事业的投融资，包括图书馆、博物馆、文化广场、科技馆、纪念馆、美术馆、国家基础性社会科学研究机构等。

调整对公益性文化事业的投资结构，应逐渐加大政府财政投入力度，调整资源配置，逐步构建公共文化服务体系。要切实保障公益性文化单位发展所需资金、人员经费、公用经费、专项经费和事业项目经费，认真解决公益文化设施、场所、设备和人员培训等方面的问题，对标志性的重点文化设施建设项目，给予必要的资金保障。根据物价变化因素、事业规模扩大和业务拓展需要，逐年增加公益文化单位的经费投入和重大公益文化建设项目经费投入，增长幅度一般不应低于当年财政收入的增长幅度。与此同时，按照其承担的社会公益性、基础性业务项目的多少核定其财政补贴额度，对一些公益性文化单位的财政投入，包括基本支出和其他资助，应改为事业经费，实行项目预算。特别要加大农村文化基础设施建设投入，大力发展公共文化事业，逐步解决农村文化产品和服务相对缺乏的问题。

　　建立对政府公益文化事业投入的绩效考核机制，发挥专家评审机构、广大群众和媒体的评价监督作用。推行公益文化活动项目公开招标和政府文化采购，逐步引入市场竞争机制。进一步拓宽渠道，引导社会资金以多种方式投入文化公益事业。为此，必须降低门槛，简化手续，广泛动员外资及民间资本等各种社会力量投入文化创意产业。具体来说，对公益性文化项目，以政府投资为主，满足人民群众日益增长的文化需求；对营利性文化项目，以政府投资为引导，带动社会资本进行投资，随着社会资本在这些领域投入的逐步加大，政府减少投资并逐步从这些领域退出。对国有非营利性文化项目的建设与运营，要严格执行有关政府投资项目管理的规定，进行认真的可行性研究与论证，推行统一建设体制。可尝试通过经营权招标的方式，选拔专业机构进行经营。通过专营条例或者合约强化监管，确保项目的文化功能得以实现。对营利性文化项目，政府可安排一定数量的资金作为发展文化产业的引导资金，采取本金投入、无偿资助、贷款贴息等方式引导社会资本的投资方向。要鼓励组建区域文化发展协调基金和各类文化产业基金组织、文化投资公司，允许社会和个人参与兴办文化艺术基金。同时，要落实有关文化经济政策，鼓励社会力量对文化事业的捐赠。

（三）培育具有核心竞争力的国有文化单位

　　文化产业投资体制改革的一项重要任务是，构建市场化的文化产业投资主体，让市场在文化资源配置上发挥决定性作用。考虑到目前国有文化企业仍在我国文化创意产业中处于主导地位，因此构建一批以国有资本为主体的文化投资主体显得非常迫切。这些投资主体可以在文化领域的跨行业、跨地区结构调整和资源整合中发挥重要作用。国有大型文化企业主要集中在广播电视、电影、新闻出版等行业，而当前政策还不允许非公有资本进入这些行业中国有大型文化企业的母体。鉴于此，可采取在国有资本控股的前提下，开放以国有资本为主体的金融资本和产业资本对国有大型文化企业进行嫁接改造。这样做，既能保证党和政府对国有大型文化企业的控制权，又能增加其资本实力。此外，应赋予国有大型文化企业必要的投资功能，允许其通过发行债券和股票融资进入资本市场。

把国有资本主要配置在公益性领域，是进入公共产品短缺时代社会需求结构变化升级的客观要求。为此，需要以强化国有资本的公益性为目标，调整国有资本战略性配置。这包括国有资本逐步从一般竞争性领域退出，重点转移到公共产品领域；把竞争性领域的国有资本，集中配置在事关中长期国民经济持续快速增长的能源、资源和高科技等新兴战略产业，充分发挥国有资本的优势，支持国有资本参与更高层次的国际竞争，以提升国家竞争力；发挥国有资本的引导作用，通过国有资本投资体制的改革，培植一批具有核心竞争力的国有文化单位。

第一，转变政府对于文化创意产业的传统管理职能。进一步推动政企分开、政资分开、政事分开、管办分离，调整优化行政管理结构。尽快改变目前文化领域行政管理结构分工过细、条块分割、管理分散、政出多门、职责不清的现状。进一步强化政策调节、市场监管、社会管理和公共服务职能。在职能上要实现三个转变，即从微观管理为主转变为宏观管理为主，从直接管理为主转变为间接管理为主，从"办文化"为主转变为"管文化"为主。

第二，要改善现有的管理手段和方式。改变过去单一的行政管理方法，综合运用法律、经济、行政等手段，改进对文化产业的管理方式，实现文化创意产业行政管理的法制化、科学化和现代化。

第三，加快文化事业单位转制改革步伐。创新文化事业单位管理机制，需要文化主管部门逐渐对所属事业单位简政放权，实行多种形式的联合办文化事业单位，打破地区、部门、行业和所有制限制，加强事业单位间的横向联系，逐步解除政府主管部门与部分文化事业单位的隶属关系。在经费使用上，逐步实行"文化事业项目制"。同时积极推进国有文化企业的制度和经营机制改革。

（四）构建多元化的投资主体，改变单一的政府投资方式

文化产业的发展不能单纯依靠政府，应实现投资主体的多元化，将政府投资和市场投资结合起来。美国文化产业投资最大的特征就是市场化，

不仅能广泛吸收本国的资金，还能在国际上获得资金，这是我们学习美国经验的重点。市场金融支持具体包括股权、债权融资主体的投资。这其实是对我国金融业发展提出的要求，因为完善的资本市场是股权融资模式得以实现的前提。虽然需要一个过程，但现代先进的投资方式是需要现在就学起来的。由于我国资本市场缺乏层次性，无法满足企业的融资需求和投资者的投资需求，因此，建立一个多元化、多层次、适合不同规模和不同类型企业投资需求的市场体系势在必行。

1. 推进创业板市场建设

创业板市场创立的目的是弥补主板市场的不足，为中小型创新企业提供直接融资的渠道，从而促进高科技产业的发展。与主板市场的不同定位，正是创业板市场存在的前提和基础。随着创业板市场的不断发展和完善，创业板市场不能仅仅定位于为高科技企业服务，还应为包括文化企业在内的其他高成长性企业服务。虽然目前我国的中小企业板市场与真正的创业板市场还有比较远的距离，但毕竟迈出了走向创业板的第一步。今后可以适当放宽中小企业在股票市场上市的条件，降低对企业资产规模和注册资本金的要求，逐步取消上市企业必须三年连续盈利的限制，更多注重企业的成长性，从而鼓励更多成长性好、效益高的中小型文化企业到股票市场融资。

2. 大力发展风险投资

风险投资基金设立的主要目的是服务于科技创新成果的转化，支持高技术企业规模化、产业化发展。风险投资具有高风险、高回报、组合性、专业性、中长期性和权益性等特点。它们在欧美国家主要由民间创立，在日本等国则多为政府设立。风险投资在加速知识资本的转化、催化知识经济的发展、壮大文化产业等方面有着重要的作用。目前，我国的风险投资还处于起步阶段，需要政府在政策、资金等方面给予支持。政府还应在引进和培养运作风险资本的高级金融人才、规范风险投资公司行为、维护风险资本市场秩序等方面发挥相应的作用。

3. 利用外国直接投资

除了利用民间资金和境外资本市场支持以外，我国文化企业也可以考虑利用外国直接投资，推进文化产业资源配置的国际化。我国目前利用外资的程度还相当低。吸收外资进入我国文化产业的方式很多，可以吸引其直接投资建厂，也可以将资金引入大型文化项目，抑或对我国文化企业进行购并或股权互换。引入外资，不仅仅是需要借助其资金，更重要的是引入其先进的管理模式，完善内地文化企业的公司治理结构，增强我国文化企业的核心竞争力。当然，考虑到文化产品的意识形态属性，在引入国外资本的同时，要保持中华文化的主权和独立，抵御外来文化的消极影响。政府应积极牵线搭桥，以加大文化产业引进外资的力度。文化产业要真正做强做大，必须面对国内国外两个市场，通过吸引外资解决我国文化产业发展资金不足的问题，同时通过外资引进吸收国外发达国家在文化产业经营管理方面的先进经验，推动中国文化真正走向世界。

4. 建立文化产业投资担保联盟

文化产业投资担保联盟是为帮助文化产业投资而创立的专职机构，其宗旨在于缓解文化企业投资的难题。文化企业往往因担保品不足而难以获得银行贷款，而担保联盟可为符合条件的文化企业提供信用保证。当文化企业向银行申请贷款时，如金融机构原则上同意核贷，但由于企业无法提供担保品和抵押品，只要达到信用保证的基本条件，就可以请银行利用担保公司的保证基金提供担保。对银行而言，文化产业投资担保联盟可以降低贷款风险，从而鼓励其加大对文化产业的投资。

5. 实现文化产业资本的多样化和组合化

文化企业发展的不同阶段需要不同的金融服务，单一融资模式不能"包治百病"，需要组合担保、银行、保险等多种机构，动用多种金融手段，形成"组合方案"，这样才能在"全产业链"上分享中国文化产业成长的机会。文化产业投资的基本目的是资本增值。资本增值最重要的条件是非公有资本的介入。只有非公有资本介入，才能使资本发生质的飞跃和量的扩大。因此，全球文化产业投资的大趋势是不断加大非公有资本的比重，用货币资本与其他资本（包括智力资本、技术资本、信息资本等）结合，并把全球的资源富集地区和市场空间结合起来，形成富有竞争力的优质资本结构。政府对文化产业的投资实质上是对企业研究与发展投资的一种补充。

而大量的应用及开发研究工作，应由国有文化单位和非公有制文化单位共同承担，从而形成比较合理的投资结构。在资本结构中，无形资产占的比重应超过有形资产占的比重。无形资产所占比重越大，资本增值幅度就越大；在无形资产中，创意、知识、品牌、管理、科技等组合得越好，对资本增值的贡献率就越大。这正是文化产业投资结构优化的奥妙。

总之，为推动文化产业成为国民经济支柱性产业，必须对现有的文化产业投资体制进行综合改革，逐步建立投资主体多元化、投资方式多样化、投资机制市场化的文化投资体制。

第四章　健全现代文化市场体系

　　本章梳理了改革开放以来，我国文化领域从计划配置文化资源到以市场为主配置文化资源的转变过程。认为，在市场经济条件下，文化繁荣发展与繁荣文化市场相辅相成。健全现代文化市场体系，必须最大限度发挥市场配置文化资源的积极作用，激发文化创造活力。同时要重视解决市场失灵问题，保障文化市场健康发展。

　　党的十九大报告提出要健全现代文化市场体系。作为文化产品和服务流通交换的场所，文化市场在文化资源中应发挥什么样的作用，是主要依靠行政力量还是主要依靠市场力量建立健全现代文化市场体系，值得深入研究。

　　一段时间里，一种很流行的观点认为，文化市场是不好的，在文化发展中发挥消极作用居多。一家权威报刊刊登的题为《文学不能依附市场》的对话，就表达了这个观点。该文认为："有些时候，文学与市场是一致的，好作品有好市场，流行市场多年的中外经典名著就是证明。但更多时候，市场背离文学，排斥经典，淹没经典，走俏的只是俗品、艳品。"①

　　在市场经济条件下，文化市场对文化发展究竟是起积极作用还是起消极作用；文化市场究竟是培育经典、孕育群众喜闻乐见的文化产品的土壤，还是排斥经典，只生产俗品、艳品的洪水猛兽，是亟待形成共识的一个基本问题。如果对这个问题没有一个正确的判断，文化建设将进退失据。反过来说，如果真如该文作者张江所言，文化市场"背离文学，排斥经典，

----

① 张江等：《文学不能依附市场》，《人民日报》2014年3月28日。

淹没经典，走俏的只是俗品、艳品"，那么，党的十八届三中全会提出的建立健全现代文化市场体系就失去了基础。

本章着眼于健全现代文化市场体系，重点分析文化市场的价值和功能，探讨如何发挥文化市场的积极作用，以及更好发挥政府作用以弥补市场失灵。

一　发挥市场配置文化资源的积极作用，激发创造活力

党的十八届三中全会通过的《中共中央关于全面深化改革若干重大问题的决定》（以下简称《决定》）指出："经济体制改革的核心问题是处理好政府与市场的关系，使市场在资源配置中起决定性作用和更好发挥政府作用。市场决定资源配置是市场经济的一般规律，健全社会主义市场经济体制必须遵循这条规律，要着力解决市场体系不完善、政府干预过多和监管不到位问题。"笔者认为，《决定》的上述论断完全适用于文化生产领域，建立健全现代文化市场体系同样需要解决上述问题。

二　从计划配置文化资源到以市场为主配置文化资源

改革开放以来，我国经历了从计划配置文化资源到以市场为主配置文化资源的过程。

放开社会力量进入文化生产和销售领域的限制。1979 年，广州东方宾馆开设了国内第一家音乐茶座，后来这被视为当代文化市场起步的一个标志性事件。1984 年在上海出现了第一家营业性舞厅。此后，营业性舞厅遍布大江南北。1985 年有了第一家民营电影公司。著名民营影视制作机构华谊兄弟、光线传媒公司分别于 1994 年和 1998 年创办。20 世纪 90 年代中后期，为赶上世界信息化浪潮，政府对互联网实行宽松的市场准入制度，社会资本大量进入互联网领域，带来了网络文化业态的迅猛发展。

改革开放以后，国有文化单位不断深化体制机制改革。1978 年，财政部批准《人民日报》、中央电视台等几家权威媒体实行事业单位企业化管

理，国有文化媒体开始引入市场竞争机制。1995 年，出现了第一张以服务市民为宗旨、以盈利为目的的都市类报纸《华西都市报》。20 世纪 90 年代末，湖南卫视大力拓展娱乐节目，激发了电视业的活力。

为适应我国加入世贸组织的要求，从 2003 年开始，中央实施了新一轮文化体制改革。这次改革提出了"两面向"（改革要坚持面向群众、面向市场原则）、"两属性"（文化产品既具有意识形态属性，也具有商品属性）、"两功能"（文化产品具有两种功能，一是教化功能，一是娱乐功能）、"两分法"（国有文化单位划分成公益性文化事业单位、经营性文化企业两类）。同时提出要做大做强国有文化企业。

这次文化体制改革取得了很大成绩，但也出现了文化产品层次不齐、市场行为不规范不断发生等问题，从而引发了对文化市场优劣、应该不应该坚持以市场为主配置文化资源的争论。

三 文化市场能有效配置文化资源，激发创造活力

（一）市场机制激发文化创造活力

从新中国成立到改革开放，文化生产领域经历了由计划主导到市场主导的转变。改革开放以前，文化生产领域是计划配置资源。其特点：一是国家组织文化生产，二是国家对文化产品实行统购统销。生产什么样的产品、产品销售以后的收益与生产者没有多大关系。显然，计划体制无法调动生产者积极性，也束缚了文化生产者的创造力。与计划配置资源的机制不同，文化市场遵循的是价值规律。市场机制将文化产品的市场收益与经营者的收益结合在一起，极大地激发了文化生产者的积极性和创造性。

以电影业为例。电影业是当下文化行业中公认发展最好的门类之一。我国电影业的快速发展，在很大程度上得益于 20 世纪 90 年代的市场化改革。1993 年，电影业打破了计划经济时期的统购统销，改为电影制片厂自行发行拷贝、自行定价，并分享拷贝发行的收入。此举盘活了电影产业链，为电影业注入了活力和创造力。

中国和美国都有巨大的文化消费群体，而中国之所以难以像美国那样出现一些跨国媒体集团，差距在文化市场发育不充分。以美国时代华纳公司为例。该公司旗下有著名网络服务公司美国在线、美国有线新闻网络、HBO（Home Box Office）有线电视网络媒体公司，HBO 和它的姐妹频道 Cinemax 的总订户已达 3500 万，占到美国付费电视频道市场的 90%。这也就意味着，每 10 个美国电视频道付费用户中至少有 9 人经常收看 HBO。全美最畅销 5 本杂志中，时代华纳公司就占据了 4 本，分别为《时代》、《人物》、《体育博览》和《财富》。相反，中国之所以产生不了大的传媒集团，关键还是市场发育不充分，行政垄断太强。一是行业垄断，二是地区垄断。

（二）市场机制促进文化产品和服务的多样化

文化市场是以消费需求为导向，消费需求决定产品供给。而文化消费具有大众化、个性化、多元化、分众化等特点，这带来两个结果：第一，由于消费主体的多样性和多层次性以及人们消费趣味的多变性，迫使生产者和投资者要想在市场竞争中保持优势，获取利润，就不能满足于一时的成功，必须不断推出新的文化产品。第二，文化经营者要想在市场上生存下来，并保持竞争优势，就必须差异化发展，突出特色，推出适应特定人群的文化产品。这两个方面，都在客观上促进了文化产品和服务的多样化，也为文化消费者提供了更多的选择。

以演艺市场为例。刘老根大舞台、开心麻花、大型实景演出《印象刘三姐》等各种演出样式之所以一直保持很好的上座率，很重要的原因是各具特色。梅帅元、张艺谋开创的大型实景演出获得很大的成功，其后来者要想吸引观众，就必须独辟蹊径。平遥古城实景剧《又见平遥》采取较少的投入，观众走动式观看，独树一帜，获得了很大的成功。这些不同的艺术样式的出现很大程度上是市场竞争使然，为消费者提供了多样化的产品，使消费者能够获得不同的艺术体验。

（三）文化市场机制是优胜劣汰机制

文化市场最大的特点是能够通过优胜劣汰机制，实现文化资源的优化配置。文化市场是文化生产与消费的纽带。文化市场遵循商品平等交换的法则，以价值规律为核心，调节文化资源在各个生产部门之间的分配。无论在何种生产力水平下，文化资源都是稀缺和有限的。文化市场之所以能够优化资源配置，是因为在市场经济条件下，资源配置是以价格为基础，而价格又是由价值决定的。价值规律通过市场交换形成分工和协作的社会生产机制，以市场价格自动调节生产和需求，以利益导向支配人们的文化消费行为，引导文化资源的合理流动和重组，在竞争中促使文化资源朝着比较效益更高的生产环节倾斜，并且通过市场向文化生产部门传递各类信息，刺激文化生产主体提高效率，实现文化产品的优胜劣汰，使文化要素资源在各生产部门之间实现合理配置，促进文化繁荣发展。

我国电视娱乐节目发展就说明了这一点。湖南卫视凭借电视娱乐节目走红以后，为适应公众对电视娱乐节目的需求，地方卫视纷纷推出娱乐节目，但制作低劣、内容不健康的娱乐节目也随之出现。一时间电视娱乐节目受到广泛批评，其合理性也受到质疑。但经过一段时间的市场竞争，电视娱乐节目市场走向了良性发展。出现了一批既有较高的收视率又有健康内容的电视娱乐节目，如浙江卫视的《中国好声音》、东方卫视的《中国达人秀》、湖南卫视的《爸爸去哪儿》等。当初因拜金言论和作假受到严厉批评的江苏卫视相亲节目《非诚勿扰》也有了很大改进，受到观众的好评。

（四）提高公共文化服务效能需要引入市场竞争机制

在很长时间内，主流看法认为，公共文化服务不能引入市场机制。公共文化服务只能政府主导，财政包干，以国有文化事业单位为主体。这是认识上的误区。

2003年文化体制改革采取的做法是把国有文化单位划分为两类，一类是公益性文化事业单位，一类是经营性文化产业单位。公益性文化事业单位强调政府主导，财政包干，提供公共文化产品和服务。经营性文化产业单位要转企改制，在市场中自谋生路，自我发展。这种划分具有创新意义，但弊端也很明显。就公益性文化事业单位而言，这种做法固然有助于改善政府投入不足等问题，但并不能解决其服务意识欠缺、服务效率低下、活力不足的弊端。要提高公共文化服务效能还需引入市场竞争机制，推动公共文化服务社会化发展。引入竞争机制，即使投入没有多大增加，也能提高服务效能。以上海为例。上海市文化部门采取政府购买服务的方式，委托上海基督教青年会经营打浦区社区文化活动中心，提高了服务效能，广受好评。

实践证明，将国有文化单位分为公益性文化事业单位与经营性文化产业单位并采取不同政策，这种做法的科学性值得商榷。在市场经济条件下，文化事业与文化产业两者不存在无法逾越的鸿沟。第一，文化事业与文化产业都是为消费者提供文化产品和服务，都是为了满足公众精神文化需求。第二，文化事业与文化产业都要重视投入与产出。第三，文化事业与文化产业都可能产生良好的社会效益和经济效益。如中央电视台1频道属于公益文化事业，其《新闻联播》前后的广告时段在中央电视台各个频道中广告收费最高，经济效益最好。文化事业单位也可以开发出适应市场需求的产品。如台北故宫博物院开发的衍生产品年收益达四五亿台币。相反，追求商业价值的文化产业在传递社会价值观上同样能发挥巨大作用，如美国好莱坞的商业大片传递的美国精神。可见，公益性文化事业需要重视开拓市场，经营性文化产业也要重视公共价值，两者并不相互排斥。只有经济和社会效益都得到体现，文化产品才能实现价值最大化。

（五）文化市场有自我运行机制，存在着自我优化机制

传统理论认为消费大众是由一些浑浑噩噩的群氓组成的，需要社会精英去教化。西方马克思主义学者阿多诺的文化工业理论就是这种观点。20世纪70年代，这种观点受到了挑战。英国伯明翰学派在研究大众传媒后提出了编码和解码理论，得出了不同于法兰克福学派的判断。第一，伯明翰学派不承认消费大众是浑浑噩噩的群氓，认为消费大众是由不同职业、年龄等向我们组成的异质的群体；第二，伯明翰学派也不赞成消费大众只是被动的信息接受者，消费者在接受信息的同时，也对信息进行不同的阐释；第三，伯明翰学派认为，大众信息本身并没有什么终极意义，大众信息传播过程，就是公众不断赋予信息意义的过程。伯明翰学派有力地证明了大

众传媒市场有自我运行机制和自我优化机制，终结了精英决定论的统治地位。

（六）两个需要澄清的认识误区

1. 市场配置资源不适应文化生产领域，会带来低俗盛行，黄赌毒泛滥

这种观点的错误在于把文化市场与低俗画等号。从国际经验看，往往是文化市场高度发达的国家生产出高质量的文化产品；相反，行政干预多的国家提供的文化产品，往往乏善可陈。

人们往往以为，在文化市场上，充斥暴力、性内容的文化产品一定是销售量最大的产品。实际上，国际经验表明，以表现暴力和性为主要内容的文化产品在起初可能会吸引相当多的消费者，但在一个成熟的文化市场环境中，这类文化产品不会成为主流。以美国为例。美国依据暴力和性的表现程度，把电影依次分成大众级到成人级五级。有统计表明，自电影出现以来，票房收益最高的前十位，全部是大众级电影。中国历史上能流传下来的优秀文艺产品，基本都是既有思想性，也有很高的艺术性。这些作品之所以能够流传下来，不是历代统治者的钦定，而是市场选择的结果。

2. 市场配置资源不适应文化产品，文化产品应该把社会效益放在第一位，经济效益放在第二位

这种观点与第一个观点相似，其错误在于以下两点。第一，把市场与社会效益对立起来。似乎市场只讲经济效益，不讲社会效益。实际上，一个成熟的文化市场，社会效益与经济效益总是一致的。缺乏思想性和艺术性的文化产品难以获得消费者青睐，而消费者不接受的文化产品也就谈不上什么经济效益。第二，不符合我国文化市场的实际情况。尽管确实存在有的产品经济效益很好但社会影响不好的现象，但这并不具有普遍性。总体来说，畅销的文学产品，票房收入高的影视片，多数还是有艺术价值的文化产品。莫言小说热卖就是一例。

把社会效益与经济效益对立起来，把社会效益与文化市场对立起来，其实质是对消费大众缺乏信任，认为消费者是缺乏判断、浑浑噩噩的群氓。

诚然，在文化市场形成的初期，由于消费者素质、市场不规范等问题，确实会出现社会效益与经济效益背离的情况，但把文化市场不成熟时期出现的问题，视为文化市场本身，这是对文化市场的误读。

四 文化市场有局限性

需要指出的是，文化市场机制不是包治百病的灵丹妙药，市场机制也有局限性，其局限性主要表现在以下几个方面：

1. 市场机制无法满足低收入群体文化消费需求

如前所述，文化市场以价值规律为核心，遵循的是商品平等交换的法则。从文化市场来说，往往越是大制作、高投入、高票价的文化产品（演出、电影、主题公园等），越能获得高额的市场回报。但高票价会将低收入群体拒之门外，使之对一部分文化活动望而却步。这符合市场经济特点，但有违公民有权分享社会发展和科学进步带来的文化成果的原则。反过来，当市场将一部分消费者排除在外时，也不利于文化的发展繁荣。

2. 市场机制无法消除地区间公共文化服务水平的差异

我国幅员辽阔，不同区域经济发展水平差异很大。由于各地经济发展水平不同，财政收入状况不同，公共文化服务水平也有很大区别。要完成公共文化服务的标准化、均等化任务，仅靠市场机制是无法实现的。

3. 传统艺术、实验艺术等小众文艺难以在市场中生存

传统艺术、实验艺术承担着传承文化、创造新文化的任务，属于小众文艺。由于其受众市场有先天的局限性，仅靠市场机制往往难以生存。

4. 市场机制不能自发地维护社会公德

在不完善的文化市场环境下，文化市场并不能自发承担维护社会公德的责任。文化市场积极向善的价值往往难以充分展示，相反其局限性往往暴露无遗。目前我国文化市场存在的媚俗和过度娱乐化现象，就是突出的表现。如媒体为提高收视率、发行量不惜弄虚作假；演员为吸引眼球不择手段；文化产品为吸引观众随意戏说历史、恶搞现实等。

5. 繁荣社会主义文化，既要发挥市场的作用，也要更好地发挥党委和政府的作用

文化市场与其他市场一样，确实有自我运行机制和自我优化机制，但往往时间长，成本高，付出的代价也较大。因此，繁荣文化市场，健全现代文化市场体系，既要大力发挥市场配置文化资源的积极作用，激发创造活力，也要重视市场失灵问题，确保文化市场健康发展。具体来说，文化市场体系中的需求市场、要素市场、产品市场等应以市场机制为主来调节。文化市场支撑体系的信用体系、市场监管、行业管理等，更多的要发挥政府和社会组织的作用。

文化市场体系和文化市场支撑体系建设见图 4 - 1。

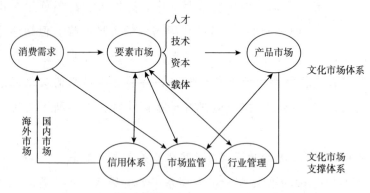

图 4 - 1　文化市场体系与文化市场支撑体系示意图

五　当前文化市场出现的许多问题并非源于市场机制本身

必须指出，目前文化市场出现的许多问题（包括媚俗和过度娱乐化），并非源于市场机制本身，主要是文化市场不规范、不健全造成的。主要有以下几个问题。

1. 二元结构并存

当前我国经济社会结构中普遍存在二元结构。而文化体制二元结构尤为突出：计划/市场、社会功能/经济功能、国有/民营、文化事业/文化产业、公益性/经营性等。二元结构并存的关键是计划/市场二元结构并存，

由此导致目前文化领域体制内和体制外发展机遇、环境等差别明显，不同市场主体获取资源不同，享有待遇不同，这在很大程度上影响了市场机制的正常发挥，也不利于建立健全现代文化市场体系。以演出业为例。2012年全国国有演出院团数量约为民营演出院团数量的 1/4，但在获得政府拨款和演出补贴上相当于民营院团的 10 余倍。对市场主体区别对待，人为造成了不平等。

2. 整顿是主要的监管方式

一是我国文化市场主要是为满足群众的文化娱乐消费需求，是在体制外生长起来的，其功能定位与承载教化功能的国办文化完全不同，其先天的体制外非正统地位决定了政府对于文化市场的监管方式以整顿为主。二是二元结构的存在使文化市场的经济与社会功能存在矛盾。文化产品和服务进入市场后就成为商品，商品和市场主体就需要追求经济效益和利润最大化。但文化产品和服务又是一种特殊商品，具有较强的意识形态属性，文化市场监管者不得不慎重对待，坚持将社会效益放在首位，监管者和市场主体之间目标取向的不同，使二者之间存在矛盾。三是文化市场发展迅猛，而相应的法律法规和经济税收政策尚不完善。法律和经济手段的缺位使政府对文化市场监管负有无限责任，只能采取整顿为主的传统行政管理手段。

3. 党委、政府"越位"与"缺位"并存

第一，对文化市场主体微观经营行为干预过多。相当一部分国有文化单位没有建立起现代企业制度，难以称得上是合格的市场主体。第二，现有行政管理体制影响市场机制的正常运行。从横向上看，政府的分业管理人为割裂了产业链。从纵向上看，属地管理使全国统一高效运行的文化市场难以形成，地方保护严重，各地同质化恶性竞争。第三，政府自身进入市场破坏竞争秩序。如一些地方政府拿财政资金办大型晚会、开幕式等，砸钱请明星，破坏了市场议价规则，干扰价格机制运行。第四，政府应当发挥作用的领域却没有起到应有的作用。主要表现在：一是市场主体发育不全，作用不彰，如行业协会、中介机构等；二是市场信用体系建设基本处于空白状态；三是市场监管体系尚不健全，没能建立起"能进能出""有效约束"的市场准入和退出机制。

4. 消费者和文化产品生产者素质有待提升

国民文化素养和欣赏水平不高给文化市场带来了消极影响。如为迎合大众喜爱抗战题材的需求，影视产品中抗战题材大量出现，而其中伴随着许多低俗产品。文化市场存在着媚俗现象。

第五章　放宽市场准入，提高文化服务业开放水平

本章重点探讨应如何认识文化领域的对外开放与文化安全的关系，在实行高水平的贸易和投资自由化便利化政策中，应不应该实行"文化例外"、放宽文化市场准入以及扩大文化开放的具体思路等重大问题。

坚持对外开放是我国的基本国策。党的十九大报告提出了推动形成全面开放新格局的新要求，强调要"实行高水平的贸易和投资自由化便利化政策，全面实行准入前国民待遇加负面清单管理制度，大幅度放宽市场准入，扩大服务业对外开放，保护外商投资合法权益"①。

文化产品和文化服务贸易是国际贸易的一部分，放宽文化市场准入是推进我国国际贸易和投资自由化的重要内容。但目前在是否应进一步放宽文化市场准入上存在不同看法。其中，一种有代表性的观点认为，在国际贸易和投资自由化谈判中，为维护文化安全，应坚持文化例外。本章重点探讨应如何认识文化领域的对外开放与文化安全的关系，在实行高水平的贸易和投资自由化便利化政策中，应不应该实行"文化例外"、放宽文化市场准入以及扩大文化开放的具体思路等重大问题。

---

① "准入前国民待遇"指凡是在我国境内注册的企业，都要一视同仁、平等对待，投资审批等要给予外国投资不低于本国投资者的待遇。负面清单是一种国际上广泛采用的投资管理方式。政府以清单的方式明确列出禁止和限制企业投资经营的行业、领域和业务等，清单以外则充分开放。就是我们常说的"法无禁止即可为"。这与以前通行的"正面清单＋行政许可"的方式相比，大大减少了政府的自由裁量权。

一 我国文化市场对外开放历程及政策走势

改革开放 40 年来，我国文化领域经历了由封闭到逐步对外开放的过程。文化领域的不断开放，为文化产业发展注入了强大动力，有力地促进着我国文化的发展繁荣。

（一）我国文化市场对外开放的三个重要节点

改革开放以来，我国文化领域对外开放有以下三个重要节点。

1. 改革开放初期

20 世纪 70 年代末和整个 20 世纪 80 年代是改革开放以后我国从"文革"时期极度封闭走向开放的第一个阶段。这时期的一个突出特点是大规模、全方位引进国外文化产品。以电影为例，1966～1976 年 11 年间，我国进口电影总计 36 部，片源地仅限于阿尔巴尼亚、越南、朝鲜等几个社会主义国家。改革开放以后这种局面得到了根本改变，1979 年我国一年的进口电影就达到 35 部，1985 年达 45 部（见图 5－1）。

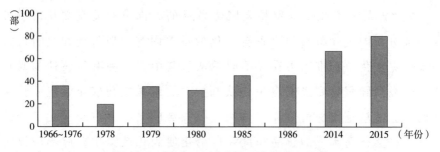

图 5－1　1966～2015 年我国电影进口数量

注：根据《中国电影年鉴》（1989 年卷）、艺恩网、《电影工作手册》（中国人民解放军总政治部文化部于 1984 年 10 月编）等多家数据计算而得。

图书也一样。据统计，1966～1976 年十年间，从海关进口的图书几乎为零。改革开放以后，图书引进数量迅速增长，1980～1984 年五年间，图书引进数量就达 4000 册（见图 5－2）。

值得一提的是，改革开放初期，我国在创新文化管理体制、开展中外

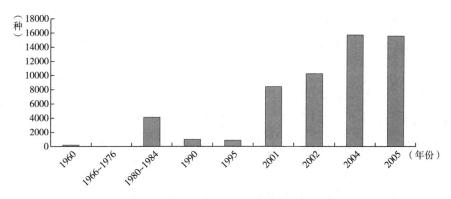

图 5 - 2　1966～2015 年我国图书引进数量

数据来源：国家版权局、《中国出版年鉴》、《我国图书版权贸易三十年研究（1978 - 2008）》等。

媒体机构合作方面也做出了大胆的探索。1980 年创刊的《计算机世界》，就是由原信息产业部所属电子科技情报所与美国国际数据集团（IDG）合作出版的报纸，这是改革开放以后第一家，也是唯一一家中外机构合办的报纸。在改革开放初期，《计算机世界》一度名列全国报业十强。

2. 互联网进入中国

20 世纪 90 年代中后期，为赶上国际信息化浪潮，我国政府对互联网实行宽松的市场准入政策，允许民营企业经营互联网和增值电信服务业务，[①]新浪、搜狐、网易、腾讯、阿里巴巴、百度等一大批网络公司成为我国文化市场的新兴力量，为我国文化产业发展注入了强大动力。网络业的出现极大地冲击着传统文化管理模式，推动着我国文化管理理念、管理体制和管理方式的深刻变革。

3. 加入世贸组织

世纪之交，我国加入世贸组织为我国文化市场开放注入了新的活力。根据世贸组织要求，我国全方位加大了文化市场开放力度。包括增加了美国好莱坞电影进入中国院线的数量，允许外资合资建设电影院，允许外资以合资的形式进入报刊、图书销售领域，允许部分境外卫星电视频道在三

---

① 2000 年 9 月，国务院出台《中华人民共和国电信条例》和《互联网内容服务管理办法》，允许私营企业进入互联网领域，包括通过互联网和多媒体网络提供信息以及其他相关服务、寻呼服务、电信增值服务，以及转售传统的电信服务等。

星级以上涉外宾馆、饭店和专供境外人士办公居住的涉外公寓等落地，允许部分境外卫星电视频道落户珠三角地区等。① 同时，按照世贸组织要求，我国对文化领域法律法规和相关文件进行了全面、系统的清理。

加入世贸组织对我国文化领域对外开放理念产生了深远影响。突出体现在明确了我国文化市场是国际文化市场体系的一部分，世贸组织规则是我国制定文化市场政策的重要依据，文化管理开始有了可资参照的国际标准。

加入世贸组织以后，有关文化市场开放条款是否合适一直存在争论。一种有代表性的观点认为，由于缺乏经验，在世贸组织谈判中，我国文化市场承诺的放开幅度过大，导致有的行业因为没有兑现承诺而陷入被动。这也为后来有关部门在扩大文化市场对外开放上持更加谨慎的态度提供了理由。

总体看，改革开放40年来，我国文化市场对外开放，对文化繁荣起到了极大的推动作用。外国文化产品的进入，极大地丰富了文化市场，使中国消费者有更多的文化产品选择的机会；外国文化产品和文化机构的进入，促进了市场竞争，激发了市场活力，提升了国内文化企业的竞争力；通过扩大文化市场对外开放，也为我国文化企业"走出去"创造了条件，扩大了我国文化产品的国际影响力。我国文化市场对外开放出现的一些问题也是在可控的范围之内。

（二）我国文化市场对外开放的政策走势

加入世贸组织激发了我国文化市场对外开放的热情。20世纪初，一些文化部门竞相探索扩大文化市场开放的路径。如2003年，原国家广电总局出台了《外商投资电影院暂行规定》。该《规定》将此前实行的合营外方建设电影院注册资本的投资比例不得超过49%的要求，做了进一步的放开。明确规定，北京、上海、广州等一些试点城市，合营外方在注册资本中的

---

① 国家广播电影电视总局相关管理办法从2001年到2004年先后出台了三部管理办法。分别是，2001年12月通过的《境外卫星电视频道落地审批管理暂行办法》（第8号），自2002年2月1日起施行。2003年制定了《境外卫星电视频道落地管理办法》（22号），2004年制定了《境外卫星电视频道落地管理办法》（27号）。

投资比例可以放宽到最高不得超过 75%。

　　上述情况引起了有关管理部门的忧虑。有关管理部门认为，我国文化市场对外开放步伐不宜太快，凡中国在加入世贸组织入世协议中没有承诺的内容，不宜轻言放开。在此背景下，2005 年 8 月，文化部、广播电影电视总局、新闻出版总署、国家发改委、商务部等五部委联合下发了《关于文化领域引进外资的若干意见》（以下简称《意见》）。《意见》出台旨在"进一步规范文化领域引进外资工作，提高利用外资的质量和水平，维护国家文化安全，促进文化产业健康有序发展"。《意见》内容之一就是取消试点城市电影院建设外资占股可达 75% 的政策，恢复至 2003 年以前外资占股不超过 49% 的要求。《意见》起到了对扩大文化市场对外开放降温的效果，一些合作和投资项目也因此而搁浅。例如，2004 年 1 月，全球最大的文化传媒集团——华纳兄弟国际影院公司宣布与中国大连万达集团合作，进军中国电影市场，计划在全国建造 30 家国际影院，并且已经在南京建起了中国大陆首家外资控股影院（华纳兄弟占股 51%）。华纳兄弟国际影院公司看好中国电影市场，已经将该公司的全球影院设计中心从伦敦搬到了上海。《意见》出台后，时代华纳于 2006 年 11 月发表声明，宣布取消在中国建设影院的计划，已经在国内投资的 6 家影院也全部退出。[①]

二　正确认识放宽文化市场准入，扩大文化服务业对外开放

　　2005 年以后，尽管文化市场对外开放仍在谨慎探索[②]，但总体来说步伐明显放缓。究其原因，是近些年主流舆论看待文化市场对外开放的基本态度有了很大的变化。突出表现在讲文化安全多，讲文化开放少；讲外来文

[①]　王林：《华纳影院退出中国真相》，《经济观察报》2006 年 11 月 19 日。

[②]　如，2013 年，以自由贸易试验区建设为契机，上海自贸区在扩大文化市场开放方面进行了三项试点：一是在自贸区内可以成立外资独资经营的演出经纪机构、演出场所单位。二是允许在自贸区内设立外资经营的娱乐场所。三是允许外资企业在自贸区内从事游戏设备的生产和销售。通过文化部门审核的游戏游艺设备可以在国内市场销售。又如，微软公司与百视通公司联合成立了上海百家合信息技术发展有限公司，成为第一家在上海自贸区备案的中外合作企业。

化带来的危害多，讲外来文化的积极意义少。一种有代表性的观点认为，扩大文化市场对外开放有可能冲击我国文化管理格局，危及文化安全。因此，有必要对上述观点涉及的一些问题进行深入探讨，以辨别是非。

（一）正确认识文化开放与文化安全

有一种观点，将文化开放与文化安全对立起来，把文化安全混淆于意识形态安全，认为扩大文化市场对外开放必然危及文化安全，会给主流意识形态带来极大冲击，进而危及国家安全。这种观点是片面的，也是不符合实际的。

1. 文化安全不等同于意识形态安全

把文化安全等同于意识形态安全是目前在上述问题看法上普遍存在的问题。实际上，从内涵上看，文化安全是比意识形态安全更大的概念。文化安全包括意识形态安全，但不等同于意识形态安全。笔者认为，当前文化市场流通的文化产品涉及文化安全的情况主要有四类：违反四项基本原则、激化民族矛盾和宗教冲突、有违社会公德、侵犯个人权利。上述四类都属于危及文化安全的行为，而涉及意识形态安全的主要是前两者。尽管上述四类都涉及文化安全，但其性质、影响面都有很大不同，应区别对待，不能一锅烩。①

值得一提的是，把跨国文化公司等同于国外敌对势力，也是很大的认识误区。其实，跨国文化企业并不代表其所在国家的主流意识形态。跨国文化公司是以追求利润为主要目的、从事文化产品生产活动的。从追求利润最大化的角度出发，跨国文化公司会努力迎合文化产品输出国的需求。比如，好莱坞电影公司为了吸引中国观众，扩大好莱坞电影在中国的市场份额，或者选择中国故事作为电影题材，或者邀请中国演员进入演出阵营，或者把中国作为拍摄场地。甚至出现了为追求票房，主动征求文化主管部

---

① 目前，以维护文化安全为由，对不同类别的文化产品采取"一刀切"的做法并不少见。比如，对手机游戏采取前置审批的做法就是一例。再如，在有些评奖等活动中，经常出现涉及文化安全一票否决的要求。这种对文化安全内涵不加区别的做法，不利于激发文化创新创造积极性。

门意见的现象。当然，跨国文化企业出品的文化产品也会出现涉及种族歧视、对其他民族文化习俗误读或贬低等情况，甚至存在一些政治偏见等。对于跨国文化企业生产的文化产品出现上述问题应该仔细分析，区别对待，不应一律归结为政治问题。

2. 文化安全是一个动态概念

一个国家的文化安全状况不是一成不变的，它与这个国家的状况、文化接受者的状况密切相关。首先，文化安全跟一个国家的总体状况成正比。一个国家经济社会发展越好、越稳定，其文化安全程度也越高。其次，文化安全状况和文化产品接受者的素质成正比。消费者素质越来越高，对外来产品的辨别能力也更强，文化安全系数也更高。最后，民族文化差异与文化安全的威胁成反比。不同民族之间，文化差异越大，外来文化对其影响越小。例如，中国的影视产品、网络游戏、网络文学等在东南亚影响很大，但是在欧美国家影响力就小，在很大程度上这是文化差异造成的。

3. 放宽文化市场准入，有利于维护文化安全

2014年，习近平同志在文艺工作座谈会上的讲话就以电影业为例阐明了这一点。他说："当今世界是开放的世界，艺术也要在国际市场上竞争，没有竞争就没有生命力。比如电影领域，经过市场竞争，国外影片并没有把我们的国产影片打垮，反而刺激了国产影片提高质量和水平，在市场竞争中发展起来了，具有了更强的竞争力。"实践证明，改革开放以来，无论是中外合办报刊《计算机世界》的成立、三星级以上宾馆允许境外节目落地，还是容许一定数量的美国电影产品进入中国市场，这些放宽文化市场准入的举措，都为我国文化市场注入了活力，为我国公众提供了更多的文化选择，有力地促进了文化繁荣，有利于提升国家文化安全度。

（二）正确认识"文化例外"与"文化多样性公约"

"文化例外""文化多样性公约"是近年来在研究文化对外开放中经常提及的概念和文件，也往往成为不赞成扩大文化市场对外开放的一个重要理由。我们需要全面、客观理解上述概念和文件的内涵。

1. "文化例外"有特定的内涵及应用范围

有文章认为，法国、加拿大等国在与美国进行贸易自由化谈判时就提出了文化例外的要求，并以此作为中国在贸易和投资自由化谈判中应坚持文化例外的依据。确实，以法国为代表的欧盟国家在与美国进行贸易自由化谈判中提出了要对电影和音像产品实行不同于一般产品的要求，并因立场不同，与美、日等国发生分歧。但欧盟国家提出的文化要求与我国学界所理解的文化例外有很大的不同。第一，内涵不同。法国等欧盟国家提出的"文化例外"仅限于电影和音像产品，而我国学界认为文化例外是全方位的，包括整个文化领域。第二，出发点不同。欧盟首先同意将文化纳入贸易自由化谈判的内容，只是要求对部分文化产品采取特殊保护的措施，以保护本国一些弱势文化行业发展。但我国学界提出"文化例外"，是要求将文化例外原则作为防范外来文化入侵，维护文化安全的手段。[①]

2. 联合国教科文组织发布的"文化多样性公约"不是双边贸易自由化谈判依据

2007年，中美两国就出版物和视听产品发生争端。美方认为在电影进口方面，只有中国电影集团公司一家拥有经营进口电影权，违反了中国加入世贸组织时的承诺。[②] 针对美国的抗议，我国依据联合国教科文组织《保护和促进文化表现形式多样性公约》（2005）和国内有关法律法规对美方的指责进行了反驳。双方争执不下。后来，美国向世贸组织提起诉讼。于是，

---

① 关于以法国为代表的欧盟国家在与美国进行贸易自由化谈判时的文化态度，法国学者贝尔纳·古奈在他的《反思文化例外论》一书中有详细的论述，值得一看，该书有助于匡正国内对此问题的一些似是而非的认识。《反思文化例外论》一书认为，法国等欧盟国家从来没有"文化例外"这样的说法，"文化例外"这个概念是媒体表述法国等欧盟国家文化理念的说法，与法国等欧盟国家文化主张并不完全吻合。实际上，法国等欧盟国家在与美国进行贸易自由化谈判时，都认同贸易自由化的理念，都认为应当取消对一般产品的保护措施，包括政府补贴、税收扶持等，确保不同国家的产品在同等规则下进行自由竞争。双方的争议点主要在电影和音像产品。美国认为，电影和音像产品（包括电视剧、综艺节目）属于大众娱乐产品，不应该纳入文化艺术保护之列。而欧洲认为电影和音像产品是最重要的当代艺术，欧盟国家市场空间小，同样应该纳入保护之列。两者的分歧并非针对文化是否应该对外开放。

② 中国在《入世协议书》中承诺："将逐步放宽贸易所有权的获得及其范围，以便在加入后3年之内，使所有在中国的企业均有权在中国的全部关税领土内从事所有货物的贸易。"

世贸组织成立专家组对此事展开调查，并于 2009 年形成了具有最终裁决权的《中美出版物及视听娱乐产品争端专家组最终报告》（以下简称《最终报告》）。该报告裁定，中国《电影管理条例》第 30 条和《电影企业经营资格准入暂行规定》第 16 条规定，只有中国电影集团公司一家被指定经营进口电影，与中国在《入世协议书》中放开贸易权的承诺不一致，中方败诉。

《最终报告》认为，"中国依据联合国教科文组织《保护和促进文化表现形式多样性公约》（2005）及其一系列国内立法所做的抗辩，是不恰当的。""援引《文化多样性公约》无法证明中国的观点。《文化多样性公约》本身也禁止援引该公约来证明违反《WTO 协定》行为的正当性。同时，《关于争端解决规则与程序的谅解》相关条款也明确禁止专家组接受上述观点。"

由此可见，联合国教科文组织发布的"文化多样性公约"不能作为国际双边贸易自由化谈判的依据。[①]

三　放宽文化市场准入，扩大文化服务业对外开放思路

开放带来进步，封闭必然落后。一部中华民族文化发展史，就是一部与不同民族文化交流、交融的历史。坚持不忘本来、吸收外来、面向未来，既继承中华优秀传统文化，又积极吸收人类一切优秀文化成果，是党的十九大报告提出的繁荣社会主义文化的重要原则。要做到这一点，就要进一步放宽文化市场准入，提高文化领域对外开放水平。

（一）形成全面开放新格局迫切需要放宽文化市场准入、提高文化服务业对外开放水平

按照党的十九大提出的实行高水平的贸易和投资自由化便利化政策，全面实行准入前国民待遇加负面清单管理制度，大幅度放宽市场准入，扩

---

① 联合国教科文组织出台的相关文件表达了两个同等重要的理念，即既呼吁重视维持文化的多样性，也强调世界各国文化要适应全球化趋势。联合国教科文组织出台文化多样性公约、保护非物质文化遗产公约等文件，均提出，在重视保护民族文化的同时，要更加支持采取市场的方式实现文化产业化，促进文化长久的发展。

大服务业对外开放的要求，文化领域在放宽文化市场准入、提高文化服务业对外开放水平方面还有很大潜力。应采取更有力的举措，尽快改变文化服务业在国家对外开放总体格局中相对滞后的局面。

1. 我国文化服务业对外开放还有很大空间

目前，我国与美、日、印等国在演艺、电影制作、院线经营、报刊出版发行、印刷、广播电视、互联网等领域相比较，开放度还比较低。表5－1反映了中、美、日、印四国文化领域外资市场准入情况。从表5－1可以看出，我国在文化服务业对外开放方面，还有很大的潜力。

表5－1　中、美、日、印四国文化领域外资市场准入管理规定一览*

	中国	美国	日本	印度
广告	不限制	不限制	不限制	不限制
演艺	禁止（外国机构在中国）设立文艺表演团体。	不限制	不限制	不限制
电影制作、院线经营	电影制作、院线经营均须合资	不限制	不限制	不限制
报刊	禁止进入编辑领域，印刷发行可合资，中方控股	不限制	不限制	允许经营，但外资不可控股 印刷发行不限制
报刊出版发行、印刷	禁止进入出版编辑领域，印刷发行可合资，中方控股	不限制	不限制	允许经营，但外资不可控股 其他不限制
广播电视	禁止外国资本投资广播电视播出、传输、制作、经营等。	允许经营，但外资不可控股	允许经营，但外资不可控股	允许经营，但外资不可控股
互联网	禁止投资互联网新闻信息服务、网络出版服务、网络视听节目服务、网络文化经营（音乐除外）、互联网公众发布信息服务	不限制	不限制	不限制

注：*笔者根据相关资料整理而成，供参考。

2. 扩大国际合作迫切需要放宽文化市场准入，扩大文化服务业对外开放

随着我国经济发展，国际影响力的提升，文化、体育等领域的国际合作也越来越多。按照国际通行做法扩大文化服务业对外开放，已经成为开展国际合作的基本条件。

以承担体育赛事为例。随着互联网的普及，网络社交媒体①成为体育赛事必备的传播手段之一，也成为考核一个城市是否有能力承办国际赛事的一个必要条件。但由于目前国际通用的一些网络社交媒体还没有正式进入中国市场，近年来，国家体育总局在申请承办国际赛事时，媒体选择往往成为竞争国际赛事举办权的一个短板。可见，有条件放宽类似媒体的市场准入，对国际合作有很大的裨益。不仅是体育赛事，科技、商务等其他领域的国际合作也如此。

3. 我国文化企业"走出去"迫切需要扩大文化市场准入，扩大文化服务业对外开放

近些年，我国文化企业"走出去"步伐加快。如，数字电视运营商四达时代已拥有非洲45个国家的直播卫星运营平台，形成了星地结合的无线数字电视网络体系，覆盖人口达9.7亿。俏佳人传媒全资并购美国国际卫视，在美国开展华人电视频道服务，目前拥有12个频道、5套节目。万达集团并购了北美第二大影院集团AMC影院公司，并以35亿美元现金收购了美国传奇影业。"走出去"与"引进来"历来是相辅相成的。我国文化企业"走出去"步伐加快也倒逼国内放宽文化市场准入，扩大文化服务业对外开放。

（二）放宽文化市场准入，扩大文化服务业对外开放思路

进一步放宽文化市场准入，扩大文化服务业对外开放是推进形成全面开放新格局的迫切要求。具体实施则既要积极，又要稳妥，做到有序推进。

1. 明确文化市场对外开放的行业顺序

在开放顺序和程度上，应根据文化行业和产品意识形态属性的强弱、不同文化行业发展状况，采取区别对待、分类实施的原则。此外，还要尊

---

① 国际上通用的社交媒体主要是Facebook、Twitter、Youtube这三家网络社交媒体。

重国际惯例。具体来说，就开放顺序应该是：

（1）硬件设施。首先应加大文化硬件设施的开放力度，如电影院、剧场、网吧等，也包括其他公共文化设施。

（2）中介服务。上海自贸区、天竺保税区先后允许国外演艺经纪公司在自贸区进行全资业务。2015 年北京出台的扩大服务业对外开放的文件，也明确允许外资独资演艺经纪公司在北京开展相关业务。这些先行先试的做法，已经为中介服务领域扩大文化开放做出了很好的探索。

（3）意识形态属性不强的行业。如印刷业、发行业等可以允许外资独资经营；科技、知识、娱乐类出版行业也可以探索实行合资经营。

（4）竞争力强的行业。一些在国际上有竞争力的文化行业开放力度可以更大一些。

（5）顺应国际惯例，尊重实际需要。例如，Facebook、Twitter、Youtube 这些网络社交媒体已经成为世界上绝大多数国家信息传输平台。因此，应考虑为涉外活动、外籍人员或国内有正当需求的特定人群，在城市的特定区域提供链接等开放方式。在这方面，2004 年在三星级涉外宾馆允许一些境外卫视节目落地的做法已经做出了很好的探索，可以汲取其经验。

2. 完善文化对外开放的相关政策

有必要对现行的一些涉及文化对外开放的文件进行梳理，完善相关按政策，促进放宽市场准入，扩大文化对外开放。如，《营业性演出管理条例》（国务院令第 439 号）第十一条第一款中规定："外国投资者可以与中国投资者依法设立中外合资经营、中外合作经营的演出经纪机构、演出场所经营单位；不得设立中外合资经营、中外合作经营、外资经营的文艺表演团体，不得设立外资经营的演出经纪机构、演出场所经营单位。"如前所述，北京等一些地方已经突破上述限制，该《条例》应修改完善。

又如，原文化部、原国家广播电影电视总局、原新闻出版署、国家发展和改革委员会、商务部《关于文化领域引进外资的若干意见》（文办发〔2005〕第 19 号）第四条规定："禁止外商投资设立和经营新闻机构、广播电台（站）、电视台（站）、广播电视传输覆盖网、广播电视节目制作及播放公司、电影制作公司、互联网文化经营机构和互联网上网服务营业场所

（港澳除外）、文艺表演团体、电影进口和发行及录像放映公司。"影视节目制作机构、互联网文化经营机构等应允许外资合资等形式进入。

3. 坚持三个原则

第一，坚持文化自信，坚定不移不断提高对外文化开放水平。第二，把握底线，做到分类管理，有序开放。意识形态属性强的文化行业，如电视网络频道、时政类新闻服务等涉及国家意识形态安全和信息安全，应把握主导权、控制权，不能对外资开放。意识形态不强的文化娱乐行业，可视其行业竞争力等多种情况，在生产、销售等领域分别采取合资或独资等形式，允许外资以多种形式参与市场竞争。需要指出的是，即使外国文化产品在一些行业占据较大市场份额，只要符合法律法规、没有构成垄断，也是可以接受的。这对营造市场竞争环境有好处。20 世纪初，就是外国网络游戏一统天下。但经过多年的竞争，本国网络游戏开始占据着主体位置。这说明，市场竞争有利于本国文化产业的健康快速发展。第三，扩大开放与加强监管结合。尤其要加强事中事后监管和依法监管。

令人欣喜的是，放宽文化市场准入，扩大文化服务业开放水平正在形成共识，一些文化行业已开始进行政策试点。

2017 年 12 月 22 日，国务院作出了《关于在北京市暂时调整有关行政审批和准入特别管理措施的决定》，《决定》允许北京从 2018 年 5 月 15 日开始，选择文化娱乐业聚集的特定区域，允许外商投资设立演出场所经营单位，不设投资比例的限制；允许外商投资设立娱乐场所，不设投资比例的限制；在北京国家音乐产业基地、北京出版创意产业园区、北京国家数字出版基地，允许外商就投资音像制品制作业务开展合作，中方须掌握经营主导权和内容终审权。

2018 年 4 月 11 日，《中共中央国务院关于支持海南全面深化改革开放的指导意见》发布。《指导意见》提出"允许外资在海南试点设立在本省经营的演出经纪机构，允许外资在海南省内经批准的文化旅游产业集聚区设立演出场所经营单位，演出节目需符合国家法律和政策规定。允许旅游酒店经许可接收国家批准落地的境外电视频道。"

上述文件标志着我国文化市场对外开放又迈出了重要一步。

第六章　构建现代公共文化服务体系

　　本章梳理了公共文化服务理念的提出和建设历程。认为，构建现代公共文化服务体系需要正确处理基本与非基本、共性与差异性、管理与治理、政府与市场、中央与地方、事业与产业、网点与网络、建设与管理、发展与改革的关系。

　　公共文化服务作为公共服务的一部分，是指公共部门为满足公共文化需求，提供的各种公共文化产品和服务的总称。本章梳理了我国公共文化服务理念提出的背景、主要内涵和建设过程，总结了公共文化服务体系建设取得的成绩、存在的问题。提出构建现代公共文化服务体系须正确认识九个基本关系，系统分析了构建现代公共文化服务体系的主要任务。

一　我国公共文化服务体系建设情况

　　政府的职责是根据公共需要提供公共服务。不同时期，公共需要不同，政府提供的公共服务也有别。一般来说，在工业化社会以前，政府主要提供维持性公共服务；在工业化社会时期，政府主要提供经济性公共服务；在后工业社会，政府主要提供社会性公共服务。公共文化服务与教育、医疗卫生、养老保险等一样，属于社会性公共服务，是较高层级的公共需求。政府重视维护公民文化权利、提供公共文化服务大致是 20 世纪 60 年代以后的事情。

　　一个标志性的事件是 1966 年联合国通过《经济、社会及文化权利国际公约》（以下简称《公约》）。《公约》规定："本公约缔约各国承认人人有权：（甲）参加文化生活；（乙）享受科学进步及其应用所产生的利益；（丙）对其本人的任何科学、文学或艺术作品所产生的精神上和物质上的利益，享受被保护之利。"《公约》要求，各成员国应采取必要的措施，确保公民文化权利的实现。

1982年，联合国教科文组织召开世界会议，提出了《世界文化发展十年规划》（以下简称《规划》），该《规划》于1986年提交联合国通过并批准于1988年执行。《规划》提出，"要对构成21世纪的重大世界挑战做出回应，就必须在发展中更强调两个主要目标——发展的文化尺度和人的文化生活"；"要在经济和技术发展中，将文化和人的价值恢复到中心的位置上来"。

20世纪60年代以后，维护公民文化权利，提供公共文化服务，开始成为各国政府的重要责任。许多国家颁布了《文化法》或《文化基本法》，通过法律的形式，规范公民的文化权利，确立国家在文化领域的职责。

1959年法国成立了文化部。这被视为西方国家将公共文化服务纳入政府职责的重要标志。法国文化部的职责主要有三方面：文化民主化、文化遗产保护和支持艺术创作。1965年，美国国会通过了第一部支持文化艺术事业的法规，即《国家艺术及人文事业基金法》，该法规定了国家艺术基金会和国家人文基金会的职责和运作规范。依据此法，美国成立了国家艺术基金会和国家人文基金会。成立这两个基金会，目的是为美国文化艺术发展提供服务，保护美国的文化遗产，鼓励艺术人才发挥创造才能。

一般认为，公共文化服务是指由公共部门和私营部门共同提供，以维护公民文化权利、保障公共文化需求为目的，向公民提供公共文化产品和服务的总称。

发达国家都把维护公民文化权利（civil cultural rights）作为公共文化服务的核心，并通过制定文化法和文化基本法加以确立。

以俄罗斯为例。1999年6月，俄罗斯制定了《俄罗斯联邦文化基本法》（后又多次修订）。该法在序言中指出，制定该法是基于"承认文化在个体的发展和自我实现、社会人道化、各民族的民族特性的保存以及对这些特性的价值的认可中的基础性作用"。《俄罗斯联邦文化基本法》的立法宗旨是维护并捍卫俄罗斯联邦公民从事文化活动的宪法权利。该法明确公民享有的文化权利包括以下方面：创作权，个人文化独创权，文化价值知情权，人文教育权和艺术教育权，文化领域所有权，在文化领域创建组织、机构及企业权，在文化领域创建社会团体权，创作活动成果出口权，国外文化活动权。

在此基础上，发达国家形成了一些相近的公共文化服务理念和原则。主要有以下几点：

第一，保护公民文化自由。包括文化创造自由、信仰的自由、思想的自由，以及自由地参与公共文化活动等。

第二，坚持公共文化的普惠性原则。强调公民平等地享受公共文化服务。公民有分享文化成果，享受公共文化福利的权利，包括参与公共文化活动、享受成果、保护文化经济权利和著作权等。

在西方国家，公共图书馆一般都实行免费开放。以美国为例，美国9220多家公共图书馆都是免费开放。但公共博物馆往往实行有条件的免费开放或优惠开放。以俄罗斯为例，俄罗斯《文化基本法》规定："对于未满十八周岁的公民，赋予其每月免费参观一次博物馆的权利。免费参观博物馆的程序由俄罗斯联邦政府和联邦行政机关制定。"

西方国家公共文化服务的一个特点是重视采取文化优惠政策或文化资助政策。政府对文化消费进行补贴，是发达国家的通行做法。比如，由于有政府补贴，美国大都会大剧院最低票价仅15美元，而该剧院3800个座位约10%都以最低价出售。荷兰27岁以下的年轻人，每年可以15欧元的价格申请文化青年卡，持有该卡在进行文化消费时可享受3~7折的优惠。英国从2004年开始实行"own art"计划，英国文化部门和全国235个画廊合作，为艺术品购买提供最多2000英镑的赞助。

第三，维护文化多样性。所有国家、民族、社团的文化及其特殊性都应获得尊重，通过保存人类丰富的文化基因，以保持良好的文化生态。2005年，联合国教科文组织大会通过了《保护和促进文化表现形式多样性公约》（以下简称《公约》）。《公约》指出：确认文化多样性是人类的一项基本特性。目前，绝大多数发达国家和地区都签订了《公约》。

第四，保护文化遗产。1972年，联合国教科文组织通过了《保护世界文化和自然遗产公约》，发起保护世界文化和自然遗产的国际合作活动，以确认符合标准的世界遗产，对公约缔约国境内具有"突出意义和普遍价值"的文物古迹、自然景观或资源加以保护，并纳入《世界遗产名录》。2003年，联合国教科文组织又通过了《保护非物质文化遗产公约》，将世界文化遗产保护的范围延伸至非物质遗产，包括语言、表演艺术、社会风俗、礼仪、节庆、传统手工技艺等。

第五，支持文艺创造活动。支持文艺创造活动是西方国家公共文化服务的重要内容。鼓励艺术创造，支持创意人才培养，是西方国家教育的重要内容，也是其文化政策的重要内容。在西方，由政府财政支持，或由民间慈善机构支持的有关艺术创作的基金名目繁多，涉及舞台演出、绘画、电影、工艺等各个领域。西方国家支持文艺创造活动的经费主要来源于以下三个方面：

一是政府和公共机构通过财政资金予以支持。以美国为例，美国国家艺术基金会代表政府向文艺团体和艺术家提供财政和技术援助，帮助他们发展艺术，保护美国的文化艺术传统。美国国家人文基金会重点对人文学方面的各种研究、教育和社会活动给予资助，资助对象主要是博物馆、图书馆、大学、公共电视台和广播电台以及从事人文科学研究的学者。

二是通过慈善事业支持文化艺术活动。在这方面，美国最有代表性。比如，美国钢铁大王安德鲁·卡内基后来致力于慈善事业。由于卡内基的捐赠，在19世纪末到20世纪初，美国共建设和规划了2500多座公共图书馆。卡内基捐赠这些图书馆的条件之一就是这些图书馆须免费开放。卡内基不仅到处建立图书馆，还用大笔资金为各个小城镇的教堂购买了几百部管风琴，规划公园建设，在中小学发展艺术和建立博物馆，还建设了标志性的艺术场馆——卡内基音乐厅。现在，这个位于纽约中心公园附近的交响乐厅，已经成为美国古典音乐最负盛名的场所。

三是税收减免政策。通过税收减免支持文化事业是美国文化政策中极为重要的内容。举例来说，如果一位古典音乐爱好者在波士顿交响乐团的一年演出中捐出了1000美元，他可以从自己的年收入中扣除这笔钱（慈善减额）；如果它属于35%税率这一阶层（如今的最高税率），在年底，他将少交350美元的联邦所得税。所以，对于慈善家来说，捐赠的真正成本低于他所捐出的钱，但是对于接受捐赠的文化机构来说，那是真正的1000美元。但必须明确指出，不管怎样这笔捐赠花了他650美元，而同时由于私人捐赠，政府放弃了350美元的税收，少得到的钱称作"税收支出"，或者"联邦间接补贴"。这些数字自然会因接受捐赠的组织的法律地位和纳税者的缴税率而有所不同。但确实，一个人的收入越多，他的缴税率越高，他就应该增加捐赠以便减少他的应税收入，从而减少缴税额。据统计，近些年，美国人每年对艺术与文化的捐赠约有130亿美元。其中，个人捐赠占75%，基金会捐赠占11%，个人遗赠占9%，企业捐赠不到6%。而美国艺术基金会支持艺术创作的财政资金每年不到2亿美元，而且总体上还在下降。对此，法国外交家、社会学者弗雷德里克·马特尔在深入研究美国文化以后得出这样的结论："毫不夸张地说，在很大程度上，美国的文化政策是一种税收政策。"

（一）我国公共文化服务体系建设的过程

1. 构建公共文化服务体系理念的提出

新中国成立后，文化事业作为党的事业的一部分一直被沿用。文化事业泛指党领导下的、通过国有文化单位主导实施的所有文化活动。其核心内涵是引导，即组织开展群众性文化活动，用民众喜闻乐见的方式宣传党的精神。

文化事业包含了公共文化服务的若干元素，但与公共文化服务理念仍有明显差别。第一，着眼点不同。文化事业的核心是传递党的意志，着眼于意识形态宣传；公共文化服务的核心是维护公民文化权利，着眼点是满足公共文化需求。第二，文化产品提供主体不同。文化事业的文化产品提供主体是获得财政支持的国有文化单位，公共文化服务强调多元提供主体。

改革开放以后，维护公民文化权利、提供公共文化服务的理念开始被引入，并逐步受到国家的重视。

1997年10月和1998年10月，我国政府分别签署了《经济、社会及文化权利国际公约》和《公民权利和政治权利国际公约》。2004 年，"国家尊重和保障人权"被正式写入宪法，标志着人权作为法定权利受到保障。这为公共文化服务概念的提出奠定了坚实基础。

在法律方面，2004 年 3 月 14 日修订的中华人民共和国宪法为公共文化服务体系建设提供了法律依据。如：

第三十五条 中华人民共和国公民有言论、出版、集会、结社、游行、示威的自由。

第三十六条 中华人民共和国公民有宗教信仰自由。

第四十七条 中华人民共和国公民有进行科学研究、文学艺术创作和其他文化活动的自由。国家对于从事教育、科学、技术、文学、艺术和其他文化事业的公民的有益于人民的创造性工作，给以鼓励和帮助。

我国构建公共文化服务体系的理念是 20 世纪初提出来的，并经历了不断完善的过程。

2002 年，党的十六大把"人民的文化权益得到切实尊重和保障"纳入全面建设小康社会的目标，提出了国家支持和保障文化公益事业、坚持和完善支持文化公益事业发展的政策措施，这为公共文化服务体系建设奠定了基础。2005 年，党的十六届五中全会第一次提出"逐步建成覆盖全社会的比较完备的公共文化服务体系"。2007 年 6 月，中共中央政治局专题研究公共文化服务体系建设。同年 8 月，中办、国办发布《关于加强公共文化服务体系建设的若干意见》（国发 10 号文件），提出了公共文化服务体系建设的指导思想、发展目标、主要任务、政策措施等。2012 年 7 月，出台了国家基本公共服务"十二五"规划，提出享有基本公共服务是公民的权利，提供基本公共服务是政府的职责。公共文化体育服务作为公共服务的一部分，在"十二五"期间有了明确的重点任务、基本标准、保障工程等。2013 年 11 月，党的十八届三中全会通过的《决定》提出，构建现代公共文化服务体系。2016 年 12 月，全国人大通过了《中华人民共和国公共文化服务保障法》，并于 2017 年 3 月 1 日正式开始实施。

公共文化服务体系理念的提出，除了借鉴国外公共管理理论，还基于2003年以后我国文化体制改革的需要。公共文化服务体系理念是在区分了文化事业和文化产业的不同特点，明确了二者不同性质、作用和功能的基础上提出的。

2003年推动的文化体制改革，将原来所说的文化事业一分为二，划分为公益性文化事业与经营性文化产业两类。公益性文化事业以保障人民群众基本文化权益、满足基本文化需求为目标，是社会主义文化建设的基本任务，政府是公共文化服务体系建设的责任主体；经营性文化产业是社会主义市场经济的组成部分，是满足人民群众多样化文化需求的重要途径。在文化建设的总体格局中，文化事业和文化产业相互依存，相互促进。2003年推动的文化体制改革，以公益性文化事业与经营性文化产业两分法为基本原则，将国有文化单位分为公益性文化事业、经营性文化产业两大类。

值得注意的是，党的十八大报告提出的公益性文化事业又包括构建公共文化服务体系、发展现代传播体系、建设优秀传统文化传承体系三大板块。就是说，公益性文化事业是一个比公共文化服务体系更大的概念，大致与党委和政府的文化职责相当，而公共文化服务体系则是一个有特定内涵的概念。

2. 公共文化服务体系的主要内涵

在中央出台的一系列文件中，加强公共文化服务被作为实现人民基本文化权益的主要途径。基本内涵是以政府为主导，以公共财政为支撑，以公益性文化单位为骨干，以全体人民为服务对象，以保障人民群众看电视听广播、读书看报、进行公共文化鉴赏、参与公共文化活动等基本文化权益为主要任务。建设以公共文化生产供给、设施网络、资金人才技术保障、组织支撑和运行评估为基本框架的覆盖全社会的公共文化服务体系。

基本要求是公益性、基本性、均等性、便利性四性。抓手是实施重大公共文化服务工程。"十一五"和"十二五"时期，主要实施六大工程：广播电视村村通工程、全国文化信息资源共享工程、农家书屋工程、乡镇综合文化站建设工程、农村电影放映工程、创建国家公共文化服务体系示范区。基本特点是实行免费服务。

具体内容见表 6 - 1。

表 6 - 1　六大重大公共文化服务

名　称	内　容
广播电视村村通工程	由原国家广电总局负责，1998 年开始实施。采取财政投入的方式，到 2012 年年底，实现 20 户以上已通电的自然村，全部通广播电视。财政投入超过 200 亿元
全国文化信息资源共享工程	由文化部负责，2001 年起实施。实现公共电子阅览室在乡镇（街道）、社区实现全覆盖。目前，已建成 60.2 万个村基层服务点。每年财政投入约 80 亿元
农家书屋工程	由原新闻出版总署负责，2007 年开始实施。要求全国 64 万个行政村，每村建立一个农家书屋，可借阅的实用图书不少于 1000 册，报刊不少于 30 种，电子音像制品不少于 100 张
农村电影放映工程	由原国家广电总局负责，2000 年开始实施。到 21 世纪初，通过政府财政补贴的方式，实现每个行政村一个月放一次电影。中央财政每场补贴 100 元
乡镇综合文化站建设工程	文化部负责，2005 年开始实施。2017 年，已建成乡镇综合文化站 33997 个，基本实现"乡乡有文化站"。中央财政给每个乡镇综合文化站补贴 5 万元（2011 年开始实行免费开放以后）
创建国家公共文化服务体系示范区（项目）	分三批在全国创建 90 个左右公共文化服务体系示范区、180 个左右公共文化服务体系示范项目，创建周期 2 年。2013 年 10 月，第一批 31 个示范区、47 个示范项目验收通过并启动，第二批 32 个示范区、57 个示范项目创建启动。验收通过的示范区，西部地区可获得财政奖励约 1200 万元，中部地区 800 万元，东部地区 400 万元

注：笔者根据相关资料整理而成。

　　显然，我国政府所使用的公共文化服务，其内涵和外延与国外公共文化服务有很大的不同，所涵盖的内容要少很多。正因为如此，学术界，后来也包括部分政府文件和领导人讲话中，把中国的公共文化服务界定为基本公共文化服务，以示与一般意义上公共文化服务内涵的区别。

　　总之，在我国，文化事业、公共文化服务、基本公共文化服务的内涵还存在一些交叉、不明确之处，尚需理清。

　　3. 公共文化服务体系建设成绩显著

　　（1）全国公共文化事业费投入稳步增加。文化事业费（此处指文化部系统的文化事业费，不包括广播、电影、电视、出版等）是体现文化事业发展的核心指标之一，反映了各级政府对文化事业的资金投入。在中央财政带动下，各级政府不断加大对文化建设的投入，全国文化事业费稳步增长。

2016 年，全国文化事业费 770.69 亿元，比上年增加 87.72 亿元，增长 12.8%；全国人均文化事业费 55.74 元，比上年增加 6.06 元，增长 12.2%。文化事业费占财政总支出的比重为 0.41%，比上年提高 0.02 个百分点。[①] 2006 年以来，全国文化事业费投入和增速情况见图 6-1：

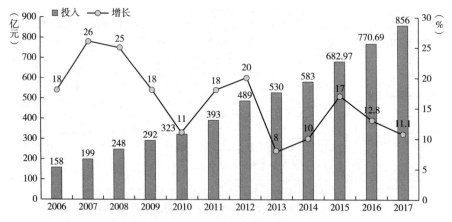

图 6-1　2006～2017 年全国文化事业费投入和增长情况

注：此处全国文化事业费指文化部系统文化事业费，不含财政对广播、电影、电视、出版等文化领域的投入。

资料来源：《2016 年文化发展统计公报》。

有一个认识误区需要澄清，即认为：公共文化服务需要确保财政投入的底线，就如每年的教育支出需占财政收入的 4% 一样，每年公共文化财政投入应确保占财政收入的 1%。实际上这种观点并没有科学依据，原因有以下几点。第一，国际依据不足。很少有国家明确公共文化服务财政投入为 1%。第二，现在，我们经常列举的政府财政投入文化事业费只有 0.38%。这并不准确。0.38% 只是指中央政府投入文化部系统的事业经费，并不包括投入广电、新闻出版、教育（如孔子学院）等其他系统的文化事业费。第

---

① 文化部：《2016 年文化发展统计公报》，《中国文化报》2017 年 5 月 15 日。

三，如果文化部系统的事业经费，真要增加到占财政收入 1% 的话，将造成极大的浪费。1% 似乎比例不高，但从现在的 0.38%，增加 0.62%，绝对数极大。因此，在没有对文化部系统的事业经费进行第三方全面、科学的评估之前，应谨慎提高文化事业费占财政收入的比例。财政投入固然也要增加，但更重要的是提高效能。

（2）基本建立了覆盖城乡的公共文化服务设施体系。截至 2016 年年底，全国共有博物馆 4109 个，公共图书馆 3153 个。全国共有群众文化机构 44497 个，其中乡镇综合文化站 34240 个。全国群众文化机构共有馆办文艺团体 7779 个，由文化馆（站）指导的群众业余文艺团体 39.84 万个。基本形成了中央、省、地市、县、乡五级公共文化设施网络。①

（3）"四馆一站"实行免费开放，扩大了服务人群。2008 年，中宣部、财政部、文化部、文物局联合发布《关于全国博物馆、纪念馆免费开放的通知》，要求全国各级文化文物部门归口管理的公共博物馆、纪念馆，全国爱国主义教育示范基地全部免费开放。截至 2009 年，实行免费开放的博物馆达 1743 所。2011 年年初，财政部、文化部联合发布《关于推进全国美术馆、公共图书馆、文化馆（站）免费开放工作的意见》，要求全国 4600 多所三馆一站免费开放。中央财政按照不同情况给予一定的经费补贴。公共文化机构免费开放扩大了服务人群，被有关部门和学界视为公共文化服务真正走向公共的标志。

（4）五大公共文化服务工程有进展。2007 年发布的中办、国办关于加强公共文化服务体系建设的若干意见确定，通过实施五个重大公共文化服务工程，即广播电视村村通工程、全国文化信息资源共享工程、乡镇综合文化站和基层文化阵地建设工程、农村电影放映工程、农家书屋建设工程，带动公共文化服务体系建设。经过多年实施，五大工程取得了一定的成效。

第一，广播电视由"村村通"向"户户通"延伸。目前，广播电视"村村通"工程已覆盖全部行政村和 20 户以上自然村。"十二五"时期在向"户户通"延伸。第二，建立了六级文化信息资源共享工程服务网络。经过

---

① 文化部：《2016 年文化发展统计公报》，《中国文化报》2017 年 5 月 15 日。

10 年建设，已初步建成国家、省、市、县、乡镇（街道）、村（社区）六级文化信息资源共享工程服务网络。到"十一五"期末，共建成文化信息资源共享工程服务点 83.1 万个。第三，"县有图书馆、文化馆，乡有综合文化站"的目标基本实现。第四，基本实现全国农村一村一月放映一场电影的目标。目前，农村电影数字院线基本覆盖全国 64 万个行政村，基本实现一村一月放映一场电影的公益服务目标。第五，农家书屋覆盖全国行政村。2007 年初，国家新闻出版总署、中央文明办、国家发展改革委、科技部、民政部、财政部、农业部、国家人口计生委等八部委共同发起实施"农家书屋"工程，旨在推进农村公共文化服务体系建设。目前，已建成 64 万个农家书屋，覆盖全国的行政村。

（5）探索公共文化服务创新不断有新成效。各地在探索公共文化服务创新方面做出了许多努力。以图书馆总分馆制为例。苏州市将苏州图书馆在市区创造的总分馆做法，推广到县（市），构建由市区和县（市）两个公共图书馆总分馆体系构成的资源共享、协同采编、统一检索、一卡通用、覆盖城乡的公共图书馆总分馆体系。在公共文化服务的其他领域，改善和创新服务方式也屡见不鲜。如探索公共文化服务的社会化经营。上海市政府通过签订协议的方式，委托上海基督教青年会经营打浦区社区文化活动中心，提高了服务效能。再如，甘肃把市场运作和公共服务结合起来，采取公开招标的方式组建农村电影院线。通过竞标脱颖而出的民营电影企业兰州金利文化娱乐有限责任公司，牵头组建了飞天院线公司。该公司在确保公益放映场次全面落实的同时，积极探索市场运营机制，体现了"企业经营，市场运作，政府购买，农民受惠"的思路。

4. 存在的问题

我国公共文化服务体系建设取得了一定的成效，但问题也不少。主要有以下几个方面的问题：

（1）效能不高。为保障人民群众听广播看电视、读书看报、参加公共文化活动、进行公共文化鉴赏、农民每月免费看一场电影、"四馆一站"实行免费开放，即"5 + 1"为主要内容的公共文化服务体系建设，财政投入很大。这些公共文化服务项目尽管对改善社区、农村公共文化服务状况有明显的效果，但公众参与度低、公共文化设施使用效率不高、公共文化投入与产出不相称等问题也十分突出。

以农家书屋为例。2014年春节前，国家新闻出版广电总局《关于春节期间发挥农家书屋作用 丰富农村文化生活的通知》下发至各地农家书屋建设领导小组办公室，提出"延长农家书屋开放时间""开展丰富多彩的读书活动"等要求，以满足春节期间返乡农民工和放假学生的旺盛文化需求。为了解各地落实《通知》的情况，《光明日报》记者和大学生志愿者组织的调查组，共走访了山西、河北、山东、河南、安徽、湖南、四川、广西、青海等地14个村子，发现并没有出现农民旺盛的文化需求。其中3个村未建立农家书屋，其余11个村的农家书屋不是大门紧闭，就是无人问津。书屋建成，不见读者的情况十分普遍。

2014年2月26日《光明日报》以《农家书屋生存状况堪忧 大多数大门紧闭无人问津》为题，报道了调研的情况：

> 山西襄垣县善福乡上丰村农家书屋的建设很标准。五个书柜里1500余册图书分六类整齐地摆放着，图书是2012年刚刚更新过的，没有污痕和破损。书柜前有四张书桌，墙上整齐地挂着"农家书屋管理员职责""农家书屋管理制度""农家书屋借阅制度"。翻看"借阅登记本"和"读者意见本"发现，2012年至今还没有借书记录和意见内容。上丰村农家书屋并没有规定具体的开放时间，村民读书借书需要提前联系好管理员，约定好时间到书屋借阅。大学生志愿者进入书屋也是委托几个村民打听，找到现任书屋管理员才有机会进去。书屋管理员是现任村干部徐志平，她说："村里的干部也都想确定一个开放时间，但村里根本没有人来看书。要是有人想进书屋，就给我打电话，我来开门。"她还补充说，"你是书屋重新整改后的第一个读者。"

> 与上丰村一样，湖南龙山县里耶镇苗儿村农家书屋也是大门紧闭。大学生志愿者从1月20日开始打听情况，直到1月27日，才找到村支书兼书屋管理员秦良云帮忙进入书屋。秦良云说："书屋一般是周末开放，在其他时间借书，就打电话找我拿钥匙开门。"然而，秦良云说的

与村里文件上规定的"开放时间是周一、周三、周五、周六"不一致。类似的例子不在少数。实际上，农家书屋陷入了进退维谷的难堪境地。

提高效能是公共文化服务面临的突出问题。我国公共文化建设存在着一个矛盾的现象：一方面，公共文化设施短缺问题仍然明显。以图书馆为例，目前我国公共图书馆书籍人均不到 0.5 册，而联合国教科文组织提出的建议性标准是人均 1.5 到 2.5 册。另一方面，我国公共文化设施使用效率不高、闲置现象又十分严重。仍以公共图书馆为例。我国中心城市与美国中心城市公共图书馆数量大致相当。纽约公共图书馆为 214 个，上海为 245个，但服务效能相差甚远。纽约公共图书馆持卡人数占城市总人口的64.7%，上海仅占 4.6%。类似的情况在其他公共文化服务设施中同样存在。①

（2）供需脱节。政府提供的公共文化产品在当地缺少需求。如前所述，农村电影放映工程在多数农村地区特别是交通便利、靠近城市的农村已经没有多大需求。政府有关部门为农家书屋配送的书籍与当地读者需求不对路的情况也比比皆是。乡镇文化站也存在类似的情况。

从各地的调查也可看出，政府提供的公共文化产品与群众的需求有时存在不一致的情况。很多情况下，群众更乐意自行选择文化活动。

2014 年 3 月，重庆市社情民意调查中心对该市农村、社区居民开展了"基本公共文化服务需求调查"。结果表明，在调查的农村居民中，有 80%的居民最喜欢看电视，68.89% 的居民最喜欢送演出到农村，66.67% 的居民最喜欢自行开展文化娱乐活动。在调查的城市社区居民中，有 70.14% 的居民最喜欢看电视，91.94% 的居民最喜欢送演出进社区，有 94.42% 的居民最喜欢自行开展文化娱乐活动。其中，有 79.15% 的居民认为最喜欢的文化场所是广场。②

再以北京为例。2014 年年初，北京市统计局、国家统计局北京调查总

---

① 祁述裕：《公共文化服务提升之路》，《人民日报》2013 年 3 月 15 日。
② 重庆市民意调查中心：《重庆市农村居民基本公共文化服务需求调查》，《上海文化》2014年第 6 期。

队对全市 1228 名 18 周岁以上的常住居民开展了问卷调查。调查结果显示，社区公共文化设施利用率低，经常使用社区内的公共文化设施的人群占社区人群的比例不到 25% 。在社区众多文化活动项目中，健身和球类、歌舞类活动最受居民欢迎。而这些活动均不在基本公共文化服务内容之列。[①]

（3）服务内容和方式单一。从服务内容看，我国公共文化服务的主要任务定位在 "5 + 1"。服务内容确定有助于政府考核，但弊端也很多。最易出现的问题就是内容单一、机械，与各地文化多样性需求不适应。在我参加的公共文化服务部委联席会议上，就听到国家民委的同志多次批评目前的公共文化服务不接地气，与少数民族地区文化传统、生活方式脱节，并认为这是公共文化服务投入大、效率低的主因。

从服务方式看，我国公共文化服务提倡的方式是免费，扩大免费范围也被作为进行公共文化服务体系建设的一个重要思路。免费提供公共文化服务的好处：一是可以满足低收入者对公共文化服务的需求，二是有助于激发低收入者的消费欲望。但其弊端也很明显，其突出问题是将公共文化服务局限在某种特定的方式上，使得其服务方式单一。同时，过于强调免费也不利于调动公众的主动性、积极性。

（4）缺乏统筹。由于分业管理的格局，公共文化设施长期存在多头建设、各自为政的问题。主要表现为两个方面。

一是多头建设。目前我国的公共文化服务体系建设实际上只是宣传文化系统的公共文化服务体系建设。其他部门如工会、共青团、妇联、科协、教育系统等所拥有的众多公共文化设施，因不受宣传文化系统管辖，也就没有纳入公共文化服务体系建设之中，既不享受公共文化服务体系建设资金的支持，也不接受相关的考核监督。这些非宣传文化部门拥有的公共文化设施数量众多，规模很大。据统计，全国文化系统县以上公共图书馆、文化（群艺）馆共 6377 所。而工会系统工人文化宫，共青团系统的青少年宫，妇联系统的妇女儿童活动中心，科协系统的科技馆，教育系统的中小学课外活动基地，共有 6681 所，超过文化系统图书馆、文化馆的数量。在

---

① 龙露等：《北京社区公共文化设施利用率不到 25%》，《北京晚报》2014 年 2 月 10 日。

公共文化设施建设上存在着一个矛盾的现象，一方面，宣传文化系统一直在呼吁要加大硬件设施建设；另一方面，工、青、妇、科、教、残联等系统的公共文化设施只为本部门服务，公共文化服务职能履行不到位，设施闲置情况严重。二是各自为政。宣传文化系统同样存在各自为政、缺乏统筹的问题。比如，在农村，广播电视村村通、文化信息资源共享工程、党员教育网、远程教育网、数字农家书屋等各自为政，未能产生综合效益。

（二）存在问题的原因

我国在构建公共文化服务体系中存在问题的原因是多方面的。如何在市场经济条件下政府提供公共文化产品，以前没有经验，是一个探索。同时，也存在着公共文化服务的内涵如何确定、政府管理体制机制如何适应公共文化服务等多方面的问题。具体来说，主要存在以下几个问题。

1. 对公共文化服务概念和内涵的确定有偏差

目前一些文件往往把公共文化服务体系建设理解为以"5+1"为主要内容。这就把本属于公共文化服务的一些具体项目，视为公共文化服务本身，容易造成概念的混乱。

还有文件将公共文化服务体系作为公益性文化事业的一部分，提出在现在公益性文化事业下，构建公共文化服务体系、发展现代传播体系、建设优秀传统文化体系。实际上，公共文化服务体系就其性质和特点而言，与公益性文化事业是一块硬币的两面。公益性是公共文化服务的特点，公共文化服务体系建设是为实现公益性文化目标而提出的制度设计。发展现代传播体系、建设优秀传统文化传承体系，都是公共文化服务的一部分。将三个不对等的体系并列在一起，容易造成概念上的混乱。

2. 政府包办公共文化服务

流行的看法是既然是公共文化服务，自然由政府来主导，靠国家财政来支撑，以公益性文化单位为主体。如何利用市场机制来提供公共文化服务，如何调动社会资源参与公共文化产品提供，对各级党委和政府来说，意识还不够强，也缺乏这方面的经验。可喜的是，近些年，鼓励社会力量参与公共文化服务越来越受到重视。

3. 政策设计不周密

出现公共文化服务内容和服务方式单一的问题，原因在于政策设计不周密。以免费服务为例。免费服务是我国公共文化服务的基本方式，也是公共文化服务的重要特点，但不能夸大其作用。免费服务项目过多，不仅占用公共资源过多，也不利于公众的自我选择和参与。正因为如此，国外对免费提供公共文化服务都十分慎重。以俄罗斯为例。俄罗斯文化基本法在规定公民免费享用公共文化服务的权利时仅提到"对于未满十八周岁的公民，赋予其每月免费参观一次博物馆的权利。免费参观博物馆的程序由俄罗斯联邦政府和联邦行政机关制定"。

在公共文化服务理念中除了免费，优惠同等重要。如果说免费提供的是无差别式的公共文化服务，而优惠则更有利于提供多样化、差异化的公共文化服务。

基于上述考虑，发达国家通过优惠的做法，把多样化和差异化作为公共文化服务的追求。主要做法如下。

第一，强调更广泛意义上的普惠。发达国家公共文化服务的一个重要理念是穷人也有权享受高雅艺术。基于这个理念，美国的大都会大剧院，其中10%的座位的票价不能超过15美元，这些低价票专门提供给低收入的人群购买，余下的钱由国家来补贴。

第二，自主选择。发达国家注重公共文化服务的自主性。比如，在荷兰，年龄在27岁以下的年轻人，只要花上10欧元就可购买青年文化优惠卡，购买文化产品均可享受一定的优惠。

从上可以看出西方很多国家的公共文化服务的理念与我国有很大差异。

我国公共文化服务政策设计之所以特别强调免费的重要性，主要原因是将服务对象定位在低层次、低收入人群，重在满足他们的基本文化需求。上述政策设计有合理性，但从实施效果看问题也很多。一是服务对象单一，使得基本公共文化服务实际上只针对部分特定人群——主要是老年人、儿童等。作为社会主体的年轻人，特别是城市年轻人，因为对基本公共文化服务内容不感兴趣，而被排除在公共文化服务之外。二是不利于公共文化服务的差异化和个性化。三是不利于公共文化设施的差异化服务。以公共博物馆为例。因为免费提供服务，一些公共博物馆成为人们夏天纳凉的场所，使博物馆失去了其应有的严肃和尊严。

上述政策设计，最突出的问题是假设基本公共文化服务只是低层次的和针对低收入人群的。实际上，低层次与低收入并不是一回事，两者有时一致，有时并不一致。比如，大学生是低收入者，但并不是低层次人群。基本公共文化服务也并不等于就是低层次文化服务，低收入人群也并不意味着只能享受简单的公共服务。他们同样有权享受高层次的文化服务。同时，公共文化服务既然是适应公共需求的服务，而公共需要是多方面、多层次的，这就决定公共文化服务应该根据不同人群的不同需求，提供多样化的服务。

4. 重硬件设施建设，忽视服务

在公共文化服务上，硬件建设有明确要求，但"软件"没有服务标准。公共文化服务建设财政投入不足是相关文件每每提及的话题。就基层来说，确实存在着公共文化服务经费不足问题。但笼统地说我国公共文化服务投入不足容易造成误解。实际上，伴随着中国城镇化进程的文化设施热，包括大剧院建设热、博物馆建设热等，其建设规模和速度已经让世界震惊。据统计，我国每年平均兴建的博物馆超过 100 个。美国博物馆热的高峰时期是 19 世纪 90 年代中期到 20 世纪第一个十年后期。其间美国每年建造的博物馆也不过 20 ~ 40 家。

美国哥伦比亚大学建筑研究院设立了一个研究机构——中国大都市研究室，提出了中国的博物馆化的研究课题。在该课题中，约翰逊教授认为，"中国博物馆建设速度太快，馆长们筹集展品和吸引观众的速度太慢。中国很多新的艺术馆会关门大吉，或者只是间歇性开放一阵子。"这基本反映了中国目前公共文化设施的现状。以西部地区北川县为例。汶川地震以后，北川县政府耗巨资建造了北川县地震博物馆。地震博物馆建成以后，因运营成本高，很快陷入困境。类似的例子并不鲜见。一些地方政府为追求形象工程，竞相投资超过当地实际需求的大剧院。由于缺乏足够的文化服务项目支撑，许多大剧院不仅建设成本高昂，管理成本也很高，成了形象工程。

5. 服务标准"一刀切"

建立现代公共文化服务体系的关键是标准化和均等化,已经被写入了有关文件。

标准化和均等化被认为是建立现代公共文化服务体系的关键词。一种带有普遍性的观点认为,公共文化服务就应该像教育一样,每一个科目都有标准化的要求,未来公共文化服务也应该分解为具体的环节进行标准化和均等化操作。这种说法有一定道理,它可以解决目前公共文化服务的粗放问题。

但必须看到,公共文化服务与教育有较大差异,将教育领域的标准化做法移植到公共文化服务上来,会带来严重问题。比如,公共文化服务包括设施标准化和内容提供的标准化。设施标准化是指公共文化服务的硬件要求,这是可以通过标准化的形式供应的。但公共文化服务内容提供标准化,就会引发很大问题。因为不同区域文化需求有差异,不同民族文化需求有差异,同一区域不同人群、不同年龄文化需求的内容肯定也不尽相同。实际上,目前,公共文化服务存在的问题突出表现在政府内容提供的简单划一。

二 正确认识构建现代公共文化服务体系中的九个基本关系

十八届三中全会通过的《中共中央关于全面深化改革若干重大问题的决定》提出了构建现代公共文化服务体系的战略任务。那么,什么是现代公共文化服务体系?现代公共文化服务体系与传统的公共文化服务有何区别?如何构建现代公共文化服务体系?这些都是在做现代公共文化服务体系战略规划和顶层设计时必须首先要搞清楚的问题。从理论与实践来看,当前,构建现代公共文化服务体系迫切需要正确认识和处理好以下重大关系。

(一)基本与非基本

当前,对公共文化服务的认识有一个重大误区,就是把基本公共文化服务等同于非基本的公共文化服务，或者等同于公共文化服务。比如，关于标准化、均等化，中央强调的是基本公共文化服务的标准化、均等化，而不少人却提公共文化服务标准化、均等化。关于政府主导，有人认为公共文化服务是由政府主导，也有人认为基本公共文化服务才是由政府主导。在全国人大公共文化服务保障法立法中，有不少同志提出要科学界定拟立法的法律文件名称，认为用公共文化服务保障法的表述不合适，主张用基本公共文化服务保障法或公共文化服务促进法的名称。在中央有关部门关于加快构建现代公共文化服务体系意见的起草过程中，也遇到了类似问题。这些都说明，当前对于公共文化服务的概念界定确实存在着基本公共文化服务与非基本公共文化服务的分歧。这个分歧，根源在于二者既有联系更有区别，问题在于有人把它们混为一谈。

基本公共文化服务，主要是指与经济社会文化发展水平和人民群众基本文化需求相适应、大致均等的公共文化服务。比如，现阶段我们界定的基本文化需求主要包括读书看报、听广播看电视、进行公共文化鉴赏、参加公共文化活动等①。当然，随着经济社会发展，现在和今后的基本公共文化服务的范围、内容在这个基础上将会有丰富和拓展。基本公共文化服务主要由政府主导、财政保障，向人民群众免费提供，提倡的是标准化、均等化、便利性。非基本的公共文化服务，主要是指超出经济社会文化发展平均水平，满足人民群众或部分人群超出基本文化需求外的更高层次的公共文化服务。比如，现阶段部分或少数人能享有的观看高档演出、接受高雅艺术培训教育，等等。非基本公共文化服务主要由市场主导、社会参与、政府引导，人民群众优惠享受、有偿享受，提倡的是多样化、差异化、精准化。基本公共文化服务与非基本公共文化服务共同构成公共文化服务。随着经济社会发展特别是国家财力的增强，二者会相互转换，但这将是一个长期的过程。

把基本公共文化服务与非基本公共文化服务混为一谈，甚至把公共文化服务等同于基本公共文化服务，主要是对公共文化服务的内涵和特点认

---

① 李长春：《正确认识处理文化建设中的若干重大关系》，《求是》2010 年第 12 期。

识不足，对社会主义初级阶段的基本国情把握不够，会给构建现代公共文化服务体系带来理论与实践的负面效应，尤其容易导致方向路径和顶层设计上的偏差。

一是容易由此主张公共文化服务全部由政府主导、财政保障，从而脱离基本国情、吊高群众胃口、加重政府负担，在实践中做不到也做不好，并可能招致群众不满。二是容易混淆政府、市场和社会在公共文化服务体系建设中的责任，过分强调政府责任，不利于形成政府、市场与社会共同参与的格局。反之，处理好了基本与非基本公共文化服务的关系，就有利于我们在构建现代公共文化服务体系中做到量力而行、尽力而为，做到实事求是、不脱离国情，尤其有利于正确引导人民群众调整对公共文化服务的期望值，有利于我们合理划分政府、市场、社会责任，充分调动全社会共同参与公共文化服务。因此，应科学界定公共文化服务的概念和范围，清晰、明确地认识基本公共文化服务和非基本公共文化服务的区别与联系，正确认识处理基本和非基本公共文化服务的关系，坚持基本与非基本两条腿走路的原则，在推进基本公共文化服务标准化、均等化的同时，不断提升非基本公共文化服务水平。一方面，在基本公共文化服务上，要明确由政府主导、财政保障，适度行政配置并引入市场机制，保基本、兜底线、管覆盖，推进标准化、均等化，着力满足人民群众基本文化需求；另一方面，在非基本公共文化服务上，要明确由市场配置、社会参与、政府引导，体现多样化、特色化、精准化，着力满足人民群众多样化、多层次的精神文化需求。

（二）共性与差异性

共性与个性，主要是指人民群众文化需求和满足人民群众文化需求的方式上的共性与差异性。一个国家内部的文化需求既有共性也有差异性，尤其是我们这么一个大国，不同地区、不同人群在文化传统、文化需求、消费习惯、消费条件上存在一定的差异，有些甚至还很大。比如说篮球运动在广东、广西地区的农村就很有群众基础，但其他地区就不同。再比如，许多西部地区地广人稀，如果仅按人均指标建设图书馆等公共文化服务设施，这些地区公共文化设施的使用效率比起东部人口稠密的地区明显要差很多。这些情况充分说明了公共文化服务与医疗卫生、国民教育等其他公共服务比起来有很大的特殊性，即共性与差异性的特点比较突出。无论基本公共文化服务还是非基本公共文化服务，在强调共性的同时，也要强调个性化、差异化、特色化。过去我们在公共文化服务建设上对这个特性把握不够，一些重大文化惠民工程建设和产品供给，不顾基层实际和群众需求的差异化，一律实行计划配置、统一供给，结果供给与需求未能有效对接，人民群众有意见，好心没办成好事，被人称为"一刀切、一锅煮""被消费、被服务"。

现代公共文化服务一个突出特点就是既尊重服务对象的普遍性文化消费需求和习惯，也考虑服务对象在文化消费需求、文化消费习惯和消费条件等方面的差异性，在公共文化服务上更加注重供给与需求的有效对接，并保证服务的可获得性、便捷性，让服务对象能更好地享受公共文化服务。为此，就需要在构建现代公共文化服务体系过程中，正确认识和处理好共性与差异性的关系，在体现共性的同时兼顾差异性，在把握差异性的同时彰显共性，切实保障公共文化服务供给与需求有效对接。

正确认识和处理好公共文化服务中的共性与差异性的关系，主要体现在两个方面：一方面，在需求满足上应把握共性与差异性的关系。既要满足共性也要照顾部分群体的需求，更多地向满足部分群体的需求转变。满足共性需求主要是做好基本公共文化服务并推进其标准化、均等化。但这个标准化、均等化主要是指公共文化服务设施建设、管理、服务以及公共文化服务工作机制的标准化和人民群众享受基本公共文化服务量的均等化，不是绝对的标准化、均等化，也不是服务内容的标准化、均等化。同时，在提倡标准化、均等化的前提下，也要重视差异化。满足部分群体的需求主要是做好非基本公共文化服务，为不同区域、不同人群提供分众化、精准化的公共文化服务。在具体工作中，要坚持以需求导向、效能优先为原则，以促进供给与需求有效对接为目标，以提高消费能力、培育消费习惯、引导消费方向、调整消费结构、改善消费条件为重点，通过发放补助补贴、建立需求征求和服务反馈机制、建立公共文化服务目录、提供"公共文化服务包"、实施菜单式订单式服务、改善服务设施条件等方式，让人民群众自由选择并更好地享受文化消费和服务。此外，还要强调公共文化服务两种属性和两个效益，始终把社会效益放在首位，加强对公共文化服务的管理和引导，提升公共文化服务的正能量，满足公共文化服务的共性需求。

另一方面，要在公共文化服务体系建设管理上把握共性与差异性的关系。主要是在建立健全国家基本公共文化服务保障标准、公共文化设施建设管理服务标准、公共文化服务标准化工作机制等的基础上，鼓励各地在不超越国家标准底线和确保公共文化服务质量的前提下，立足实际、因地制宜地建设、管理、使用公共文化服务设施，丰富公共文化服务种类、项目和内容，提高公共文化服务质量和水平。在标准上不来一刀切、在形式上不用一个模子、在内容上不搞"一锅煮"、在管理上不套一个模式。当前，尤其要防止在整合基层宣传文化、党员教育、科学普及、体育建设等设施，建设综合性文化服务中心上搞"一刀切"，防止在推广运用建立法人治理结构、实施总分馆制、开展连锁经营等经验上搞简单化。

（三）管理与治理

十八届三中全会提出了完善和发展中国特色社会主义制度，推进国家治理体系和能力的要求，这既是对国家治理和社会治理提出的新要求，也是对完善中国特色的文化管理制度提出的新要求。这对改革文化管理体制机制、构建现代文化市场体系、加快文化产业发展、构建现代公共文化服务体系等而言，都将是一次重大变革。长期以来，受计划经济模式、文化事业单位体制等影响，我国公共文化服务一直是政府主导和文化事业单位垄断的传统文化事业模式，部门分割、多头管理、机制僵化、竞争缺乏，整个公共文化服务规模偏小、活力不强、效益偏低。近些年来，随着文化体制改革的深化和文化产业发展的加快，这种状况得到了很大的改善，政府与市场、社会共同参与公共文化服务的格局已初步形成，但与构建现代公共文化服务体系、推进文化治理体系和能力现代化的目标要求还有较大差距，主要表现为这个格局还是文化管理的格局，而不是文化治理的格局。现代公共文化服务体系具有开放性和治理性等特点，与传统的公共文化服务的文化管理格局存在鲜明的区别，即公共文化服务在服务对象、产品供给主体和建设管理主体上是向全社会开放的，政府、市场、社会共同参与公共文化服务的供给、服务和管理。从这个意义上讲，构建现代公共文化服务体系与推进文化治理体系和能力现代化是"一个硬币的两面"。构建现代公共文化服务体系，就要贯彻落实十八届三中全会关于全面深化改革、推进国家治理体系和能力现代化的要求，把握现代公共文化服务体系的开放性、治理性等特性，抓住市场、社会力量不断壮大的新机遇，加快推进文化管理向文化治理转变。

但是，治理不是乱治，不是取消和削弱政府管理。公共文化服务作为两个属性、两种效益特性都十分突出的公共服务，加强政府管理十分必要，也十分迫切。必须正确认识和处理好管理与治理的关系，要把二者有机结合起来。一方面，要充分认识构建现代公共文化服务体系的实质就是建立和完善现代公共文化治理体系的过程，妥善处理好政府与市场、社会的关系，鼓励和引导市场和社会力量参与公共文化服务。积极培育和发展文化非营利组织，推进文化志愿者服务，支持群众自办文化，形成政府、市场、社会组织织和人民群众共建、共治、共享公共文化服务的生动局面。另一方面，要充分认识作为公共产品的公共文化服务，既有意识形态属性，也有公共产品属性，须防止市场失灵和社会失灵，确保公共文化服务的意识形态安全和服务质量。在转变政府职能、简政放权和建设服务型政府的前提下，理直气壮地加强和改进政府对公共文化服务管理，把好内容导向关、市场监管关、政策调控关。尤其要在完善内部运行机制和管理制度的基础上，注重发挥企业单位自律、行业组织监管、人民群众与舆论监督等在公共文化服务管理中的作用，建立健全经济和社会两个效益相统一的体制机制，从外部强化对文化单位和企业的引导与管理。

（四）政府与市场

十八届三中全会《决定》提出，经济体制改革核心问题是处理好政府和市场的关系，使市场在资源配置中起决定性作用和更好地发挥政府作用。这对加快文化体制改革，构建现代公共文化服务体系具有很大的启发和指导意义。尽管构建现代公共文化服务体系有着自身的特点和要求，与经济体制改革有很大的不同，不能简单地套用和照搬对经济领域提出的要求，但是如何适应社会主义市场经济体制，处理好政府与市场的关系，更好地发挥市场与政府的作用，同样也是深化文化体制改革、构建现代公共文化服务体系必须解决的重大理论和现实问题。构建现代公共文化服务体系同样既要更加尊重和运用市场规律，又要更好地发挥政府的作用。从非基本的公共文化服务来看，这类公共文化服务不属于基本公共服务范畴，除特殊产品和服务外，理应由市场主导和社会参与、政府引导，完全可以最大限度地使市场在配置文化资源、调节文化服务供给中起决定性作用。从基本公共文化服务来看，这类公共文化服务属于基本公共服务范畴，应由政府主导、财政保障，但其实现方式可以多种多样，可以在使政府更好地发挥兜底线、保基本、管覆盖的作用的同时，引入市场和社会力量，运用市场机制和方式手段来实现基本公共文化服务的创作生产和供给，从而使市场在配置文化资源、调节文化服务供给中发挥积极作用，实现基本公共文化服务效益效能最大化。同时，无论是基本公共文化服务，还是非基本公共文化服务，政府都要发挥好宏观调控、公共管理、市场监管等方面的作用，从而充分预防和弥补公共文化服务上的市场失灵、社会失灵。

在构建现代公共文化服务体系中处理好政府与市场的关系，关键是把握公共文化服务作为一种特殊公共产品的属性，妥善处理好行政配置与市场配置资源的关系，发挥市场配置资源的积极作用与更好地发挥政府的作用。一方面，要发挥市场在配置文化资源、满足文化需求、调节文化服务中的特殊作用。不管是基本的还是非基本的公共文化服务，除特殊产品和服务外，在实现方式手段上都要大力引入市场机制和竞争机制。在基本公共文化服务领域中，在确保政府主导、财政保障的前提下，采取政府购买服务、定向补助、委托经营、服务外包以及兴办实体、捐资捐物、资助项目、赞助活动、提供设备等形式，引入市场力量参与基本公共文化服务的生产、供给以及公共文化服务设施的建设、管理、运营。有条件的地方可探索开展公共文化设施社会化运营试点。在非基本的公共文化服务中，除特殊领域和行业外，一律要向市场全部开放，让市场力量进入公共文化的各个领域。

另一方面，无论是基本公共文化服务还是非基本公共文化服务，都要更好地发挥政府在宏观调控、市场监管、质量监控、社会管理、公共服务等方面的职能和作用，实现由办文化向管文化转变。基本公共文化服务领域，政府主要是履行主导责任，做好发展规划，落实财政投入，建好服务体系，确保基本公共文化服务效能效果；在非基本公共文化服务领域，政府主要是简政放权，建立权力清单，划定非基本公共文化服务开放目录，培育公共文化服务主体，引导和鼓励市场进入公共文化服务各领域。在做好服务的同时，要依据建设社会主义先进文化、确保意识形态安全和文化安全的要求，牢固树立以人民为中心的工作导向，强化对公共文化服务的导向管理、市场监管和质量监控。

（五）中央与地方

公共文化服务作为一种特殊的公共服务，不同于国防等公共服务，各级政府特别是地方政府承担着重要的职能，需要合理划分中央与地方的责权，确保事权与财权一致。从国外来看，无论是市场放任型的美国，还是中央相对集权的法国，在公共文化服务体系建设上，都重视在事权与财权一致的前提下，合理划分中央与地方的责权，并以地方为主。从我国来讲，长期以来的中央集权传统和政治、经济、财税等方面强中央、弱地方的体制安排，加之地方财力相对较弱，在公共文化服务上普遍存在着地方事权与财权不匹配、地方发展公共文化服务积极性不高的问题。比如说，公共文化服务责任主要在地方，但许多地方仍是"吃饭财政"，公共文化服务投入难以配套到位，有的甚至搞假配套，导致该建的设施有的不达标或者没建成，有的即使建成了，也因为缺编制、缺人员和缺经费，没有管或管不好。近些年来，我们在公共文化服务设施建设上出现"建一批、死一批"的现象，一个重大原因就在于地方政府在公共文化服务体系建设上，主体责任得不到落实，事权与财权严重不匹配。这说明，如果地方政府的主体责任无法落实，财政投入无法保障，公共文化服务体系建设的质量和效能将大打折扣。因此，构建现代公共文化服务体系，就要正确处理好中央与地方的关系，合理区分二者的事权与财权，确保责权一致，把二者积极性调动起来。

具体而言，一是要尽快制定国家基本公共文化服务保障标准。从全国来看，2012 年国务院下发的《国家基本公共服务体系"十二五"规划》，虽已对政府保障标准做出了明确规定，但是在公共文化服务领域只列入"公共文化场馆开放"和"公益性流动文化服务"两项标准，对地方政府的责任，提供的基本公共文化服务项目、内容、财政保障等缺乏系统的规定。要根据国家经济社会发展水平和供给能力，按照事权与财权统一、责权一致的原则，明确国家基本公共文化服务的内容、种类、数量和水平，以及应具备的公共文化服务基本条件和各级政府的保障支出责任。二是加大财政转移支付力度，增强地方政府公共文化服务能力。考虑到我国目前地方财力较为薄弱，要加快建立贫困地区公共文化财政保障机制，在重大文化惠民项目上，降低贫困地区财政项目配套比例，对特别困难地区取消配套资金，由中央和省级财政予以全额补助。对涉及跨行政区域、地方单独无法完成的公共文化服务项目或工程，如公共文化服务数字化网络建设，明确主要由中央负责。东部发达地区的公共文化服务完全由当地解决。三是配合深化财税体制改革和简政放权，建立稳定的地方公共文化服务保障机制，增强地方发展公共文化服务的能力。四是完善激励保障措施，鼓励市场主体、社会力量、社会资本参与公共文化服务。五是健全政府责任与绩效考核机制。以基本公共文化服务保障标准为基础，以效能为导向，制定政府公共文化服务考核指标和考核办法，将公共文化服务体系建设纳入科学发展考核体系和领导干部政绩考核指标体系，并提高权重，确保"有标可达，有绩可考""有责可究，有责必究"。

（六）事业与产业

构建现代公共文化服务体系，既要发展文化事业也要发展文化产业，用事业与产业双轮驱动来发展公共文化服务。有观点认为，公共文化服务属于文化事业，应该完全由政府主导。其实，公共文化服务是文化事业没错，但提供公共文化服务的手段、方式可以多种多样，可以通过政府有形之手、市场无形之手和社会自治之手共同来做。尤其是对非基本的公共文化服务，完全可以由市场主体依据优惠有偿服务的原则去生产和提供。应该认识到，产业部门和市场主体未必就不能提供好的公共文化服务。比如，很多民营的体育场（馆）、博物馆、书店以及百度、搜狐、酷狗、爱奇艺、喜马拉雅等网络媒体就给社会提供了体育健身、艺术鉴赏、阅读、音视频及信息服务等公共文化服务，总体看效果都很好。此外，从国际经验看，公共文化服务单位没有纯粹的事业与产业划分。文化事业单位也可借鉴产业部门建立内部竞争机制和管理运行机制，开展市场经营，增强造血能力。以博物馆为例，台北"故宫博物院"注重挖掘馆藏文物价值，开发文化创意产品，单是 2013 年就收入了 9 亿新台币，门票收入也直逼 10 亿元新台币①。在我国公共文化服务体系建设上，无论产业还是事业，无论政府还是市场和社会，政府应当把精力放在调动一切积极因素来确保公共文化服务特别是基本公共文化服务的有效提供上。

正确认识和处理好文化事业与文化产业的关系，一是要大力发展文化产业。把发展文化产业，促进文化产业与公共文化服务需求有效对接，作为构建现代公共文化服务体系的重要内容来抓。采取政府购买服务、发放文化消费补贴（消费券）等方式，引导和鼓励市场主体开发和提供与公共文化服务需求相适应的产品和服务。二是鼓励借鉴无锡市新区引入专业公司运营图书馆的做法，采取服务外包、委托经营等方式，引导和鼓励市场主体和社会力量参与公共文化服务设施运营和管理。三是建立健全"文化造血"机制，鼓励符合条件的文化事业单位发展文化产业、开展市场经营，提高公共服务能力和质量。改革文化事业单位"收支两条线"的财政管理制度，支持公共博物馆、文化馆、图书馆、体育馆等文化事业单位，在搞好基本公共文化服务的前提下，依托特色文化服务资源，适度开展产业经营，提升公共文化服务的能力。

（七）网点与网络

构建现代公共文化服务体系需要建立上下打通、左右互联、内外共享

---

① 曹玲娟、姚雪清：《文物衍生品，如何延伸价值》，《人民日报》2014 年 7 月 14 日。

的网络，实现公共文化服务的全覆盖、全响应。应建设完善图书馆等一大批实体性的公共文化服务设施网点，又要打破区域、所有制、部门行业束缚，对一个区域内的所有公共文化服务设施实施整体规划、资源整合和统筹利用，并面向公众统一开放使用。同时，要善于利用互联网等高新科技，建设公共文化服务数字化网络体系，构建实体与网络结合的服务体系，实现公共文化服务数字化、移动化、智能化。此外，还要以固定的网点为阵地，以流动服务或移动服务为途径，把公共文化服务优势资源向农村、边远地区等延伸。从这个意义说，我们要构建的现代公共文化服务体系是一个网络，它既是有形的，也是无形的；既是固定的，也是移动的；既是稳定的，也是动态的。过去，我们在建设公共文化服务体系时，更多的是重视点的建设，即重视的是单个的实体性文化馆、文化站等公共文化服务设施，忽视了将各个点的整合成网，忽视了固定服务与流动服务的结合，导致各自为政，资源未能最大化利用，整体效益不佳。相反，一些地方采取流动配送、连锁经营、总分馆制、联盟制等措施，鼓励公共文化服务机构和场所开展网络化服务、流动服务，有效整合了文化服务资源，提升了公共文化服务效益。因此，在构建现代公共文化服务体系建设中，要高度重视并正确处理网点与网络的关系，坚持网点与网络、固定与流动、实体与虚拟相结合，既要建好网点，更要织好网络，以固定设施为点、流动服务为线、数字化服务为拓展，构建成一个整体联动、资源统筹、整合利用的公共文化服务设施网络，确保公共文化服务这张网织得牢、盖得住、用得活。

为此，一方面要加快实体性公共文化服务网络建设。一是要着眼于完善公共文化服务网络，加快公共文化服务基础设施和场馆（所）建设。尤其要以实现公共文化服务资源整合和效益最大化为目标，做好城乡一体化公共文化服务建设规划，统筹布局和建设各类公共文化服务设施项目，实现城乡基层公共文化服务的互联互通、一体运行。二是要打破区域、部门、行业、所有制等限制，采取院线制、联盟制、连锁经营等模式，推进各类公共文化服务资源统筹利用、协同发展。逐步将文化馆（站）、博物馆、公共图书馆、美术馆、科技馆、青少年宫、体育场馆、工人文化宫（俱乐部)、妇女儿童活动中心、老年人大学等各类公共文化设施纳入公共文化服务网络体系。三是要适应人口流动加速、资源配置失衡的情况,以固定设施为支撑,采取总分馆制、集中配送、"送戏下乡"等形式,加快发展面向基层的公共文化流动服务。

另一方面大力运用互联网、物联网、大数据、云计算等现代科技,加快公共数字文化服务体系建设,提升公共文化服务的网络化、数字化、智能化、移动化水平。一是加快实体设施、设备、场所的数字化、网络化、智能化改造,提升其数字化服务能力、环境和条件。二是要加快公共文化服务内容资源数字化转换,推进公共数字文化资源建设。三是要建设互联网和实体公共文化服务兼容互通的综合性公共文化服务数字平台,为公众提供线上线下的公共文化服务。四是建设公共数字文化移动服务集成平台,开发多样化的公共文化移动服务项目、智能手机客户端,让公共文化服务伴随着智能移动终端真正实现泛在服务、随身享用①。

(八) 建设与管理

进入 21 世纪,我国公共文化服务体系建设加快,初步建立了以县级三馆、乡镇文化站、行政村(社区)文化活动室为主体,以广播电视村村通、农家书屋等重大文化惠民项目为支撑的覆盖城乡的公共文化服务基础设施网络,这为构建现代公共文化服务体系打下了坚实的物质基础,但也暴露出了不少问题。一个是从建设上看,很多设施布局不够合理,功能不够完善。现在主要是按县、乡、村等行政层级而不是按照服务人口规模、服务半径规划布局公共文化服务设施,各类公共文化服务设施功能比较单一,横向之间缺乏资源整合和统筹利用。另外一个是重建设、轻管理使用的情况比较普遍。许多文化馆、文化站等设施场所(馆)都是大楼盖起来了,但没多少人使用,甚至还转行经营其他项目。一些地方热衷盖高档大剧院、体育馆,把它们作为地方标志性建筑和政绩工程,而对这些场馆设施是否与公共文化需求有效对接,是否能够管理好、运营好等重大问题,研究不

---

① 张永新:《构建现代公共文化服务体系的重点任务》,《行政管理改革》2014 年第 4 期。

够、解决不力。这些情况说明，在构建现代公共文化服务体系中，要正确处理好建设与管理的关系，坚持建管并重，确保各类基础设施发挥好作用。

第一，科学规划、合理布局各类公共文化服务设施。一是对现有的存量公共文化服务设施，要以方便人民群众享受公共文化服务为前提，做好统筹整合利用，并结合公共文化服务需求做好内部改造升级，提升服务能力。整合基层宣传文化、党员教育、科学普及、体育建设等设施，建设综合性文化服务中心。二是对增量的公共文化服务设施，要规划先行，审慎做好建设规划论证。要充分考虑服务人口规模、服务半径等因素，按照确保公共文化服务与服务对象的需求有效对接、便于服务对象享受公共文化服务的原则，合理规划、布局和建设各类公共文化服务设施。大力推进公共文化服务设施向自然村、微社区延伸拓展，提高公共文化服务的覆盖率和可获得性、便捷性。

第二，在加强建设的基础上，坚持建设与管理并重，更加注重软件升级和管理升级，切实提高现有存量设施和增量设施的使用效益。一是更加注重对各类公共文化服务设施的内部管理、运营使用的监督指导。督促各类公共文化服务单位特别是国有文化事业单位建立健全法人治理结构，加强和改进内部管理，提升服务能力和质量。二是健全公共文化设施管理和服务标准，提升公共文化设施建设、管理和服务的标准化水平。规范公共图书馆、文化馆站、博物馆、美术馆、科技馆等各类公共文化机构的公共文化服务项目和服务流程。三是加强对整个公共文化服务的需求征集，创造生产，产品供给，服务提供，质量监控、评估、反馈、考核等的管理，提高公共文化服务的质量和效能。尤其要加强对产品创作、生产和供给的引导、监管、绩效评估，丰富公共文化服务产品供给，确保公共文化服务坚持正确导向。四是以公共文化服务设施为依托，支持群众自办文化和积极开展群众文化活动，提升公共文化服务设施效益。

（九）发展与改革

全面深化改革，加快体制机制创新，确保公共文化服务这块蛋糕做大、做优、分好，提升公共文化服务质量，实现文化公平正义，既是十八届三中全会提出的基本要求，也是构建现代公共文化服务体系的内在要求。当前，有不少人把构建现代公共文化服务体系理解成一个只要投入、给钱就行的发展过程。这是对现代公共文化服务体系建设的误解。现代公共文化服务体系不仅是一个加大投入、做大蛋糕的过程，更是一个克服传统公共文化服务体制机制弊端，加快构建与社会主义市场经济体制相适应、与深化文化体制改革相匹配的现代公共文化服务体制机制的过程。

近年来，公共文化服务体系的发展力度和建设规模不可谓不大，基本建成了六级公共文化服务设施。尽管这些设施项目建起来了，但在使用、管理和运营上，普遍还是习惯于沿袭传统体制机制，习惯于财政养机构、养人员，导致一些设施项目的使用、运营不尽如人意。这些情况说明，发展并不必然解决深层次问题，没有改革的发展是低效的发展。构建现代公共文化服务的体系，需要处理好发展与改革的关系，在做大规模的同时，更要重视按照中央全面深化改革和深化文化体制改革的要求，加快体制机制改革创新步伐，建立健全与现代公共文化服务相配套的体制机制，确保现代公共文化质的提升。

第一，加快发展。主要是进一步完善保障机制、加大财政和社会投入，引导全社会参与建设，进一步把公共文化服务这块蛋糕做大做优。一是在完善现有六级公共文化服务设施网络的基础上，建立健全延伸到次行政村、次社区的公共文化服务设施网络，促进基本公共文化服务全覆盖。二是促进区域基本公共文化均衡发展。加快贫困地区的公共文化服务的转移支付和建设帮扶力度，确保贫困地区公共文化服务基础设施接近或达到全国平均水平。对公共文化服务建设的"中部洼地"现象要高度重视、适度倾斜。结合公共文化服务示范区创建，鼓励东部地区和有条件的其他地区在公共文化服务体系上先行一步、率先发展。三是坚持普惠与特惠相结合，加大公共文化资源倾斜力度，保障老年人、未成年人、残疾人、农民工、生活困难群众等特殊人群的基本公共文化权益。

第二，深化改革。主要是针对存在的体制机制上的弊端，调整体制、完善机制、激发活力，确保蛋糕做大、做优、分好，实现公平正义和质的提升。一是加快转变政府职能、简政放权，改革政府文化管理方式，探索公共文化事业管办分离的有效实现形式。二是加快完善文化管理体制机制，积极推进文化治理。改政府一家管理的模式为政府、市场、社会和群众共建、共治、共享的新型公共文化治理机制。推动各地建立公共文化服务体系建设协调机制，完善党委领导、政府管理、部门协同、权责明确、统筹推进的建设管理制度。有条件的地方应成立大文化委，统筹当地公共文化服务体系建设管理。三是加快完善公共文化生产经营管理机制。深化公益性文化单位内部改革，明确不同文化事业单位的功能定位，建立法人治理结构，完善决策监督机制和以效能为导向的绩效评估考核机制。推动公共图书馆、博物馆、文化馆、科技馆等组建理事会，吸纳有关方面代表、专业人士、各界群众参与管理。引入竞争机制，推动公共文化服务社会化发展。四是推广基层文化居委会经验，完善公共文化服务需求表达机制，推动基层文化自治。

构建现代公共文化服务体系，是党中央在新的历史起点上提出的一项重大战略任务，是一项功在当代、利在千秋的文化工程、民心工程。我们要全面贯彻十八届三中全会精神和习近平总书记系列重要讲话精神，准确把握现代公共文化服务体系的内涵、特点和规律，正确认识和处理好传统与现代、基本与非基本等若干重大关系，进一步解放思想、改革创新，加强战略研究和顶层设计，更加积极稳妥、科学理性地推进现代公共文化服务体系建设，确保这个体系符合国情、实用高效、人民满意、富有特色。

第七章　创新文化生产经营机制，激发国有文化企业活力

本章认为，创新文化生产经营机制，激发国有文化企业活力需要做到三点：打破地域藩篱、行业界限，整合国有文化资源；在打破行业垄断，鼓励公平竞争的前提下，鼓励国有文化企业做大做强，同时也鼓励民营文化企业做大做强；对国有文化单位功能的划分，应从公益性文化事业与经营性文化产业二分法，转向营利组织与非营利组织二分法。

文化企业是文化市场的主体，是推动文化繁荣兴盛的决定性力量。激发全民族创新创造活力，关键是激发文化企业的创新创造活力。国有文化企业是推动我国文化发展的中坚。因此，搞活国有文化单位是创新文化管理体制的重要任务。

一　改革开放 40 年来，国有文化单位经历了四次改革

2017 年年底，中央电视台、中央人民广播电台、国际广播电台启动了合并的步伐。在一些城市，市级电视台、广播电台、报刊社合并也在紧锣密鼓地进行。

实际上，新一轮国有文化单位改革的信息在 2017 年年中发布的《国家"十三五"时期文化改革发展规划纲要》（以下简称《规划纲要》）已经透露出来。《规划纲要》提出，要"发展骨干文化企业，推动产业关联度高、业务相近的国有文化企业联合重组，推动跨所有制并购重组""加速培育一

批主业突出、核心竞争力强、市场占有率高的综合性文化企业集团，力争若干家进入世界同行业前列"。《规划纲要》还提出，"以党报党刊所属非时政类报刊、实力雄厚的行业报刊为龙头整合报刊资源，对长期经营困难的新闻出版单位实行关停并转"。

如果把此次视为新一轮国有文化单位体制机制改革的话，改革开放 40 年来，国有文化单位已经经历了四轮较大改革。

第一轮改革是 20 世纪 80～90 年代初，主要特点是放宽对传统媒体的数量限制。"文革"时期，媒体主要承担意识形态功能，数量受到严格限制。改革开放以后，随着文化市场的兴起，承担非意识形态功能的媒体，如都市报、晚报、娱乐性刊物、知识性刊物等出现了爆发式增长。以纸质媒体为例，改革开放初期，全国报纸杂志只有数百种；到 20 世纪 90 年代初，报纸刊物达到了 1.2 万多种。

第二轮改革是 20 世纪 90 年代～21 世纪初，主要是推动传统媒体集团化。媒体数量大幅度增加带来了传统媒体的繁荣，但也出现了新的问题：一是媒体数量增加的同时，也增加了管理难度，特别是意识形态管控的难度；二是国有文化单位小、散、差的问题突出，国际竞争力弱。为解决上述问题，20 世纪 90 年代中期，以国有文化单位做大做强为目标，管理层着力推动传统媒体合并，走集团化的路子。广州报业集团和无锡广电集团是最早一批实行媒体集团化改革的单位，取得了一定的成效。

广州报业集团的成功，使得传统媒体集团化成为国有文化单位改革的不二途径。在一些媒体集团化改革取得成效的鼓舞下，2001 年，广电系统成立了号称中国媒体航母的中国广播影视集团。该集团把中央电视台、中央人民广播电台、国际广播电台、中国电影集团等六家国字号的广电媒体整合在一起，旨在打造国际媒体航母。有关部门对中国广播影视集团成立寄予厚望。成立大会开得轰轰烈烈，国际国内关注度都很高。虽然中国广播影视集团挂了牌，但没有真正运营过，六家单位还是各自独立经营，跟集团成立之前没有任何区别。一段时间以后，曾挂在国家广电总局门前的"中国广播影视集团"的牌子被悄无声息地撤下，集团也被撤销。究其原因，这六家机构本身就是事业单位，不是企业。按照企业运行规则把这六家事业单位捏合在一起，按照企业化运营是不可能的。

第三轮改革是 2003~2013 年。世纪之交，我国加入世贸组织后进一步放宽市场准入，允许更多的国外文化企业和文化产品进入中国，国内文化市场竞争加剧。这要求国有文化单位要提高竞争力。而中国广播影视集团成立的失败，给管理层一个启示，就是国有文化单位要提高竞争力，要做大做强，首先要由事业单位改制成企业。改制成企业意味着要参与文化市场竞争，自负盈亏，优胜劣汰。但并不是所有的国有文化单位都要改制成企业，有些国有文化单位承担着意识形态服务的功能，如《人民日报》、新华社等；有些国有文化单位承担着提供公共文化服务的功能，如博物馆、图书馆等，它们就不需要改。

于是，管理层从国有文化单位的功能切入，从 2003 年开始，启动了被称为"两分法"的分类改革。这次改革的基本特点是按照国有文化单位承担的功能，将其划分为两类：一类是承担公益性（主流意识形态宣传和提供公共文化服务）功能的单位，一类是承担经营性（为市场提供文化产品和服务）功能的单位。前者由国家财政提供运营费用，后者要通过参与市场竞争，自负盈亏，优胜劣汰。此次分类改革被划分为公益性单位数量很少，绝大多数被列为经营性文化企业。以出版社为例，2003 年启动改革时全国出版社共有 581 家，从国家层面看，被列为公益性出版社的只有 4 家，分别是人民出版社、民族出版社、藏文出版社和盲文出版社，其他都要改制为文化企业。按照此次改革的政策，即使是承担公益性功能的国有文化事业单位，也只是将承担公益性职能的部门列为公益性文化事业机构，企业部门也要转制为企业。以人民日报社为例，除了编辑部门因承担服务主流意识形态功能仍然保留公益性事业单位职能外，其他部门，如广告、印刷、下属出版社、杂志社等都要转制为企业，优胜劣汰。按照当时的政策设计，中央电视台也如此。中央电视台除了新闻频道保留事业单位外，其他频道，如电视剧频道、体育频道、经济频道等，都要通过制播分离剥离出去。中央、国务院各部委的行业报刊、出版社等，都要由事业单位转制为企业，参与市场竞争，优胜劣汰。全国数千家演艺机构，除了少数可保留为事业单位外，绝大多数都要转制为企业。

这次改革本意很好，力度很大。但在改革过程中遇到的问题越来越多，阻力越来越大，以至于后来随着新一届中央领导集体的换届而中止。阻力来自三个方面：其一，政策设计有重大漏洞。国有文化单位千差万别，仅仅用公益性和经营性来分类过于粗疏。而且在公益性文化单位中过于强调意识形态功能，忽视了其他公益性服务的价值，如服务于政府工作（如行业报）、历史文化传承（地方戏曲）等；其二，绝大多数国有文化单位缺乏在市场生存的能力；其三，合并同类项式的文化企业集团效果不佳，无法实现做大做强的目标。

第四轮改革是 2017 年，主要特点是融合和合并。

一是推动传统媒体和新媒体融合。国有媒体机构集中在传统媒体领域，在 20 世纪 80、90 年代占据着绝对的话语权，而互联网的兴起颠覆了媒体格局，年轻一代将网络媒体作为获取信息的主渠道。习近平同志 2013 年在全国宣传思想工作会议上的讲话指出："互联网已经成为舆论斗争的主战场。很多人特别是年轻人基本不看主流媒体，大部分信息都从网上获取。"传统媒体逐步从主流走向边缘，影响力急剧下降，舆论引导力减弱。为改变上述局面，2014 年 8 月，中央全面深化改革领导小组第四次会议审议通过了《关于推动传统媒体和新兴媒体融合发展的指导意见》，强调传统媒体与网络媒体相融合，打造有竞争力的新型主流媒体，形成立体多样、融合发展的现代传播体系。

二是跨行业融合。与第三轮改革合并同类项式的集团化改革不同，第四轮改革注重跨媒体、跨行业合并重组，如一些城市正在推动的电台、电视台、报纸的合并，此举打破了行业界限，具有积极意义。

此外，值得一提的是，为适应国家经济发展的要求，此次国有文化单位改革还提到了鼓励混合经营，一些国有文化单位也有实践，但此项改革目前尚处于探索阶段。

二　推动传统媒体和新媒体融合是一场意义重大的改革

2014 年 8 月 18 日，中央全面深化改革领导小组第四次会议审议通过了

《关于推动传统媒体和新兴媒体融合发展的指导意见》（下称《意见》），明确要求在新形势下，着力打造一批形态多样、手段先进、具有竞争力的新型主流媒体，建成几家拥有强大实力和传播力、公信力、影响力的新型媒体集团，形成立体多样、融合发展的现代传播体系。《意见》出台后，后受到普遍关注。笔者认为，从某种意义上说，推动传统媒体和新媒体融合是一场意义重大的改革。要全面把握《意见》精神，落实好《意见》，应把握以下三点。

（一）推动传统媒体和新媒体融合是 20 世纪初文化体制改革的延续

从《意见》出台的背景看，中央出台关于推动传统媒体和新兴媒体融合发展的指导意见，实际上是要解决 20 世纪初文化体制改革尚未解决的问题。2003 ~ 2012 年，中央启动了为期十年的文化体制改革。这次改革将国有文化单位划分为公益性文化事业单位和经营性文化企业两类，希望通过转企改制、兼并重组等方式，将经营性文化企业推向市场，做大做强。通过此次改革，一些地方出版集团、报业集团实力明显增强，但中央媒体，特别是和传统主流媒体，距离做大做强的目标尚有很大距离。究其原因，起初是希望通过将经营性部分与公益性部分进行剥离，既能保持作为喉舌的公益性的功能，又能实现做大做强的目标。但由于在改革过程中遇到各种困难和阻力，最后主流媒体的改革浅尝辄止，做大做强的目标难以实现。

在新科技革命浪潮的冲击下，新闻信息从产品的内容结构到传播终端的形态功能都发生了革命性变化。互联网自进入中国到 2018 年已满 20 年，伴随着互联网成长起来的受众，从阅读心理到习惯，也对媒体提出了新要求。截至 2012 年 6 月底，手机首次超越台式电脑，成为第一大上网终端。年轻一代将新媒体作为获取信息的主要渠道。习近平总书记在 2013 年 "8·19" 讲话中指出："互联网已经成为舆论斗争的主战场。很多人特别是年轻人基本不看主流媒体，大部分信息都从网上获取。"传统媒体逐步从主流走向边缘，影响力逐渐下降，舆论引导能力越来越弱，出现了主流媒体难以真正掌控主流舆论困局。中央提出打造新型主流媒体既是接受时代挑战的主动出击，也是在困局之下的改革再出发。

从某种意义上说，中央出台关于推动传统媒体和新兴媒体融合发展的指导意见，也可看作上一个十年那场文化体制改革的延续。希望借助于新媒体这一新的平台来实现在2003年到2012年间没有实现的目标——建成几家拥有强大实力和传播力、公信力、影响力的新型媒体集团，做大做强国有主流媒体企业。两次改革所不同的只是抓手。2003～2012年文化体制改革的抓手是两分法，此次改革的抓手则是推动传统媒体和新兴媒体的融合。

应该认识到，能够正确表达国家话语、传播好社会主义核心价值观、有广泛受众、有足够影响力的媒体都有机会成为"新型主流媒体"，因此"新型主流媒体"既可以来自传统媒体，也不排除新兴媒体，且后者在冲破自身体制障碍等方面较前者还具有更大的优越性。当然传统媒体在当下仍具有政策层面和内容资源上的优势。同时，新型主流媒体还要具有维持其不断发展的经济基础，即自身要具备相当的盈利能力，才能真正做大做强。靠中央财政拨款为济，说明其没有被市场受众所认可，必将被时代淘汰，不可能成为"新型主流媒体"。

（二）建设有竞争力的新型主流媒体，需要传播方式创新、传播理念创新与管理体制机制创新

在互联网、移动互联网唱主角的时代，传统媒体只有与新兴媒体相融合，才有可能改变目前边缘化的境遇，也才有可能实现打造有竞争力的新型主流媒体的目标。这是毋庸置疑的。同时，从历史经验看，一家企业、一种业态要想获得涅槃式新生，往往要借助于新的技术进步。这样的例子也是不胜枚举。尽管如此，我们还是应该看到，传统媒体与新兴媒体相融合，远不像想象得那么简单。占领信息传播制高点，不仅是通过设立若干重点项目，引进一些先进技术就能做到的。改革开放以来，文化领域一厢情愿，希望通过几个短平快项目大干快上，其结果事与愿违的屡见不鲜。前几年，为实现构建现代传播体系，提高国际传播能力的目标，国家投入巨资创办外语报刊、开通外语频道、设立海外分支机构或记者站点等，从

现在看，效果并不理想。究其原因，国际传播能力的提升靠的是综合因素，是合力的结果，远不是设立几个项目就能解决的。

媒体的融合，首先是人的融合。此次改革与以往的改革从增量做起大为不同，实现一体化发展不是"老人老办法，新人新办法"，而是一场存量改革，是一系列涉及体制机制、利益调整等深层次问题的变革。

从表面看，传统媒体和新兴媒体融合是传播手段、传播方式的融合，涉及技术升级、平台拓展、内容创新等，但其背后是组织结构、传播体系、管理体制的调整和完善。固然，促进传统媒体与新兴媒体相融合有助于深化组织结构、传播体系、管理体制机制改革；反过来，媒体管理理念、媒体管理体制机制调整的程度，决定着传统媒体与新兴媒体相融合的深度和广度。

现在，突出的问题，不是传统主流媒体不想改变现状，也不是传统主流媒体看不到传统媒体与新兴媒体相融合的必要性、紧迫性。而是如中宣部原部长刘奇葆所说我们的"媒体组织结构、传播体系、管理体制不适应融合发展的要求，束缚了新闻生产力的发展"，限制了传统媒体与新兴媒体相融合。因此，只有推动媒体组织结构、传播体系、管理体制同步改革，才有可能防止传统媒体与新兴媒体在融合过程中成为另一场"烧钱"的变革。

（三）从国家治理体系和治理能力现代化的高度，推动传统媒体和新兴媒体融合发展

推动传统媒体和新兴媒体融合发展，是传统媒体，特别是传统主流媒体的一场新的改革。这场改革要达到预期目标，就要遵循党的十八届三中全会提出的国家治理体系和治理能力现代化的要求来做，重点应做到以下三点：

第一，系统决策。决策的系统性是治理现代化的基本元素。所谓决策系统性是指要通盘考虑决策对象的背景、情况。与前些年相比，当代媒体生态已经发生了翻天覆地的变化。新兴媒体的崛起，使得媒体生态已经不是传统媒体、国有媒体一统天下了；媒体的功能也不仅仅是喉舌、传播新

闻信息了，媒体传播科学文化的功能、娱乐功能和其他功能具有同等重要性。

因此，当出台文件推动传统主流媒体与新兴媒体融合时，应尽快同步考虑如何为其他类型的传统媒体（如行业报、学术类报刊等）、为新兴媒体的发展创造条件。这些传统媒体、新兴媒体同样是推动文化繁荣发展的重要平台。不同类型的媒体作为市场主体具有同等重要性，不能在政策上厚此薄彼，以免造成新的不平等。支持传统主流媒体其目的也是要通过促进其向新型媒体转型，在保舆论导向的同时，提高其市场竞争能力，与其他市场主体同台竞争，而不是搞特殊化、制造新的不平等。如果是这样，就不符合建立和完善社会主义市场经济体制的要求。

第二，共治。共治是治理体系和治理能力现代化的核心内容之一。就媒体领域来说，所谓共治，就是要形成各类媒体（作为喉舌的主流媒体、承担传播学术的报纸杂志、指导行业发展的行业报、大众娱乐类报纸杂志、网络企业等）、各种所有制媒体（国有媒体单位、互联网公司、移动互联网公众公司）在研究、制定政策上都有同等的话语权。媒体政策乃至文化政策制定也要吸收不同媒体市场主体的意见。也就是说，从媒体政策制定到媒体政策落实，不同类型媒体都有参与讨论、参与监督、共同决策的权利。

同时也应看到，这种共治的平等是发展机遇、参与机遇上的平等。按照习近平同志"着力打造一批形态多样、手段先进、具有竞争力的新型主流媒体，建成几家拥有强大实力和传播力、公信力、影响力的新型媒体集团，形成立体多样、融合发展的现代传播体系"的要求，在媒体竞争如此白热化的今天，真正能够成为那"几家拥有强大实力和传播力、公信力、影响力的新型媒体集团"的毕竟是少数。改革就会打破既有利益格局，那些没有跟上时代步伐的传统媒体将在这一轮改革中被淘汰出局。而那些把握改革机遇的新兴媒体，同样有机会成长为"新型主流媒体"，立于时代潮头，承担更大的历史使命。

第三，法治化。党委和政府的决策应该以法律为依据，并做到依法行政、依法管理。应该把政策制定与完善法律法规结合起来，使政策的制定过程与实施过程，本身就是落实依法行政、依法治国的过程。如果能做到这些，推动传统媒体和新媒体融合，将不仅有助于传统主流媒体提高传播力、公信力、影响力，还将是作为新一轮文化体制改革，真正有助于推动国家治理体系和治理能力现代化的进程。

三 打破地域藩篱、行业界限，整合国有文化资源

当前，国有文化单位，特别是传统媒体机构迫切需要深化组织结构、传播体系、管理体制改革。

诚然，目前我国传统媒体的困境与互联网的兴起有直接的关系，但更多的是因为国有文化管理体制机制的束缚。正如中宣部原部长刘奇葆所说，"国有媒体组织结构、传播体系、管理体制不适应融合发展的要求，束缚了新闻生产力的发展"，也限制了传统媒体与新兴媒体相融合。

美、日等发达国家传统媒体同样面临着互联网兴起所带来的冲击，但为什么这些国家传统媒体所受到的冲击远没有中国这么大？笔者认为，主要有两方面原因：

第一，缺少对内容的知识产权的保护。美日发达国家传统媒体企业固然在信息传输的便捷性等方面不如网络媒体公司，但传统媒体企业长期经营所拥有的内容生产优势仍然是网络媒体所无法比拟的。这种内容生产的优势，一方面使得传统媒体仍然在公众中拥有很大市场；另一方面，使传统媒体向网络媒体延伸过程中占有很大优势。这也是美国《纽约日报》仍然很有竞争力的原因所在。我国则不然，我国传统媒体既没有网络媒体的便捷性的优势，也缺乏内容方面知识产权的保护。

第二，文化体制的束缚。在市场经济条件下，任何一个行业都会经历一个从自由竞争到相对垄断经营的过程。报纸杂志、影视业同样如此。但中国的传统媒体市场是高度封闭的市场，也是不充分竞争的市场。这种封闭性和不充分竞争表现在：一是行业垄断，只有广播电视系统才能办电台、电视台，其他政府部门、社会机构禁入；二是行政垄断，中国是按照行政层级办电视台、办广播，即中央、省（自治区、直辖市）、地级市、县

（区）四级体制。以电视台为例，每一级都是几十个频道，重复覆盖，电视市场有 40 多个主体同时竞争。相互之间无法整合，不能合并。这种状况必然是每一家电视台都活不好，也死不了，也就谈不上真正做大做强。作为鲜明对照的是互联网业。从 1994 年开始在中国出现到今天，仅仅走过 20 余年的发展历程，互联网产业集约化程度已经很高了。以网络视频业为例。中国网络视频业经过 10 余年的发展，现在爱奇艺、腾讯、合一集团（优酷土豆）这 3 家企业占有全国超过 50% 的市场份额，网络视频业的产业集中度之高可见一斑。

2017 年启动的国有文化单位改革打破了行业藩篱，使得跨行业合并成为可能，这值得肯定。但还很不够，还要进一步按照市场规律去推动国有文化单位改革。

第一，要允许和鼓励跨地区兼并重组。跨行业、跨地区经营是国外跨国文化企业突出特点。如德国贝塔斯曼是世界最大的出版集团，但实际上出版只占其整个市场收入的 8% 左右，它也经营音像、广播电视、网络等文化产品。贝塔斯曼公司的业务分布在全球各地。

第二，引入社会力量参与国有文化单位改革。如报纸杂志业，目前承担意识形态功能的报刊占的总量很少，大量的是娱乐休闲类的报纸杂志。这类报纸杂志完全可以通过引入社会资本盘活国有资产。出版社也一样。有关这方面内容，在前面的内容中已经有所涉及，此处就不再详述。

第三，更多地尊重市场经济规律推动国有文化单位改革。文化企业能否做大做强，是市场选择，而不是取决于政府的意愿。

四 建立公平竞争的市场机制，做大做强文化企业

文化市场竞争和文化产业结构调整，带来文化资源的重组，为文化企业做强做大提供了可能。需要进一步探讨的是，做强做大什么样的文化企业、怎样做强做大文化企业？

（一）加强对国有文化企业的监管，是做强做大国有文化企业的前提

国有文化企业掌握着更多的文化资源，在人力、资金、政策方面也具有优势，在做大做强方面，比民营文化企业更有条件。因此，多年来，有关文件都强调要做大做强国有和国有控股的文化企业。

但是，应该看到，鼓励国有文化企业做大做强，也可能带来负面效应，其中最大风险是垄断①。企业垄断市场造成的结果是抑制竞争，阻碍资源的合理配置。

我国在计划经济时期，文化产品的生产和服务是国有文化单位独家经营，文化产品的生产高度垄断。改革开放以后，适应不同人群、不同对象的文化消费需求，文化产品分成公共文化产品、私人文化产品和混合型文化产品。适应这一要求，不同所有制形式的文化企业开始参与文化产品生产。在文化产品的提供上，其他所有制形式的文化企业与国有文化企业展开竞争，于是，国有文化单位（企业）垄断文化资源的问题开始凸显出来。改革开放以来，特别是 20 世纪 90 年代以来，政府实施的文化体制改革、促进文化产业发展的政策，一个基本导向就是减少国有文化单位对文化资源的垄断，为不同所有制的文化企业提供尽可能平等竞争的机会。我国文化产业所以能够以较快发展，在很大程度上得益于这一政策导向。

我们看到，改革开放以来，我国文化产业发展有一个基本特点，就是文化产业政策放开多大程度，民间资本就跟进到什么程度。政府允许民间资本参与影视剧制作仅 20 年时间，目前全国电影业的民营主体参与部分已经占到 90％的份额。凡是向民间资本开放的文化产业领域，都得到了较快的发展，前景也都比较好。

改革开放 40 年的今天，我国在建立文化市场体系、为不同所有制的文化企业提供尽可能平等竞争的机会方面取得了很大成绩。但国有文化单位

---

① 垄断是指在市场交易过程中，少数当事人或经济组织对商品生产、商品价格、商品数量及市场供求状态实行排他性控制，以谋取长期稳定的超额利润的经济行为。

（企业）对文化资源的垄断问题仍然普遍存在。以媒体为例，国有文化单位（企业）自然垄断表现为以下三种情况：

其一，完全意义上的自然垄断。如中央电视台。

其二，半自然垄断。如出版社、报社。

其三，部分自然垄断。如一些行业对民间资本和外资的限制。

以中央电视台为例，它现在占据着全国电视广告收入75%的份额，就是仰仗这种高度垄断式的经营，所谓独此一家，别无分店。电视台的广告定价、采访收费等，也是内部人控制，这不利于资源的合理配置。

出现上述情况，首先是计划经济遗留的原因。文化体制改革是一个渐进的过程，需要考虑改革的配套性、社会可承受能力以及意识形态的复杂性等因素，这种局面只能在文化产业发展的进程中逐步改变。

在这个背景下，如果我们不能审慎地处理好做强做大国有文化企业与建立公平竞争的文化市场体系的关系，很有可能出现强化国有文化企业垄断的结果。因此，政府在鼓励国有或国有控股文化企业做大做强时，还需要采取必要的措施来规范国有文化企业的市场行为，特别是要按照2007年颁布的《反垄断法》对在文化市场中具有垄断地位的文化企业进行监督，贯彻"具有市场支配地位的经营者，不得滥用市场支配地位，排除、限制竞争"[①]。

具体做法如下。

（1）实行自然垄断业务与非自然垄断业务相分离的政策。在文化产业中，自然垄断业务主要指对于电视中的频道、网络游戏业务中的有线通信网络传输等。其他领域的业务则属于非自然垄断性业务。政府应该以自然垄断业务作为管制的重点，建立模拟竞争机制的管理机制。而对于非自然垄断性业务则由多家企业竞争性经营。在总体上使整个自然垄断行业处于规模经济与竞争活力兼容的有效竞争状态。

（2）对地区性垄断企业有效运用区域间比较竞争管制方式。由文化产业的特点所决定，文化产业中的一些行业，或一些行业中的一些业

---

① 参见《反垄断法》第六条。

务，往往适合于地区性垄断经营。在该地区，这些文化企业具有相当大的，甚至完全的垄断力量，从而使这些文化企业缺乏竞争活力，造成有效竞争不足。比如，一些省市的电视台和广播电台、报纸等。为改变这种状况，政府管制者可以运用区域间比较竞争管制方式，促使各区域性垄断企业开展间接竞争。比如，打破地区封锁，实行跨地区的兼并和联合等。

（3）政府管制政策应具有动态性。政府制定管制政策的主要依据是具体自然垄断产业的技术经济特征。随着科学技术的发展，各行业的技术经济特征也在发生变化，这就要求调整管制政策，以保证产业的有效竞争。这在电信业表现最为典型。随着光缆技术的发展，卫星和无线电话技术的广泛使用，电信产业的技术经济特征发生了很大变化，这为新企业进入电信产业，建立新的、比原有通信网络效率更高的新型通信网络提供了可能性。这就要求管制政策制定者适度放松进入管制，让更多的新企业进入电信产业提供通信服务，使电信产业成为一个更有竞争活力、满足规模经济要求的高效率运作的自然垄断行业。[①]

（二）随着民间文化资本的壮大，既要鼓励国有文化企业做强做大，也要鼓励民营文化企业做大做强

在市场经济条件下，国有企业一个最基本的职责是弥补市场失灵，即主要从事市场不能做、不愿做、也做不好的事情。文化产业领域同样如此。比如，卫星转播技术、电信网络的拓宽等一些有助于促进文化产业发展的基础性设施，通常都是政府委托国有企业投资兴建的。这些属于公共信息平台的基础性设施投资大、建设周期长，如果通过市场力量去完成，往往会因为重复建设造成资源的闲置和浪费。因此，由国家委托国有企业统一建设，是切实可行的做法。

国有企业当然也可以提供私人产品，但根据国际经验，其投入和产出比往往不尽如人意。所以，凡是民间资本愿意进入、也能够进入的领域，

---

① 韩丽华、潘明星主编《政府经济学》，中国人民大学出版社，2003。

就应该尽可能地让民间资本去做。由于我国从计划经济转变而来，在文化产业发展的早期阶段，民间资本还处于发育阶段，国有文化单位承担更多的文化产品生产是很正常的事情。随着民间资本的逐步壮大，国有文化企业与民营企业同台竞争或从一些没有竞争优势的文化产业领域退出来，就是一种必然要求。以影视制作业为例，改革开放初期，影视制作都是国有文化机构包揽的。其中既有体制上的原因，也有资金、技术上的原因。以前，影视制作技术和设备等方面的投入比较大，制作的成本比较高。民间资本无论在资金和技术上都不具备参与影视制作的条件。随着改革开放的不断发展，民间资本也在快速扩张，这使民间资本进入电影制作成为可能。所以，从 20 世纪 90 年代开始，政府逐步放开影视节目制作领域的限制，形成了多种所有制共同竞争的格局，影视节目的质量也逐步提高。

我们需要跳出国有、民营的界限，从更开阔的视野思考我国文化企业做大做强的问题。只要具备做大做强的实力，无论国有文化企业还是民营文化企业，政府都有责任予以扶持。

总之，文化企业能否做强做大，是市场选择，而不是取决于政府的意愿。采取简单的拉郎配的方式试图做强做大国有文化企业，往往事与愿违。① 迈克尔·波特在研究世界许多国家产业政策后，有这样一段评论："政府在制定产业政策时……常见的错误做法是，为了提高效率，做大做强企业，鼓励甚至强行实行国内的企业合并。凡是政府推行的合并，其结果很少是成功的，很难达到降低成本的效果，相反，却会带来减少竞争的问题"②。这段评论对我们有重要借鉴意义。

---

① 比如，2001 年 12 月，号称中国广播影视业"航空母舰"的中国广播影视集团成立，其总资产达 200 亿元人民币，但运营不久就撤销了。
② 〔美〕迈克尔·波特：《国家竞争优势》，华夏出版社，2002。

第八章　推进公共文化机构法人治理结构建设

　　本章梳理了目前公共文化机构法人治理结构的四种模式，提出法人治理结构建设的基本前提是明确相关方权责关系，完善的配套政策是法人治理机制顺利运行的关键。认为，法人治理结构建设为社会力量参与公益服务创造了条件，强调要正确处理党的领导与理事会在权责划分、运作机制等方面的问题。

　　从 2011 年开始，我国正式在全国范围内进行公共文化机构法人治理结构建设的探索。法人治理制度，主要是指由理事会、监事会等代替政府机构行使决策、监督、整合资源等职能，实现公共文化机构的管理与服务。公共文化机构法人治理结构建设，是转变政府职能、创新文化事业单位管理体制的重要举措，是推动公共文化机构实现政事分开、管办分离的重要途径，也是推动公共文化机构运行机制变革的重要方式。创新体制机制，保障公共文化机构独立性，增强机构运作的自主性，更好地提供公共文化服务，更好地满足人民群众的精神文化需求。这不仅有利于调动公共文化机构的积极性，确保公益目标实现，也有利于激发公共文化机构内部活力。

　　改革开放以来，文化管理领域不断改革探索，取得了很大的进步，但公共文化机构管理体制依然存在着行政依附性强、组织僵化、效率低下、监督缺位等诸多问题。当前深化政府管理改革，推动国家治理体系与治理能力现代化，需要进一步深化公共文化机构管理改革，要在保证公益性定位中进一步扩大社会参与，更好地利用市场机制，创新投入机制、运营机制、决策机制、监督机制等，不断提高机构活力与服务效率。

近些年全国公共文化机构围绕法人治理问题做了一定范围的探索，实践证明公共文化机构建立法人治理结构有利于解决机构运行中的管理难题，有助于更有效地构建完备的公共文化管理体制。同时，在公共文化机构法人治理结构的实践中，也有许多困难和难题需要破解。本章就法人治理结构建设的目标模式、权责划分、配套政策、党的建设等重点问题，进行论述。

一　创新公共文化机构法人治理结构建设的目标模式

重新界定政府与公共文化机构之间的相互关系，重塑一个能够与社会主义市场经济体制相匹配的现代公共文化管理体制，是我国公共文化机构改革的宗旨。创新公共文化机构管理途径，需要实现政府职能进一步转变；确保公共文化机构的公益性、非营利性以及为社会提供公共服务的属性；保证自身的高效率运作，构建优良的外部环境；采用适应我国经济体制的多元化市场运行模式的具体运作机制；建立政府与公共文化机构的合作关系等。因此，构建公共文化机构法人治理结构的可能目标模式，是一个关乎公共文化机构变革发展的根本性制度设计问题。

（一）公共文化机构法人治理模式

综合国外公益性文化机构的法人治理模式的探索，主要有如下四种。

1. 公共文化发展基金会模式

公益性文化机构成立独立法人性质的公共文化发展基金，依托专业基金机构运作来保障公共文化机构的资金来源，开展具体公益服务。该模式的优势是显而易见的，首先是解决了公共文化机构法人财产和国家财产的分离问题。公共文化机构是独立的，国家对投入其中的财产放弃直接控制权，后者和公共文化机构法人之间的权利义务关系通过法律和合同确定，而不是行政命令。其次，公共文化机构资金保障可靠。国家通过原始出资保障公共文化机构法人得以设立和运作，后续通过设立公益基金，由专业基金管理公司投入资本市场获取收益，公共文化机构既获得发展所需资金，也没有突破"非营利性"界限。最后，由于国家是唯一的公益基金设立人，在选任理事、制定章程等方面起决定作用，这有利于国家对公共文化机构的宏观管理。

2. 股份制模式

公共文化机构以实现公益性为目的，以非经营性资产所占比例为主。对那些提供准公共产品的文化机构，比如剧院剧场等，可以推向市场实现企业化经营，从而实现对公共文化机构实现股份制改造。该模式的优势是明显的。首先，劳动者出资入股对文化事业单位的资金来源有所帮助。其次，股份制实行的是所有权与经营权分开的企业法人财产制度。企业具有法人财产权以其全部资产对债务承担责任，股东以其出资额对企业承担有限责任。再次，股东与职工民主管理相结合。可实行股权平等的股东大会制度，由它选举出董事会并由董事会决定经营权；重大问题可通过职工代表大会决定，并听取职工意见和建议。最后，股份制单位可将按劳分配与按生产要素分配相结合，以按劳分配为主。鉴于股份制文化机构的上述特点，通过对公益性文化机构进行股份制改造，最终可以使其从根本上转换运营机制，提高运行效率和服务水平。

3. 托管模式

托管即是委托管理，在法律上，托管是一种信托关系。托管模式通过对公共文化机构职能和管理权力进行整合，实现对公益性文化机构管理模式转换。公共文化机构实施托管模式需要满足两个条件，一是委托方和受托方须为同一类型的文化类机构，二者在行业类型、服务范围等方面要有高度相似的关联性；二是委托方和受托方在技术、资本以及管理能力上具有一定的相关性。公共文化机构实施托管模式的类型有三种。一是董事会托管模式。托管单位的决策层不参与机构具体事务管理，身份类似企业单位的股东或投资者。这种模式管理效果不够明显。二是高层托管模式。这种模式把公共文化机构管理层进行托管，主要是对委托单位的日常事务决策和运营管理进行托管。可减轻原单位的管理负担，激发机构发展活力。三是全面托管模式。决策层、管理层以及工作人员全部进行大规模调整，引入受托方管理理念，改变原有机构的整体格局和管理方式。

4. 公私合作模式

西方国家以实现社会发展与公共政策为目标，公私合作是其采用的主要运作模式。公私合作最早产生于英国，是指公共部门为发挥公共职能开展与私人部门合作，由私人部门提供公共产品或公共服务的一种方式。目前公私合作主要存在外包、特许经营以及私有化（混合所有）三种模式。公共文化机构建设，首先产权应归公共部门所有，如此才能确保公共文化机构的公益属性。对于文化机构购置的贵重仪器以及设备等，可以探索采取与私营部门共同合作的融资租赁方式，也可以将其视作城市一般基础设施建设，采取特许经营模式，以最大限度引入私人资本，高质量完成项目建设。公共文化机构的具体运作，还可以采用外包模式。例如，为优化资源配置，政府可通过向私人去购买特定的服务，实现专业化运作。这在文化馆、图书馆领域，已有了很好的实践探索。该模式的优势是明显的，首先可以扩大公共文化机构资金来源，有利于政府缓解财政压力；其次可以借助私人部门的盈利特点，促进资源优化配置，改变公共文化机构不计成本的运作模式；最后私人资本的进入有利于消除文化机构在特定领域的垄断，构建更有序的竞争环境。

（二）我国公共文化机构法人治理模式的探索

公共文化机构法人治理的管理探索，在我国也有了多种形式的试水，但整体而言还比较初级，运营模式也相对单一。目前我国公共文化机构管理体制的特点是财政投入是公共文化机构的主要资金来源，因此公共文化机构法人的独立性就会受到影响。如何有效推动社会力量参与，扩展公共文化服务多元化格局，需要探索构建适应现阶段国情与管理实际、赋予公共文化机构独立法人地位的法人治理结构形式。

1. 公共文化机构的法人属性问题

根据法人的社会属性与功能目标不同，我国《民法总则》规定，法人可以分为营利法人、非营利法人、特别法人。专设的"特别法人"一节，对机关法人、农村集体经济组织法人、城镇农村的合作经济组织法人、基层群众性自治组织法人等做出了规定。非营利法人包括事业单位、社会团体、基金会、社会服务机构等。公共文化机构作为事业单位属于非营利法人，设立目的在于实现社会公益目标。进一步从分类标准上来看，实际上不以盈利为目的、不分配利润与公益性事业单位是存在交集的，公共文化机构对于获取利润收益并不是排斥的，只要不向出资人"分配利润"。这为公共文化机构进行以公益为目标的优惠性的有偿服务提供了法理依据。同时，《民法总则》也为公共文化机构的法人治理提供了一种可能的参考方案，即我们国家的公共文化机构可以通过设立理事会形式推动法人治理结构建设。《民法总则》第八十九条规定，"事业单位法人设理事会的，除法律另有规定外，理事会为其决策机构。事业单位法人的法定代表人依照法律、行政法规或者法人章程的规定产生"。

2. 法人治理实现模式：理事会制度

理论上讲，法人治理模式有多种实现方式，但目前我国侧重于设立理事会模式。根据我国已有的探索实践，所设立的理事会功能有咨询型、决策型、监督型或混合型等不同类型。根据国内外的实践探索，对国有公共文化机构的管理，政府部门可在遵循相关法律法规和程序下，委托理事会进行独立运作。理事会作为机构决策层，在规划文化机构发展方向和目标上具有决策权，对管理层进行全方位监督，在法律法规框架下赋予管理层管理权与自主权，使其独立开展工作和进行管理。公共文化机构可通过基层党组织、职代会、单位年报、信息发布会等，及时完整地向理事会和社会公开其自身拟定的发展规划、工作流程、业务范围和经费收支以及财务管理情况，接受理事会与社会公众监督，从而提高和促进公共文化服务水平。当然，公共文化机构采用设立理事会的形式作为法人治理建设的途径，关键要素就在于给予公共文化机构更自主的权力、保障独立管理运作的法人地位，这给我们目前的整个文化管理体制改革提出了更高要求和更深层次制度设计变革需求。

二　相关方权责关系明确是法人治理结构建设的必要前提

法人治理结构建设的目的是深化文化管理体制改革，进一步理顺好政府、市场、文化机构之间的关系，真正实现公益性文化机构的法人独立地位。因此，法人治理结构建设，需要政府主管部门加强制度设计，处理好"放权"与"赋权"之间的关系。法人治理的核心问题之一，是在坚持党的领导的基础上，确定公共文化机构治理结构中相关方的职责，特别是明确文化行政主管部门和公共文化机构理事会、管理层、监事会的权责关系。

（一）文化行政主管部门

长久以来，文化管理部门是公共文化机构的直接管理者，政府不但是公共文化机构的直接出资人，也是运营管理的决策者，这种体制安排导致政事不分、管办不分、服务效能低下等诸多弊端。在法人治理结构改革中，政府应重塑管理职能，确定政府职责边界。具体来说，文化行政主管部门的职责应包括以下三个方面：

1. 组建理事会和管理层

作为公共文化机构的举办单位，文化行政主管部门应负责组建理事会和管理层，确保理事会接受中国共产党的领导和国家法制约束。文化行政主管部门负责最终任命公共文化机构的理事长、馆长，审核聘任理事会成员，并核准机构章程及其修正案。

2. 委派代表参与理事会

文化行政主管部门向理事会委派代表，作为理事参与理事会的各项工作，在理事会会议中代表政府方利益，遵照理事会程序进行需求表达，参与理事会的决策过程。

3. 监督理事会运行

作为国有出资人，文化行政主管部门负责监督理事会的运行，包括审查理事会的财务状况和程序公平性、评估公共文化机构的运行效率和社会效益。理事会章程应明确理事的权利义务，建立年度报告、信息披露、审计监督、绩效评估、责任追究、党组织建设等各项规章制度。理事会应定期向文化行政主管部门汇报工作，提供相关材料供其审查。

（二）理事会

理事会是公共文化机构的决策和监督机构，行使决策权和监督权，对举办单位负责；也是法人治理结构改革的核心，是打破政事不分、管办不分的关键所在。理事会一般由政府代表、社会代表和机构职工代表等组成。理事会代表的来源应具备一定的广泛性，以保证相关方利益都能得到体现。理事会在某些领域取代政府的直接管理，承担决策和监督职责，充分发挥公共文化机构的自主权，有助于释放体制活力。具体而言，理事会的职责有以下三个方面：

1. 机构决策

理事会的决策职责包括决策本单位的发展规划、财务预决算、重大业务、章程拟订和修订等事项。理事会应制定相关章程和议事规则，并定期召开会议，讨论确定机构重大决策，形成决议，下达管理层执行。

理事会应健全决策机制。理事会成员来自不同领域，对于很多成员来说，其加入理事会的代表性重于专业性。因此，如何保证理事会做出科学、专业的决策，是法人治理结构建设需要重视的问题。否则，理事会成立后，非但不能提升公共文化机构的运行效率，反而会造成决策失误，影响公共文化机构发展。

理事会决策可以借助内部力量和外部力量共同完成。内部力量是指建立理事会下属的专业委员会，负责就理事会关心的决策事务进行研究，向理事会提出决策建议。外部力量则是由理事会委托专家就公共文化机构的某项决策进行咨询、调研，最终获得决策参考。以上两种做法均是理事会扩大信息来源，提高决策科学性的途径。

一般来说，理事会应实行票决制，即一人一票，每名理事（包括理事长）表决权相同，少数服从多数，确保理事会的决策能够符合大多数人的利益。

此外，理事会成员的专业知识提升也有利于科学决策。尤其是在改革初期，让理事会成员了解公共文化机构，形成行业认知和责任意识更加迫切。可由文化行政主管部门牵头，组织对理事会成员的专业化培训，提升理事职业化水平。

2. 运行管理和监督

法人治理改革需要增加公共文化机构的自主权，其中人事权力是很重要的一项。理事会适当掌握人事管理权力，可以更好地保证理事会决策的贯彻执行。一般来讲，理事会掌握人事管理方面的职权包括：提名公共文化机构法定代表人，提交举办单位审定；提名馆长人选，提交举办单位审定；聘任副馆长及其他管理层人员。管理层履职以后，理事会应对管理层人员实行绩效考核和监督。此外，理事会对咨询委员会成员也应掌握聘任和考核权。

为了形成理事会对管理层的有效监督、提高执行效率，理事会应及时对公共文化机构的财务状况、日常业务进行考察；建立相关制度，规范管理流程。管理层应定期统计业务状况、财务报表、服务对象反馈等信息，及时向理事公开。同时，应建立理事会对管理层的绩效考核制度，对日常管理工作形成有效监督；建立管理层与理事会的沟通制度，及时传达理事会决议，并反馈管理层意见。

3. 信息披露

国务院办公厅 2011 年印发的《关于建立和完善事业单位法人治理结构的意见》中明确提出，理事会作为事业单位的决策和监督机构，负责本单位的发展规划、财务预决算、重大业务、章程拟定和修订等决策事项，监督本单位的运行，并接受政府监管和社会监督。法人治理改革伴随理事会权力的增大，有必要对理事会进行有效监督，确保公共文化机构符合公益目标、国有资产高效运行，避免少数人操纵理事会谋求私利。因此，理事会有义务向政府和社会公开相关信息，主动接受监督。

公共文化机构的理事会对文化行政主管部门负责，接受政府的领导和监督。实际操作中，除了政府代表进入理事会直接参与决策之外，应在制度上明确政府的监管内容和监督程序，包括信息披露规则、审计监督规范、理事会票决程序审查、财务预决算检查等。

公共文化机构理事会的决策涉及公共利益，应主动接受人大和政协代表、媒体、公众各方监督。相关部门应制定理事会信息公开细则，将公共文化机构决策和运行情况及时对外公布，接受社会监督。

（三）管理层

在传统公共文化机构运行中，管理层隶属于文化行政主管部门，负责执行政府的行政命令；法人治理改革后，管理层不再直接对接政府部门，而是成为理事会的执行机构。它由法人代表及其他主要管理人员组成，对理事会负责，接受理事会监督。这就要求管理层改变思路，重新认识自身的职责。

1. 日常运行

管理层是公共文化机构的执行机构，由馆长、副馆长和党组织负责人组成。管理层应实行馆长负责制。管理层履行的职责包括：执行理事会决议、拟订和实施机构发展规划和年度工作计划、拟订和执行年度预算方案、组织编制年度工作报告、机构日常运行管理、拟定基本管理制度并组织实施等。

2. 接受理事会监督

根据试点单位经验，公共文化机构存在管理层自作主张，不按照理事会决策执行的问题。究其原因，是理事会未被赋予实质的决策、人事任命、财务等权力，导致理事会缺乏对管理层有效约束和激励，决策执行力度大大削弱。下一步改革中，应明确管理层向理事会负责的要求，在制度设计上增强理事会对管理层的实质控制权力，切实提升管理层对理事会决策的执行力度。具体而言，应在相关制度中规范管理层接受理事会监督的具体事项，如，管理层应定期向理事会提交工作报告，汇报相关运行情况，机构的重大事项、决策应提交理事会审议决定，年度预决算等必要信息应及时向理事会披露，供理事会监督。

（四）监事会

在规模较大、利益关系较为复杂的公共文化机构中，理事会单独履行监督职责有一定困难，在这种情况下，可以单独设立监事会。监事会对文化行政主管部门负责，监事长一般由主管部门委派，监事成员由政府代表、社会代表、馆方代表组成。具体来讲，监事会职责应包括以下两部分：

1. 监督管理层

监事会应具备一定专业素质，对管理层的日常运营情况进行监督。具体包括：检查本单位财务使用状况；对管理层人员遵守法律、法规或章程的状况进行监督；对管理层损害本单位利益的行为通报理事会和主管单位，并要求予以纠正。监事应列席管理层会议，随时掌握管理层工作动向。

2. 监督理事会

尽管理事会受到行政主管部门的监督，但是由于信息不对称因素的存在，政府对理事会的真实运行状况不一定能够完整把握。为了避免理事会内部人员利益勾结、少数人控制等问题的出现，监事会有必要对理事会实施监督，具体包括：对理事是否按照相关法律、法规或章程履行职责进行监督；对理事损害本单位利益的行为通报主管单位，并要求予以纠正；列席理事会会议，对理事会是否按照议事规则决策进行监督。

三 配套政策完善是法人治理机制顺利运行的关键

公共文化机构建立法人治理结构，是全面深化事业单位改革的重要举措，这就决定了其不可能单兵突进，需要方方面面的配合和支撑，统筹推进各项改革。一方面需要从法律层面确保法人治理的顺利施行，另一方面需要从政策上明确文化机构人、财、物的管理权限，赋予法人充分自主权，增强文化机构深入推进改革的积极性。

（一）制定法律、建立制度，保障理事会机制运行

建立法人治理结构，需要在法律上确保理事会的地位，规定理事会的人员构成、会议议程、工资薪金和责任权利等，促进理事会制度正常运作与发展。以公共图书馆为例，西方各国均有专门的图书馆法，规定了图书馆理事会的构成、职权，为图书馆推行理事会制度提供强有力的法律保障。

如美国《国会图书馆法》、英国《英国图书馆法》、法国《国家图书馆法》、日本《图书馆法》等。同时，也制定了行业自律规范，对工作人员进行行为规范，使其符合理事会的发展要求。如《图书馆权力宣言》、联合国教科文组织公布的《IFLA 公共图书馆标准》、日本《图书馆员伦理纲要》等。

（二）深化人事制度改革，活化用人体制机制

建立法人治理结构，在人事制度方面，需要以转换用人机制和搞活用人制度为核心，以健全聘用制度和岗位管理制度为重点，建立权责清晰、分类科学、机制灵活、监管有力的人事管理制度。通过这一途径，公共文化机构将通过吸收机构外部人员参与决策，扩大其被监督范围，进一步规范行为，确保公益目标实现。因此，改革人事制度，是解决公共文化机构发展深层次矛盾和问题的措施。

1. 落实用人自主权，创新用人机制①

通过理事会提名、投票或通过公开招聘的方式选拔负责人；支持和鼓励体制内成员参与相关项目合作、兼职创新或离岗创新创业；可以设立流动岗位，吸引相关专业人员兼职，根据岗位的职责自主聘用，面向全社会竞聘上岗，从而不断完善公共文化机构聘用制度和岗位管理制度。

2. 健全公益性文化机构考核奖惩机制

建立法人治理结构后，服务对象的代表进入理事会参与决策和工作人员的监督，逐步把服务对象的满意程度纳入考核指标，与工作能力、业务水平一起作为续聘和奖惩的主要依据。

3. 完善公共文化机构人员退出机制

建立和完善决策失误追究制度、年度工作报告制度、重要信息公开制度和绩效评价制度等多项监督约束制度，这就拓展了社会公众参与管理、运作和监督的渠道。② 相应地，需要建立与之相配套的解聘辞聘制度，逐步规范解聘辞聘程序、规则和经济补偿方面的措施，从而保证人员的合理

---

① 姚伟达：《事业单位法人治理结构建设研究》，中央民族大学，2011 年博士学位论文。
② 刘霞：《从法人治理结构看深化人事制度改革》，《改革》2014 年第 4 期。

流动。

（三）建立灵活的收入分配制度，激励专业人才

收入分配制度改革与人事制度改革密切相关，也是深化法人治理改革的重要组成部分。随着市场经济体制的建立和不断完善，公共文化机构现行的工资制度逐步显现出收入差距扩大、分配秩序混乱、激励功能不足等体制机制的弊端，迫切需要进行规范和调整。需要以完善工资分配激励约束机制为核心，建立符合公共文化机构特点、体现岗位绩效和分级分类管理要求的收入分配制度。

1. 绩效工资总量应与公益目标实现情况挂钩

目前一些单位趋利性行为在改革中凸显，经常以公益服务名义从事营利性经营活动，偏离了提供公益服务的宗旨和使命。因此，政府有关部门应将绩效工资总量与公共文化机构完成公益目标任务情况相挂钩，强化公共文化机构的公益属性，确保公益目标优先实现。

2. 公共文化机构应享有收入分配自主权，实现由"养人"向"养事"转变

例如，在事业单位的分配制度改革中，广东有的医院根据专业水平，实行"一人一薪"制度，取得了很好的激励作用。公共文化机构建立法人治理结构后，应逐步将具体的财务管理权交给理事会，由理事会根据岗位事务需要，自主制定适合本单位特点的内部分配方案。这种放权不仅可以调动专业人才的积极性和创造性，也促使政府从微观人头管理转变为宏观总量管理，有利于加快政府职能转变。

3. 工资标准应强化市场导向

深化公共文化机构人事制度改革将聘任大量社会相关专业的人才，这意味着原有的单位职级将很难评定。因此，在法人治理结构建设的过程中，更应当引入现代薪酬管理理念，在设定岗位绩效工资时强化市场导向，确保工资水平在人力资源市场中具有相对的竞争力，从而达到吸引人才和留住人才的目的。[1]

---

[1]　李红霞、刘天骄:《我国事业单位收入分配改革研究》,《陕西行政学院学报》2013 年第 2 期。

2017 年 3 月出台的《人力资源社会保障部关于支持和鼓励事业单位专业技术人员创新创业的指导意见》，对于法人治理结构改革语境下的公共文化机构实现人员激励很有价值。《指导意见》提出，一是要支持和鼓励事业单位选派专业技术人员到企业挂职或者参与项目合作；二是要支持和鼓励事业单位专业技术人员兼职创新或者在职创办企业；三是要支持和鼓励事业单位专业技术人员离岗创新创业；四是要支持和鼓励事业单位设置创新型岗位。

根据上述指导意见，公共文化机构在法人治理结构改革过程中，也可以根据本单位专业技术人员的实际情况，鼓励其多渠道、多形式创新创业，单位在岗位、待遇、职称、福利等方面给予相应支持。这样既有利于纾解改革可能带来的岗位调整和人力调整问题，也有利于切实提高人员待遇，为专业人员发展提供更高平台和更大空间。与此同时，新成立的理事会中的社会代表，如果具有为公共文化机构的专业技术人才提供创新创业平台、渠道和资金的能力，也应该鼓励其积极发挥作用，由此充分激活社会代表为文化机构员工提供发展机遇的价值。

（四） 完善财务制度，赋予文化机构发展自主权

由于我国公益性文化机构覆盖面广，情况复杂多样，政府对公益事业投入方式单一、财政供给范围过宽、项目低水平重复建设等突出问题，再加上体制问题，本身财政资金运用效率较低，致使公共财政难以充分发挥其促进公共文化发展的重要作用。因此，未来应当以构建财政支持公共文化事业发展长效机制为核心，完善财务预决算管理制度，把主要公共文化产品和服务项目、公益性文化活动纳入公共财政经常性支出预算，健全公共文化机构财政资金使用情况考评管理。

1. 进一步分类和细化财政支持方式

由于文化机构获得赞助能力不同，对政府拨款依赖程度也不同。以博物馆为例，有重量级馆藏的大博物馆能吸引大量观众和社会赞助，而小型博物馆则很难吸引客流与捐助，需要政府继续给予财力支持。在改革过程中应当根据职责任务、服务对象和资源配置等因素进一步细化对待，对于

难以从市场取得收益的机构，提供相应的经费保障；可以取得部分收益的机构，根据单位业务特点给予不同程度的经费补助；对于可以自给自足的机构，不再供给正常经费，但是可以通过购买服务等方式予以适当支持。[①]

2. 丰富财政对公共文化发展的支持方式

在公共财政投入满足人民群众的基本公益服务需求、发挥主导作用的同时，要建立健全对公共文化事业的多元化投入。支持社会力量兴办公益事业，引入多元化的投入机制。[②]

3. 推进预算管理改革，建立绩效考评制度

在预算方面，可以试行项目管理，针对具体公共文化事务进行拨款，或者以零基预算[③]控制事项成本。将预算置于中长期的框架内进行考虑，既有的预算容许在公益目标内转变具体用途。如果制定预算时，仅仅考虑本年度的事项，很可能和中长期改革发展目标不一致，最终影响改革进程。在绩效考评方面，要加大理事会监督职能，贯彻信息公开制度。通过理事会让更多的利益相关者参与到绩效评估中来。[④] 在这方面，济南市群众艺术馆经职工大会讨论，通过了《济南市群众艺术馆岗位工作绩效考核实施办法》《济南市群众艺术馆奖励性绩效工资分配方案》，对职工工作进行绩效考核和奖励；遵义市也制定了相关政策，每年按一定比例对以图书馆为代表的公共文化机构增加预算，建立行政负责人基金，用于奖励优秀员工，调动了专业技术人员工作的积极性。

（五）逐步解决社会保险相关问题，循序渐进建立法人治理结构

养老、医疗、失业、工伤等社会保险政策并不附属于法人治理改革，而是作为一项独立的改革一直存在并进行。2009 年 1 月，人力资源和社会

[①] 宋新潮：《关于博物馆理事会制度建设的若干思考》，《东南文化》2014 年第 5 期。

[②] 曾惠芬：《我国公益类事业单位改革对应的财政供给模式探讨——基于对深圳事业单位改革的思考》，《湖北科技学院学报》2013 年第 12 期。

[③] 零基预算是指在编制成本费用预算时，不考虑以往会计期间所发生的费用项目或费用数额，而是以所有的预算支出为零作为出发点，一切从实际需要与可能出发，逐项审议预算期内各项费用的内容及其开支标准是否合理，在综合平衡的基础上编制费用预算的一种方法。

[④] 张伊：《我国事业单位改革的财政思考》，东北财经大学，2013 年硕士学位论文。

保障部正式公布了《事业单位养老保险制度改革方案》。该方案明确了适用范围和主要内容方法，即针对所有的分类改革后属于公益服务类的事业单位工作人员，按照新人新办法、老人老办法、中人逐步过渡的方法发放基本养老金，逐步摆脱对财政的完全依赖。虽然有了明确的改革方案，但是仍然存在一些制约着养老保险改革本身，以及法人治理结构建设顺利进行的问题。因此，为了保障公共文化机构法人治理结构改革落实，在社会保险方面需要逐步建立起独立于单位之外、资金来源多渠道、保障方式多层次、管理服务社会化的社会保险体系，以下以养老为例进行说明。

1. 改革需要确保新老制度的平稳过渡

"中人中办法"是改革中主要的问题与阻力。因此，要解决中人和老人的差别待遇问题。对于一些与"老人"有差别待遇的"中人"，可以通过理事会拨款，购买商业保险作为激励措施，鼓励有专业技术的"中人"继续为公共文化机构服务。

2. 建立职业年金制度

对于"中人"和"新人"，尽快构建合理的职业年金制度。不论是国外的经验还是国内已经进行的实践都表明，职业年金制度是基本养老保险的一种最有效的补充。通过建立完善的职业年金制度，这些公益性文化机构不仅可以缩小同行政机关和部分企业的退休工资差距，还能增强对人才的吸引，增强机构竞争力。[①]

3. 关注理事会成员的社会保险等问题

对于理事会成员的社会保险的管理，应该灵活处理，根据其工作能力、职级等因素给予一定的保险补贴等，以辅助提高工作责任感与积极性。

四 法人治理结构建设为社会力量参与公益服务创造条件

中共中央办公厅、国务院办公厅在《关于加快构建现代公共文化服务

---

① 朴曙光：《对深化我国机关事业单位养老保险制度改革的思考》，东北师范大学，2005年博士学位论文。

体系的意见》中指出，要将坚持把社会参与作为一项基本原则。引入市场机制，激发各类社会主体参与公共文化服务的积极性，提供多样化的产品和服务，增强发展活力，积极培育和引导群众文化消费需求。法人治理结构的推行，有助于从人才和资本两方面更好地吸纳社会力量参与。

（一）法人治理结构为多元主体参与搭建了平台

《关于加快构建现代公共文化服务体系的意见》提出，创新运行机制，建立事业单位法人治理结构，推动公共图书馆、博物馆、文化馆、科技馆等组建理事会，吸纳有关方面代表、专业人士、各界群众参与管理，健全决策、执行和监督机制。社会人力资本参与公共文化机构建设主要有三个途径与层次。

1. 遴选社会代表进入理事会

法人治理结构下的理事会制度本身，就是一种便于吸纳社会力量参与公共文化机构的制度安排。就成员来源而言，理事会能否从社会力量中遴选出合适的社会代表进入理事会，是理事会能否有效行使其决策权和监督权的重点，也是法人治理结构改革和公共文化机构管理改革能否成功推进的关键。

社会代表的遴选过程要遵循民主、公开、透明的原则。在理事会代表的构成比例上，政府代表、馆方职工代表和社会代表可以大致采取"三三制"模式。其中，代表政府部门或相关部门的理事一般由政府部门或相关组织委派，代表馆方职工的理事可以由全体内部职工投票产生，而代表服务对象和其他利益相关方的理事则既可以由内部职工推选产生，也可以由馆方邀请与社会公开报名相结合的方式产生——具体可以通过网络、报刊等媒体渠道发布消息，进行公开招募，如果报名人数较多，则可以先推选出初步候选人，再由内部职工以无记名投票方式选出最终代表。社会代表的名单一经确认，应与政府代表、馆方职工代表的确认名单一起，在公共文化机构官方网站、单位公告栏、社会媒体平台予以公示，接受社会监督。

遴选理事会成员的关键在于要保证社会代表的民主代表性和专业代表性。民主代表性体现在理事要来自不同社会群体，代表不同群体的利益。

如美国加州图书馆理事会州长任命的 9 名成员中，3 人分别代表残疾人、英文不好的人和经济贫困者，另外 6 人分别来自学校图书馆、机构图书馆、公共图书馆、学术图书馆、特殊图书馆。广东省博物馆理事会以社会报名与举荐为基础，按照文博界专家代表、志愿者或社会服务对象、媒体代表和公益人士四个方向投票产生。为了体现国际视野和借鉴境外文博机构的经验，他们还特别遴选了一位来自我国香港的资深博物馆专家作为社会代表。同时，理事的遴选还要体现专业代表性的原则。尤其对社会代表而言，其本身并非公共文化机构工作人员，对于具体的事务性工作可能并不了解，如果遴选不力，则很有可能出现"外行指导内行"的情况，给文化机构运营发展带来负面影响。因此，社会代表的专业性，应该体现在其知识体系和既有资源能够为文化机构运营发展拓展边界、更新思路、形成支撑。例如就国际而言，伦敦图书馆理事会由会员大会成立提名委员会（提名委员会组建时，要求至少有一人精通人员招聘和法人治理），提前确定理事候选人需要具备的专业和经验，然后在图书馆刊物和网站上刊登广告，并通过面试对理事候选人进行严格挑选考察，以确认合适的理事候选人。提名委员会在每一个空缺的理事职位上，推荐一个或多个合适的候选人选给理事会。

社会人士参与理事会，可以带来资本与人才方面的优质资源。如温州图书馆理事会选举温州总商会副会长李国胜为理事长，为图书馆引入了重量级的资金支持。广东省中山市改革指导意见也提出："鼓励社会力量、社会资本以捐资等形式参与公共文化服务体系建设，捐赠方代表可参加理事会。"此外，吸收社会代表履职，也可以方便引入社会资源推进公共文化机构的文化服务建设，实现机构资源与社会资源的共享联合。如广东省博物馆社会理事、羊城晚报报业集团副总编辑周建平整合《羊城晚报》"博闻周刊"、"人文周刊"与博物馆的优质资源，打造了"博文讲堂"品牌；其他社会代表为博物馆无偿提供政策解读、免费业务咨询和专题业务讲座等。

当然，社会理事代表其背后机构、集团、人群的利益，需要避免和限制社会理事进入理事会以后为利益集团代言。西方各国都规定理事会成员不得与相关利益方收受报酬或提供有偿服务，避免以权谋私。英国国家图书馆采取"理事权益登记制度"，避免理事通过参与理事会决策为自己或机构牟利，从而危害公众利益。惯常做法还包括执行回避制度，当理事会决议事项与某位理事有重大直接利害关系时，该理事应当回避，不得参与表决。

2. 引入社会力量进行监督

在法人治理结构下，可以建立完善的监督考核机制。在新的三层组织架构中，监督层要负责监督决策层（理事会）的决策制定、管理层（馆长）的具体执行，以及财务状况等。作为公共机构既要接受理事会或监事会的监督，也要接受政府文化主管部门、审计部门等监督；同时实行信息公开，接受社会监督。而社会监督就需要社会力量的广泛参与。英美等国家公共文化机构的理事会会议往往事先信息公开，在网站发布消息，邀请有关社会人士和公民自愿旁听，可以发表意见，但不能投票。日本政府会组织有关社会人士成立独立的外部评价机构，对独立行政法人进行绩效考核。许多西方公共文化机构每年会向社会公开年报，并面向普通民众开展抽样问卷调查，以接受社会监督，广泛收集外部意见，评估和改善服务质量。

3. 赋予公共文化机构更多人事自主权，放手开展志愿行动

公共文化机构是志愿者活动的天然阵地，大力吸纳志愿者进入机构，客观上大量降低了运营成本。据统计，2011年美国的志愿者人数约为6430万，占全国人口总数的26.8%，志愿服务所创造的经济价值达1730亿美元。志愿者贡献的时间约为81亿小时。而截至2013年底，中国经过规范注册的青年志愿者达到4043万。据中国志愿服务联合会公布，2015年底，志愿服务组织覆盖的志愿者人数破亿。如此庞大的社会力量，如果参与到公共文化机构中，必然能节省大量政府资源，丰富公共文化服务的内容，并有效提高服务水平。

一方面，要对志愿者进行正规招募培训，以保证其专业素养能够适应图书馆、博物馆、文化馆等专业岗位需要。同时建立规范管理评价机制，并给予一定激励保障措施，如为博物馆工作多少小时可以免费参观、为图

书馆工作可以方便借阅图书等。另一方面，借助志愿者行动，进一步培养全体民众的奉献意识，培养社会主义核心价值观，培育良好社会道德风尚，让未来遍布志愿者的公共文化机构能够成为教化思想人心的实践基地。

（二）有利于吸纳社会资本进入公共文化机构

吸纳社会资本进入公共文化机构，需要创新公共文化服务投入方式，通过税收减免、冠名表彰等方式，鼓励企业、团体与个人对公共文化机构进行捐赠，同时利用授权、冠名等方式吸引企业赞助，联合开展公益活动。

1. 通过税收等法律和政策手段，落实现行鼓励社会组织、机构和个人捐赠公益性文化事业所得税税前扣除政策规定

《中华人民共和国公益事业捐赠法》第二十四条到第二十六条明确规定，公司和其他企业、自然人和个体工商户依照捐赠法的规定捐赠财产用于公益事业，依照法律、行政法规的规定享受企业所得税、个人所得税方面的优惠。其中企业用于公益、救济性的捐赠，在年度应纳税所得额3%的部分，准予扣除。个人捐赠额未超过纳税人申报的应纳税所得额的30%的部分，可以从其应纳税所得额中扣除。境外向公益性社会团体和公益性非营利的事业单位捐赠的用于公益事业的物资，依照法律、行政法规的规定减征或者免征进口关税和进口环节的增值税。这些政策措施，可以鼓励社会群体和个人将资金投入公益文化机构。

2015年通过的《博物馆条例》中也明确规定：国家鼓励设立公益性基金为博物馆提供经费，鼓励博物馆多渠道筹措资金促进自身发展；博物馆依法享受税收优惠。依法设立博物馆或者向博物馆提供捐赠的，按照国家有关规定享受税收优惠。其他类似的还有各地制定的《图书馆条例》等。当前，为了促进公益性文化单位法人治理结构改革的顺利进行，可以考虑在《公益事业捐赠法》基础上，借鉴《博物馆条例》的具体做法，进一步制定针对各类公共文化机构的捐赠优惠条例，包括图书馆、科技馆、美术馆等。进一步加大捐赠公共文化机构的企业、团体、个人税收减免力度，通过传媒引导提升其社会美誉度；而对于公共文化机构自身，进一步给予更大优惠政策，建立税收的"公益文化特区"。

2. 政府鼓励公共文化机构通过经营、授权、拉赞助等方式创收，自主筹集部分经费

目前，已实施的国务院《关于进一步加强文物工作的指导意见》、原文化部等部门下发《关于推动文化文物单位文化创意产品开发的若干意见》等政策措施，鼓励有条件的文化馆、博物馆、美术馆、图书馆等文化文物单位从事文化创意产品开发工作，并提出了将单位绩效工资总量核定与开发业绩挂钩等具体激励措施，都为吸引专业性社会机构合作打开了窗口。

公共文化机构可以与企业联合办活动，以冠名或者合作投入的方式吸引社会赞助，树立企业与文化机构的联合品牌，实现公共文化机构、企业与公众的三赢局面。政府还可以积极引导，利用民间公益组织、行业协会等筹措资金、开展文化交流、征集采购展品、评估文化活动和咨询，整合民间文化资源，发挥社会组织在公共文化产品供给和服务中的组织协调作用，形成良性竞争、多元互补的公共文化服务供给社会化格局。也可以采取政府购买、项目补贴、定向资助、贷款贴息等政策措施，支持包括文化企业在内的社会各类文化机构参与公共文化机构服务。例如深圳福田区图书馆提请区委区政府在《深圳市福田区公共文化社会建设"1+1+N"系列文件》的"N"中，增加《社会力量参与公共图书馆建设暂行办法》，为社会资源参与公共图书馆场馆建设与管理运营、文献资源捐赠、阅读推广服务等方面提供激励机制。再如温州图书馆改革后，2015年举办各类公益文化活动1273场，每年举办"书香温州·全民阅读"读书月活动，创新推出儿童知识银行未成年阅读推广模式和读书话剧社、新温州人演讲赛、籀园品书会等活动品牌，为市民打造时尚、立体、全方位的阅读生活。

3. 鼓励社会团体或个人资助认领设施

在西方发达国家，吸纳社会资金认捐认领公共基础设施、参与公益机构维护管理，是广泛施行的制度。英国皇家植物园里，座椅和垃圾桶均为个人捐赠。北京市园林绿化局也推出"公园公益超市"，鼓励民间资本和社会公益资金参与公园建设管理。公共文化机构也可公开向社会征集捐助资金，以维护馆内藏品、设施等。政府可以对资助的团体或个人发放证书，给予名誉奖励。或者在馆内设施如座椅上悬挂铭牌，刻上捐赠人的名字。

总之，社会力量参与能更好地满足民众个性化、多样化或高层次文化需求，弥补直接提供公共文化服务所衍生的缺乏弹性、效率低下等缺陷。法人治理模式下文化机构能更充分发挥市场在公共服务领域资源配置中的积极作用，既能通过社会力量向公众提供更丰富的公共文化产品或服务，也为社会资本投资创造良好环境，最终推动机构加快发展，满足人民群众多层次、多样化服务需求。

五　党的建设保障法人治理结构改革的正确方向

公益性文化机构法人治理改革，要求政府主管部门通过放权给予理事会必要的决策和监督权，发挥理事会的独立性和积极性。同时也要加强党的建设，重点处理好党的领导与理事会之间的关系、权责划分、运作机制等问题。

（一）理顺公共文化机构党组织与理事会的相互关系

法人治理结构的组织架构不同于以往的公共文化机构内部管理机构，其突出的特点是理事会成了法人治理结构建设核心部门，具有独立决策权和监督权，负责处理文化机构管理的重大事宜。要使党的路线、方针和政策贯穿于改革后的公益性文化机构，需要强化党的建设，处理好党组织与理事会之间的关系。因此，理事会章程必须明确规定设立党组织这一机构，负责党建工作。按照《中国共产党章程》、有关法律和规章，新设理事会的文化机构必须设立党委（有必要成立纪委或纪检组织）、工会和共青团组织。处理好理事会和党组织关系，遵循的基本原则是按照国务院办公厅印发的《关于建立和完善事业单位法人治理结构的意见》中的要求：坚持正确的政治方向和党管干部的原则，加强和改善党对事业单位的领导。通过党组织，实现先进文化的引领方向，保证国家文化安全、意识形态和党的路线、方针、政策的贯彻执行。

（二）建立机制载体以落实各自责任

明确责任分工，加强党的建设，需要在改革中建立一个载体，形成一套机制，即强化党建工作的专属性和统领性。明确分工包含两方面内容：一是事关党的路线、方针、政策等方面的工作，党组织负全责；二是属于理事会等职责范围内的事项，党委会要给予其充分的自主权和信任，实现法人治理成效最大化。制度设计上，既可以让馆长兼任党组织负责人；也可以单设后让党组织负责人担任理事会成员，参与理事会工作；较大的公共文化机构设立监事会，党组织负责人可以兼任监事会负责人；还可以单独让党组织负责人列席理事会的会议等。

要以改革为契机，进行职责明确的改革思路设计，落实公益性文化机构党建工作，从可行性上看还可以参照其他工作领域强调的"一岗双责"设计理念。改革中公共文化机构的定位为更加独立的法人实体，不再受主管部门的直接管理和外部行政约束，党组织引领导向作用需要以制度为依托，才能切实保障党组织作用发挥，改革目标的全面落实。

要在党组织与理事会之间建立一套机制，比如交叉任职、交互参与的领导体制，凡是涉及法人治理结构中的重大问题，比如重大人事调整、重大事项决策等事项，理事会必须事前与党组织沟通，并征询意见，党组织也有建议权，以强化党组织的党风廉政建设和主体监督责任。

借助于此项制度建立，可以保障党组织与理事会之间形成合力，更加富有成效地开展工作。在保持各自相对独立性中保障改革方向正确。

此外，章程总则拟定中，要将党建工作放在突出位置，统筹好领导、治理和参与之间的关系。在提升公共文化法人治理结构中党委会人员的专业素养方面，也要有相应的落实举措，比如定期召开研讨会，解读学习新时期形势下党的路线方针和政策。

因此，完善党组织的统筹领导作用，设置相应机构和章程内容，既是体现党的领导的重要方式，也是完善公共文化机构法人治理改革的特定要求。党建工作要从制度、机制、人员素养的提升等方面入手，以新机制促进公共文化机构法人治理结构建设的目标充分实现。

总之，公共文化机构法人治理结构建设改革，题中应有之义是在社会主义市场经济体制下，实现文化领域公共产品供给和机构内部管理改革，借助政府管理改革，推动公共文化机构管理体制和运行机制变革，从而充分释放文化机构的作用和活力。因此，在坚持党的领导以保证改革正确方向的前提下，改革中政府必须明确要有必要的"放权"，列出"放权"清单，给予理事会充分管理"自主权"，明确"赋权"内容，把过去在行政体制内"封闭"管理，转变成市场条件下"开放"共治，借助于开放机制以重塑公共文化机构管理模式。

第九章　推动文化非营利组织参与
国家文化治理

本章认为协合式文化治理是塑造国家与社会关系的新模式，提出应加强制度供给，营造利于文化非营利组织培育发展的环境；通过主体重塑，重构文化非营利组织类型划分；应加强文化非营利组织的事中事后监管；强调应注重社区文化非营利组织的治理功能。

中共十八届三中全会《决定》明确提出要"培育文化非营利组织"①。这是中央首次以培育社会部门主体为改革思路，力图从外部打破国家文化治理体系建构的体制壁垒，充分体现了中共中央文化治理的现代思维、现代理路。非营利组织是社会部门的主体性支撑力量，以达致社会使命为核心动力，具有公共性、自主性、志愿性等基本特征。由于中国社会发育尚不成熟，组织化的文化非营利组织数量还比较少，截至 2016 年底全国仅约 5.3 万个，正式在民政部门登记注册的文化类社会组织仅占社会组织总量的 7.6%。但是，具有文化非营利组织雏形特征的社区和乡村"草根"组织不计其数。据统计，全国由文化馆、文化站指导的群众业余文艺团队就超过 40 多万个，各类文化志愿服务团队有 3.2 万多支。② 这些群众自发建构的民间组织松散、灵活、活跃，构成了我国基层民俗文化空间的多元样态。

兼顾"活力与秩序"是中央培育文化非营利组织发展的基本思路。新时代国家文化治理既不能像计划经济时期一样由政府大包大揽，也不能放任自

---

① 《十八大以来重要文献选编》（上），中央文献出版社，2014，第 534 页。
② 郭佳：《文化部部长雒树刚：要唤醒沉睡的公共文化资源》，《北京青年报》2017 年 1 月 13 日。

流。习近平深刻指出，"社会发展需要充满活力，但这种活力又必须是有序活动的。死水一潭不行，暗流汹涌也不行"①。所以，要辩证处理好活力与秩序的关系，真正发挥文化非营利组织在国家文化治理体系建设中的积极作用。②

一 协合式文化治理：国家与社会关系的再塑造

国家文化治理转型以建构政府与社会的协合式文化治理关系为核心。这种关系模式既不同于传统文化管理体制下政府对社会部门功能的替代，也不是超出现实国情基础的以社会为主导的模式，而是在承认政府、社会、市场各部门的异质性优势的基础上，形成三者之间的一种动态平衡与相互促进关系。与此同时，国家文化治理的转型必须建立在对文化非营利组织的正确认知之上。只有以辩证思维看待文化非营利组织的治理功能，才能建构起包容性的制度体系与制度安排，以确保协合式治理模式能够健康、持续发展。

（一）协合式文化治理成为现代国家文化治理体系的建构趋向

相比于传统文化管理逻辑，现代国家文化治理体系的包容性应当更强，能够容纳积极的、多元的、自由的文化表达。在执政党将文化非营利组织吸纳进国家文化治理体系的过程中，实际上文化非营利组织也在不断增强国家文化治理的包容性，国家与社会的紧张关系在这一过程中得到改善。根据杨（Young）的观点，协合式治理的本质要义在于："借助国家、经济体系与公民社会中的任何两方来促成对第三方的限制和平衡"③。不管政府、社会还是市场，在文化治理上都有其独特优势，这是其他两个部门都不可替代的，甚至是相冲突的。但是，正是这种异质结构才能约束各部门的局限性，使其消极作用不会无限扩张。

例如，政府在国家文化治理中的整体性、强制性、权威性优势走向极端就是权力的滥用；市场所具有的创造力、生产力如果不受管制就会在自

---

① 习近平：《习近平谈治国理政》，外文出版社，2014，第93页。
② 康晓强：《经济新常态下社会治理的新趋向》，《科学社会主义》2015年第4期。
③ 〔美〕艾丽斯·M.杨：《包容与民主》，江苏人民出版社，2013，第242页。

利逻辑驱使下抽空文化的价值属性并且侵犯社会弱势群体的文化利益；而文化多样性、价值差异性在缺乏引导的情况将会走向价值取向的碎片化。也就是说，非营利组织的文化价值通常建立在局部的基础上，并且不同价值共同体之间缺乏协调，乃至相互冲突。因此，文化非营利组织不能替代政府在国家文化治理中的关键性职责，而应当在政府赋权范围内，发挥其促进文化沟通的自决能力。同时，在矫正文化产业方面，文化非营利组织要充分参与政府文化决策的制定过程，特别是真正参与到行政资源、财政资源与文化资源的再分配，以改善社会所有成员之间文化福利的不平衡状况。从当前文化领域的治理框架来看，非营利组织更多的是被纳入公共文化服务领域的微观供给主体结构当中，而在宏观文化治理层面，还需要进一步拓展政府与文化非营利组织协商的制度空间。

（二）协合式文化治理逻辑下的文化非营利组织再认识

推进文化非营利组织参与国家文化治理，首要的是对文化非营利组织有一个基本判断。有什么样的判断，就会催生什么样的行动取向。对文化非营利组织的基本判断，是实现文化非营利组织有效参与国家文化治理的基本前提。当前，亟须克服对文化非营利组织的两个认识误区，辩证看待文化非营利组织参与国家文化治理的作用与限度。

1. 克服对文化非营利组织的两个认识误区

在政府与社会的关系中，政府部门对文化非营利组织的认识往往容易陷入两方面误区，即过于消极或过于乐观。

消极认识的误区：过分夸大文化非营利组织的负面效应。一些政府部门的工作人员甚至是某些领导，往往把非营利组织等同于"反政府组织"。特别是在思想文化领域对非营利组织过于提防。实际上，绝大部分文化非营利组织所从事的活动具有积极的社会整合和文化凝聚作用。正如有的学者所言："'非政府组织'的'非'从来都不是动词。只要政府高效勤政，还会怕其不支持吗？既然是'权为民所用'，还怕向非营利组织放权吗？"[1]

---

① 邓伟志：《论社会矛盾》，《上海大学学报》2009 年第 4 期。

因此，对文化非营利组织不应当压制、限制，而应在有效监管的情况下大力培育，使其充分发展。

积极认识的误区：过高估计文化非营利组织的价值建构意义。这主要表现在给予文化非营利组织过高的道德光环，似乎文化非营利组织天然就具有高于文化企业的组织品性，从事文化公益活动的人也必定是品质高尚的人。这种期许一旦形成思维定式，现实中的文化非营利组织的某些问题被曝光，必然会在更深的程度上消解社会资本、伤害社会信任。实际上，不能从组织性质或者创办者动机上去判断一个文化非营利组织的好与坏，它是中性的，如果不符合其组织运行的基本规制要求，就要被制裁。截至2018年1月14日，在全国被撤销的26家社会组织中，文化类社会组织就有6家，包括由中国文学艺术界联合会业务主管的中华伏羲文化研究会、中国神剑文学艺术学会、中国《玛纳斯》研究会、中国艺术文化普及促进会、中国古典文学普及研究会，由中国作家协会业务主管的中国散文诗学会。[①]非营利性文化活动只不过是一种与营利性文化活动目标不同的活动方式，这是支撑现代文化治理的一个基本逻辑。

客观来看，中国的文化非营利组织实际上处于起步阶段，对它的发展既要寄予信任，也不可急于求成。唯有辩证地看待与判断，才能正确认识、有效解除制约文化非营利组织参与国家文化治理的思想束缚。文化非营利组织本身是中性的，既有积极的一面，也有消极的一面。一方面，我们要有效发挥其积极作用，使其成为参与国家文化治理的重要主体；另一方面，也要注重预防、遏制其消极作用。

2. 辩证看待文化非营利组织的治理功能

"社会越是原始，构成它的个体之间就越具有相似性"[②]，社会分化是现代社会发展的必然产物。对处于文化治理转型中的社会主义国家而言，要解决的一个重要问题是如何再整合一个分化的社会。其重要性在于，有效整合多元、异质、分散的社会力量将决定国家文化治理的绩效、质量。然

---

① 资料来源：全国社会组织查询系统，http：//www.chinanpo.gov.cn/search/orgindex.html。
② 〔法〕埃米尔·涂尔干：《社会分工论》，渠东译，生活·读书·新知三联书店，2000，第93页。

而，社会部门主体的有序"组织化"与"再组织化"实际上相当复杂，涉及方方面面的力量博弈。

在中国语境中，文化非营利组织在国家文化治理体系建构中有多大的发展空间、能发挥多大的功能效用，最终决定于政府的治理取向与包容度。对于政府而言，文化非营利组织发展所带来的影响必然是十分深刻的，它影响到政府布局的空间与秩序，尤其在组织结构和功能结构两个方面。其一，从组织结构来看，政府部门以科层制为组织逻辑，采用自上而下的垂直"命令——控制"模式。客观来说，这种组织逻辑能够有效提高运行效率，然而，现代社会越来越多元化、越来越分化，人们的文化需求也越来越精细化，在有效回应这些品类不同、性质迥异的需求方面，科层组织结构缺乏灵活性与适应性。而非营利组织的扁平化组织结构相对而言更有适应性，可对多元多样的文化需求做出及时反馈。其二，从功能结构来看，非营利组织虽然不以直接决定文化价值趋向为目标取向，但是其在活动过程、活动内容中在一定领域、一定空间、一定程度上替代、补充了政府的主流文化价值趋向，分散了原本由政府占有的主导地位的文化指向。实事求是地看，有的领导干部对培育发展非营利组织心存疑虑，这是情有可原的。有的文化非营利组织打着公益文化的旗号非法违规敛财，名为文化非营利组织，实为营利组织；有的文化非营利组织与境外敌对势力联系密切，背后存在"交易"。应该说，在文化非营利组织成长初期存在这些情况，具有一定的历史必然性。在中国社会主义市场经济发展过程中我们也曾经历过"一放就乱、一乱就统、一统就死"的历程。① 从根本上看，文化非营利组织的发育与发展对国家文化治理带来的影响是进步性的，政府应顺势而为。文化非营利组织参与国家文化治理，必然会存在一定的风险。如果因为有风险就拒绝文化非营利组织参与协商，无疑是因噎废食。采取抑制等传统方式限制文化非营利组织成长，非但不能收到应有的效果，可能还会适得其反，导致一些文化非营利组织为躲避政府的高压监管而游离于体制外，结果出现许多不

---

① 李培林：《和谐社会十讲》，中华书局，2009，第 71 页。

登记、不注册的"草根"文化非营利组织，甚至非法组织。正如有的学者所指出的，不要把非营利组织都看作"海啸"[1]，而应将其视为不同文化交融的"黏合剂"。正如恩格斯曾指出的那样："社会力量完全像自然力一样，在我们还没有认识和考虑到它们的时候，起着盲目的、强制的和破坏的作用。但是，一旦我们认识了它们，理解了它们的活动、方向和作用，那么，要使它们越来越服从我们的意志并利用它们来达到我们的目的，就完全取决于我们了。"[2] 因此，把文化非营利组织吸纳进国家文化治理体系之中，为其健康有序成长创造良好的政策和制度环境，努力与文化非营利组织结成战略伙伴关系，建构一种积极的协合式的治理方略，更能够收到"共赢"效果。

二 制度供给：营造利于文化非营利组织培育发展的环境

（一）以改革双重管理体制为着力点，降低注册门槛

要让文化非营利组织在国家文化治理中有效发挥作用，必须使其有合法的法律身份，切实维护其合法的法人地位，这就需要持续推进非营利组织的注册体制改革。其重要性体现在三个方面：

一是持续推进注册体制改革，能够使大量"隐形"发展的非营利组织浮出水面，为其行为规范进入正常轨道。二是社会部门主体的组织化程度越高，社会活力越大、稳定性越强，相应地，社会治理的难度系数就越小；反之，社会如果因缺乏活力，那么稳定性就越低，社会治理的难度系数就越大。[3] 与发达国家相比，中国非营利组织数量总体上偏少，法国每万人拥有 110 个非营利组织，日本是 97 个，美国是 52 个，而中国仅为 3 个[4]，且非营利组织的能力偏弱，结构不甚合理，积极作用发挥不充分。这与非营

---

① 邓伟志：《和谐社会笔记》，上海三联书店，2005，第 5 页。
② 《马克思恩格斯选集》第 3 卷，人民出版社，1995，第 754 页。
③ 连玉明主编《中国社会管理创新报告 No.1——社会管理科学化和制度创新》，社会科学文献出版社，2012，第 10~11 页。
④ 林衍：《让社会自己管好自己》，《中国青年报》2012 年 3 月 28 日，第 9 版。

利组织发育成长相配套的制度供给体系不健全密切相关。在具体管理实践当中，政府往往对非营利组织"重管理、轻服务""重准入门槛、轻日常监管""重集中整顿、轻日常管理""重行政干预、轻法律监督""重登记注册、轻培育发展"，陷入"一收就死，一放就乱"的恶性循环之中。三是文化非营利组织参与国家文化治理的程度早已成为国家治理现代化的重要标尺。正如托克维尔指出："要使人类打算文明下去或走向文明，那就要使结社的艺术随着身份平等的扩大而正比（例）地发展和完善。"① 相比于成为国家文化治理的受益者，通过非营利组织成为文化治理的参与者，日益成为衡量一个人的社会地位的重要标尺。当前，推进非营利组织注册体制改革，重点是改革双重管理体制，使文化非营利组织的主体性与独立性获得确认。

1. 循序渐进推进非营利组织"直接注册制"改革

现行的非营利组织双重管理体制，是在市场经济尚未充分发育、政府职能还未实现完全转型的历史条件下形成的，这种历史过程中的注册体制必然随着时代发展和现实环境的变化演展嬗变。注册管理体制从"严进宽管"循序渐进过渡到"宽进严管"，主要改革举措分可以为三个步骤。

步骤一：在"双重管理体制"框架下调整部分具体程序与机制。例如，将寻找业务主管单位的责任，由组织筹办方转给民政部门。这样做的好处在于尽量减少改革阻力。由民政部门出面协调、平等对话，在一定程度上能够促进注册登记部门与业务主管部门的沟通与联系。

步骤二：在文化领域建立"枢纽型"非营利组织。在这方面，江苏、浙江地区的枢纽型文化非营利组织建设在实践中有所发展。枢纽型非营利组织认定后，分别积极寻找社会上分散的相同或相似类型的非营利组织，不断扩大联系面、覆盖面，形成由共同体组成的共同体结构。枢纽型文化非营利组织的非行政化的运作逻辑，有利于微观文化非营利组织的成长。

步骤三：文化非营利组织直接到民政部门注册。当前，行业协会商会类、科技类、公益慈善类和城乡社区服务类四类非营利组织可以直接登记

---

① 〔法〕托克维尔：《论美国的民主》（下），董果良译，商务印书馆，1988，第 640 页。

注册，经过循序渐进的改革，应将直接登记注册的类型扩大到文化非营利组织。而民政部门要从登记管理部门转变为统一的业务主管部门，承担非营利组织从成立、日常活动到终止的全程监管。在这方面，北京、海南、广东等地进行了积极探索。从广东的改革实践来看，2006 年 3 月开始实施的《广东省行业协会条例》，就把行业协会的"业务主管单位"改为"业务指导单位"，取消了业务主管单位的前置许可程序，落实了行业协会到民政部门直接注册的管理体制。2008 年 9 月，深圳出台了《关于进一步发展和规范我市社会组织的意见》，规定工商经济类、社会福利类、公益慈善类这三大类非营利组织可以到民政部门直接注册。2011 年底，广东在全省经济体制改革会议上专门讨论了《关于广东省进一步培育发展和规范管理社会组织的方案》，明确提出：从 2012 年 7 月 1 日起，除特别规定和特殊领域外，非营利组织的"业务主管单位"改为"业务指导单位"，拟新成立组织可直接向民政部门申请注册登记。此外，北京、海南也分别于 2011 年 2 月、2011 年 7 月实行了部分类别的非营利组织的直接注册制。直接注册制改革的核心取向在于：降低非营利组织的准入标准，加大日常监管强度。

以上三个步骤循序渐进的改革，体现了非营利组织注册体制改革的大方向、大脉络。前两个步骤的改革路径并没有从实质上突破现有的双重管理体制。这是由于改革要坚持先易后难的务实原则，步伐不宜迈得过大、过快，要积极稳妥地把握好节奏，与相关配套政策体系和管理举措改革相协调。等到推行改革的第三个步骤，以民政部门为唯一监管主体，更要重视对非营利组织的全方位、全过程监督，夯实"宽进严管"的制度环境。

2. 细化非营利组织登记注册的身份"认证"体系

当前，可以根据不同类型文化非营利组织的实际情况，细化登记管理方式，具体来说可以分为备案登记、法人注册、公益组织认定三类。

备案登记适用于社区文化非营利组织。对于暂时达不到注册条件而实际上却发挥积极作用的文化非营利组织（例如社区剧社等），可以采取备案制来引导，为其参与社区文化服务提供一定的制度空间。

法人注册要细化标准、简化程序。根据调研情况来看，当前可以直接登记注册的几大类非营利组织在实际操作中还存在着一些问题，管理部门自由裁量的空间较大，甚至为了怕出问题而行政不作为。例如，何为慈善类非营利组织？是否包括文化领域？在认定办法方面，中央和地方层面业已出台的《慈善组织认定办法》过于原则性、粗线条，在具体落实的过程中存在的"灰色地带"，放大了管理部门的自由裁量空间。建议尽快出台实施细则，对可直接登记注册的非营利组织、慈善组织的认定标准予以细化、标准化。另外，管理部门的服务应更加精细化，切实减少非营利组织在注册登记过程中的麻烦。例如，广州的一个非营利组织成立前核准名称的文件写的是"广州市黄埔区身心飞翔文化服务中心"，而发证时写的却是"广州市黄埔身心飞翔文化服务中心"，少了一个"区"字。因为这个原因，办理对公账户时，银行不予接受。民政部门表示有无"区"字并无差别，而银行觉得可能中间会有"猫腻"。最后，该非营利组织工作人员经多次与民政部门沟通后，出具一份证明文件，才使得对公账户办理成功。这表面上是一件微不足道的小事，但对新成立的非营利组织而言却是一道障碍。如果民政部门的服务工作做得更细致些，也许类似这类事情就不会出现。① 这方面，浙江省慈溪市民政局的做法值得肯定。慈溪市民政局推行非营利组织"一站式"登记服务，登记审批时限从60个工作日压缩至10个工作日，并且开展联合年检及上门年检服务，形成了服务型的非营利组织监管环境。

扩大公益组织的认定范围。虽然《慈善法》的颁布使获得慈善组织资格认定的机构享有一系列优惠政策，但这些慈善机构毕竟是少数。大多数非营利组织的公益资质认定仍然处在模糊地带。而很多国家的通行做法是对具有公益属性的非营利组织予以资质认定，使其享有充分的税收减免政策。这不单是一种财政政策，更是一种导向性政策，表明政府对非营利组织的价值和贡献的认可。此外，从税收的角度而言，民办非企业单位实际上与企业并无任何实质区别。因此，在文化领域，建议政府以税收减免替代对文化企业的专项补贴，将这一部分补贴转移到对符合条件的文化非营

① 马骁：《广东省登记管理体制改革的探索与问题》，见朱健刚主编《中国公益发展报告（2012）》，社会科学文献出版社，2013，第261页。

利组织的培育。

（二）加强文化非营利组织孵化基地建设

从国际经验看，设立孵化基地是解决非营利组织初期培育问题的有效方法。美国、日本、加拿大、新加坡以及中国台湾地区等都广泛建立了非营利组织孵化基地，有效推动了现代非营利组织体系的建构和巩固。从进一步健全完善文化非营利组织孵化基地的角度看，需在以下几个方面持续加以改进。

1. 以免费入驻模式吸纳非营利组织参与基层综合性文化服务中心建设

中共十八届三中全会提出，要"整合基层宣传文化、党员教育、科学普及、体育健身等设施，建设综合性文化服务中心。"基层综合性文化服务中心建设是精准文化扶贫的重要载体。"十三五"时期，公共文化服务建设的重点任务之一是对集中连片特困地区实施文化精准扶贫。"非营利组织作为社会资源调动的重要对象，在文化精准扶贫攻坚战中将发挥重要的协同作用。其功能效用主要体现在两方面：其一是参与承接《"十三五"时期贫困地区公共文化服务体系建设规划实施纲要》实施范围内的公共文化服务建设项目；其二是充分发挥社会服务机构自主性、专业性、志愿性特征，按需服务，提供更具针对性的文化扶助服务，在拓展文化扶贫覆盖面的同时增强文化扶贫服务的适应性。同时，应充分借鉴社会领域公共服务的"平台式供给"模式。例如上海浦东公益示范基地，该基地创立了国内首个公益组织聚集办公、共享服务园区，将支持型、枢纽型、专业化、示范性的非营利组织聚集在一起进行平台式建设。这样做的好处在于，政府在吸引非营利组织免费入驻、承接服务的同时，有利于加强对其培育与监管，避免疏离国家文化建设主线。"①

2. 引导社会力量兴办文化非营利组织孵化基地

当前，大部分非营利组织孵化基地由政府主办或运营。由政府牵头有积极的一面也有消极的一面。积极的一面主要表现在初创阶段的各种

---

① 潘娜：《构建文化扶贫新平台》，《学习时报》2018 年 8 月 25 日。

行政便利，而随着孵化基地进入自主发展阶段，行政便利反而会成为约束基地创新的"紧箍咒"。因此，在文化领域，应更多鼓励由有社会责任的经济组织、支持型社会组织协力举办非营利组织孵化基地，政府支持后置，对于创新发展表现良好的孵化基地给予优惠政策或税收减免。

3. 引导文化产业孵化器向综合性孵化基地转型

在中国文化产业十余年来的快速发展过程中，文化产业孵化器起到了积极的推动作用。但是，文化产业孵化器本身也存在着诸多问题，尤以"空壳化""商业化"问题较为突出，核心孵化功能反倒不甚理想。当前，对文化非营利组织的孵化，可以通过"盘活存量"的思路，引导文化产业孵化器承接文化非营利组织的孵化功能，营造文化企业和文化非营利组织发育初期的相互建构的生态环境，从而促进公共文化服务与文化产业由"分"到"合"。

（三）大力培育枢纽型文化非营利组织

在这方面，英国经验值得借鉴。英国政府管理文化始终秉持着"一臂之距"的管理原则。这是英国人引以为傲的一套文化管理方法，它的独特优势在于：可以有效避免党派政治倾向对文化拨款政策的不良影响，保证文化的独立性与经费拨付的专业性。

1. 建构分权式管理制度

"一臂之距"管理原则的要义，实际上就是保持政治与文化之间的弹性与张力，在管理体制上，体现为分权式的管理逻辑。英国文化媒体和体育部（简称 DCMS）作为政府机构，只起引导作用，协调其他政府部门和社会各界力量共同推进文化发展，而管理的职责则由枢纽型文化非营利组织承担，充分显示出文化治理的层次性。而且这套管理体系已经相当成熟，能够联合各相关管理部门和非营利组织，形成大文化管理格局。

2. 强化枢纽型文化非营利组织的治理职能

英国文化治理体系是一个社会化的伞形管理体系。英国枢纽型文化非营利组织分为公共执行机构和公共咨询机构两大类，它们的经费来源具有多重渠道的灵活性，除主要从文化、新闻和体育部拨款取得经费外，还可以通过收费或从事其他商业活动来获得收入。因此，从本质上说，政府管理部门仅通过政府购买服务的方式，对这些枢纽型文化非营利组织进行协调管理，以一种资源支持的方式替代了行政管理方式。在这种政策环境下，枢纽型文化非营利组织充分保持着自主性与独立性。

（四）政府购买服务应向文化非营利组织倾斜

在文化领域，政府向社会力量购买服务的中标单位还主要以事业单位和企业为主，真正由文化非营利组织承接的项目较少。这主要由两方面因素导致：一是政府存在就近购买或"圈内"购买的便利性偏好。这导致了竞争导向的服务外包市场难以成型。二是文化非营利组织数量有限且能力不足。政府所要购买的服务没有合适的文化非营利组织能够承接，或者说其专业能力还达不到政府对购买服务质量的要求。所以说，政府购买服务实际上还兼具培育功能，要给予文化非营利组织"打头阵"的机会和空间。另外，建议将非营利组织的年检与评估等级结果与承接政府购买服务项目、享受经费补贴等相挂钩，引导文化非营利组织全面加强专业化、规范化能力建设。建议培育发展第三方评估机构，对政府购买文化非营利组织服务的质量与效能进行绩效评估。在美国，第三方评估机构对于促进非营利组织的积极作用值得借鉴。例如，第三方评估机构 Council on Accreditation（简称 COA）制定评估指标体系对非营利组织进行质量评估，其评估结果为政府和社会综合把握非营利组织的实际能力提供了一个客观的、量化的参考指标。最后，建议进一步修订《政府采购法》，将购买非营利组织服务纳入公共财政预算和政府采购目录，从制度上保障购买文化服务的资金来源。

三　主体重塑：重构文化非营利组织类型划分

按照现代国家治理逻辑和社会创新趋势，非营利组织的主体边界应当划定在党政机关组织系统与市场主体之外。但实际情况复杂得多。一方面，在政治目标与社会目标"中间地带"的人民团体、事业单位等组织机构，资源汲取与社会效用不相匹配；另一方面，在社会与市场部门之间，以社会企业为代表的新兴组织形态缺乏成长空间，社会创新潜力有待政策扶持与制度激活。同时，在非营利组织内部也存在诸多问题：其一，许多在民政部门登记注册的非营利组织"政社分开"不到位，主体身份实际上并未确立；其二，大量草根非营利组织因找不到业务主管部门而无法在民政部门登记注册，只能进行工商注册，身份扭曲；其三，现行管理条例对非营利组织界定不清晰、分类不合理，在一定程度上制约了各类非营利组织的发展。总体来看，非营利组织存在着行动逻辑与核心使命相背离、与原则底线相冲突、与服务对象需求相脱节等诸多问题，亟须从主体身份重构入手，切实解决制约文化非营利组织发展的基础性障碍。培育发展文化非营利组织，主体身份重构是最基本、最关键的问题。现实表明，文化非营利组织的主体重构，不仅关乎既有的各类型文化非营利组织的重新定位，更涉及相关组织形态的身份转型。

文化非营利组织的主体重构，应当整体布局、协同推进，在政府与社会、政府与市场、社会与市场三个维度上厘清各类主体的功能与定位，纠正"越位""缺位""错位"等失序问题，按照现代国家文化治理逻辑构建党委战略领导、政府有效监管、社会和市场主体多元协同的协合式治理格局，使各类主体形成层次清晰、权责明确、有机互动的和谐系统。

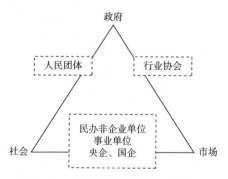

图 9-1　文化非营利组织转型方位图

（一）政府与社会维度：调整枢纽型组织的主体方位

从政府与社会维度来看，应当在政府与社会中间设立整合性、枢纽型的文化非营利组织，使政府与社会之间具有清晰的层次结构。这种转型方向的优势主要体现在以下三个方面：其一，有利于保持政治与文化之间的弹性，使文化的发展更符合内在规律。其二，有利于枢纽型文化非营利组织的自觉性、中间性更好地发挥桥梁纽带作用，使政府意志落实有载体、社会需求传达有渠道，形成良性互动格局。其三，有利于优化政府职能，下放政府"不好做、做不好"的微观事务，拉开政府与微观文化主体之间的距离，抓大放小，通过赋权、监管枢纽型文化非营利组织，宏观把握文化发展方向。具体而言，主要是将文化类人民团体转为枢纽型文化非营利组织，纳入民政部门特殊管理。从理论上来说，文化类人民团体作为群众性社团组织，应该统一纳入民政部门的非营利组织管理体系。但由于其特殊的政治地位，实际上人民团体的主体身份位于党政序列，其机关干部参照公务员管理。而整合型文化非营利组织的主体方位介于党政组织系统与微观文化非营利组织之间，兼具政治性与社会性，应当与党政部门和社会主体保持同样的距离。在现代治理转型初期，在相当长的一段时间内，纳入民政部门实行特殊管理。待条件成熟时，应当成立专门联络沟通整合型非营利组织的政府管理部门。

（二）政府与市场维度：以重塑文化行业组织为着力点

行业协会是政府与企业沟通的中枢，肩负着协调、服务、监督、自律等职能。然而，文化类行业协会及社团组织，在反映微观主体诉求、组织行业自律、督促政府文化立法等方面的重要职能发挥得还不够到位。从西方文化产业发达国家的经验来看，行业协会在组织行业自律、维护会员权益方面具有突出作用。例如，美国电影分级制度即是非营利组织——美国电影协会制定的自愿分级制度，既避免了由政府官员来审查电影艺术和管束电影工作者，又及时帮助家长做出什么电影适合他们的孩子观看的决定。此外，美国的"儿童电视行动"组织、"家长—教师协会"等非营利组织在净化公共电视平台，推动提高儿童节目质量等方面起到了不可小觑的作用。虽然美国没有文化部，但力量强大的文化非营利组织在维护文化公共利益、参与文化治理方面发挥了积极作用。当前，应当尽快推动行业协会转为整合型文化非营利组织，在政府与市场之间更好地发挥桥梁纽带作用。

（三）社会与市场维度：重点培育社会企业等新型组织

在文化领域，社会部门主体尚落后于市场部门主体的发展，动力激励与资源汲取能力比较薄弱，亟须将二者化区隔为整合。社会企业这种新的组织形态无疑提供了可能性。社会企业的核心竞争力和生命力就在于能够将社会价值与经济价值统一起来，可以成为相当一部分文化主体的转型方向。这里举一个美国文化类社会企业的成功案例，以理解这一组织形态的创新价值和可持续动力。

The Better World Books 是一家以在线销售二手书为主营业务的社会企业，它由诺特丹大学的 3 个毕业生于 2002 年创建，他们从出售旧课本中获得灵感，创造出一种全新的商业模式。因相信每本书都有持久的价值和改变世界的潜力，他们通过互联网与 2300 所大学以及美国本土 3000 家图书馆建立了伙伴关系，并在社区设有捐书箱，将超过 73000 吨的旧书从垃圾填埋场中"救"了出来。截至 2014 年 5 月，这家企业已经回收了超过 1 亿 3 千万本书，转换为超过 1800 万美元的基金用于改善全球识字水平，并通过"你买我捐"营销模式捐赠了超过 1600 万本书，向非洲直接发送的书超过 1200 万本。同时，这家企业年收入数千万美元，解决了数百个就业岗位，并且有能力为员工提供良好的福利和津贴。The Better World Books 与其他二手书销售商的本质区别在于它以扫盲和环保为轴心理念和动因，并创造了可持续的商业化运营机制和企业价值链，形成经济、社会、环境三重底线融合互促的有机体。

从激励文化创新的角度而言，探索将文化类民办非企业单位（社会服务机构）转型为社会企业，不仅能够理顺这一组织形态长期以来权责不对称的问题，同时能够从市场部门吸纳更多的具有社会责任感的企业转型为社会企业，拓展社会和市场部门之间的潜在增长空间。

1. 将民办非企业单位（社会服务机构）转型为社会企业

基于以上结构与组织性质的分析，可考虑将社会服务机构（民办非企业单位）从社会部门转移至社会与市场中间。截至 2016 年底，全国共有文化类民办非企业单位 1.8 万个，占全国民办非企业单位总量的 5%[1]。总的来看，这些民办非企业单位权责不一致的问题较为突出。一方面，所有者缺位。创办民办非企业单位实际上是捐赠行为，创办者不享有对民办非企业单位的财产权利。另一方面，在实际经营中混同于企业，难以享受国家对非营利组织的税收优惠政策[2]。实际上，民办非企业单位这种组织形态一直存在较大争议，社会兴办公共文化事业的热情与动力不足。将民办非企业单位转型为社会企业，意味着将民办非企业单位从社会部门中独立出来。其重要意义在于：其一，严格维护了非营利组织排斥利润分配请求权的原则底线；其二，释放民办非企业单位更好地解决就业和做出经济贡献的能力。但是，从社会部门中独立出来并不意味着将民办非企业单位推向市场。首先，社会企业既不属于社会部门，也不属于市场部门，它是一种创新性的组织形态。一般企业的价值诉求无疑是利益最大化，而社会企业的价值诉求是服务社会、解决社会问题、推动社会进步，这是它们的本质区别。这也将社会企业与具有责任感的企业区别来看，具有责任感的企业是在利润最大化的基础上兼顾社会责任，而社会企业是将社会责任作为其组织基因，是高于一切的行为动机。因此，社会企业并不是非营利组织或者一般企业的延伸或变型，它是社会创新过程中的新生细胞。其次，将民办非企业单位转型为社会企业，要明确产权归属问题。当前，民办非企业单位作为非营利组织的形态之一，其产权为社会所有，不能进行利润分配。这是制约民办非企业单位发展的最根本原因。社会企业的产权归属仍然归出资人所有。最后，权责一致。社会企业权责平衡的杠杆为社会贡献率与税率挂钩，并实行有限利润分配原则。

将社会服务机构从文化非营利组织的具体类型中剥离出来，并不意味着削弱文化非营利组织的主体规模和成长空间，反而会促进文化非营利组织和文化社会企业的双向互动和优势互补，优化文化治理的主体

---

[1] 《2016 年社会服务发展统计公报》，http://www.mca.gov.cn/article/sj/tjgb/201708/201708 00005382.shtml.

[2] 金锦萍、刘培峰主编《转型社会中的民办非企业单位》，社会科学文献出版社，2012，第45 页。

结构。

　　从实践来看，残友集团的运营模式就是典型的成功案例。残友集团是由深圳市郑卫宁慈善基金会、8 家非营利组织集群、39 家社会企业集群组成的三位一体的组织体系，运行体制是由基金会宏观决策、非营利组织和社会企业双轮驱动，如今已经发展成为一个自我造血、服务社会的可持续的生态系统（如图 9 - 2 所示），为社会企业与非营利组织的联合发展提供了创新先导。这种原创性的组织体制，从世界范围的社会创新来看，都处于领先地位，值得推广。

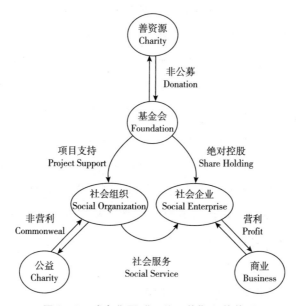

图 9 - 2　残友集团"三位一体"架构体系
资料来源：残友集团官方网站。

　　2. 建构民办非企业单位（社会服务机构）转型为社会企业的支撑体系

　　（1）立法与政策。社会企业发展与政策立法密切相关。政策立法不仅塑造了各国社会企业的发展环境，同时也必然主导其发展方向。为了确保政策介入的正当性，鼓励非营利组织等相关组织形态向社会企业发展，欧洲一些国家在 20 世纪 90 年代后纷纷引进新的立法形态，例如法国、意大利的"多元利益关系人范式"、比利时的"社会目的公司"等，直接将"社会企业"一词使用到法案当中的有芬兰的《社会企业法》等。就美国的情况而言，联邦层面并没有关于社会企业的立法，但在州层面已经相继立法或进行法律修订，将社会企业与一般企业区别开来。具体形式如在华盛顿特区和马里兰等 27 个州的受益企业、加利福尼亚州的灵活目标企业、佛蒙特州的低利有限责任公司、华盛顿州的社会目标企业等。值得一提的是，这些立法进展是有公民社会自下而上推动的，而非政府主导。在亚洲地区，除了韩国的《社会企业促进法》之外，2014 年，台湾地区政府与民间均积极推动社会企业发展法制化，政府层面研议制定《社会企业发展条例》草案，民间积极推动《公益公司法》草案。①

值得注意的是，尽管一些国家和地区积极推动社会企业立法。然而，从各国实践来看，社会企业立法对推动社会企业发展收效甚微，甚至在一定程度上限制其发展活力。法国、比利时和意大利等欧洲国家的社会企业立法，由于缺乏实质性内容，业界兴趣不高。美国社会企业的立法目的是将社会企业与一般公司区别开来，并对其透明度、公信力提出更高要求，以促进其有序发展，但并没有税收减免等方面的实质性优惠。而韩国则是由于政府规制过多，限制了社会企业的多元性与自主性，社会企业过度依赖政府资源。韩国社会企业认证制度在执行过程中过于严苛，自 2007 年立法以来至 2015 年 3 月，申请认证的 2641 家机构仅有 1299 家通过认证审查，通过率不到 50%。立法固然规范了社会企业的经营行为，但也在一定程度上禁锢了其创新活力。

相比之下，英国政府做出了更加明智的选择，早期仅以赋税减免来引导、培育社会企业发展，吸引有志者投入社会企业，对小企业给予不等的所得税补贴及资本收益免税等优惠政策。此后，为了使由非营利组织转型而来的社会企业获取基金投入的机会，英国政府转向成立"大社会资本"，以解决赋税减免这一单一手段的不足。根据英国社会企业联盟 2013 年公布的资料，目前英国社会企业数量已经超过 7 万家，对英国经济的贡献达 240 亿英镑，并雇用了近 100 万名员工（英国总人口约 6000 万）。② 值得一提的

---

① 黄德舜、郑胜分：《社会企业管理》，（台湾）新北指南书局，2014，第 73 页。
② 《社会企业与社会投资》，《中国投资》（增刊），2014 年 10 月 15 日，第 3 页。

是，英国的社会企业不仅在应对社会问题方面有着卓越表现，在商业绩效方面也优于传统中小企业，从而真正实现了商业与社会价值的融合，由此，英国被公认为社会企业发展最成熟和最前沿的国家。

就我国的实际情况而言，在培育成长阶段，完善的政策支持系统比立法更有利于其发展。良好的政策支持环境，可以给予社会企业多元发展的空间，让各种创新模式接受社会、市场的检验，经过实践大浪淘沙，走向成熟，也使立法更具针对性与可行性。

就支持政策而言，根据各国各地区对社会企业的认知与定位，目前大致可以分为两大导向：创新导向、就业导向。创新导向以美国为代表；就业导向以欧洲与亚洲部分国家和地区为代表。例如，日本的就业合作社，菲律宾的消费合作社，泰国以"一乡一品"模式活化社区经济、创造就业机会①，以及中国台湾地区的"庇护工厂"等。以就业为导向的国家和地区，政府往往在财政、税收、优先购买等诸多方面予以支持，韩国甚至以立法的形式将地方对社会企业服务购买作为政绩考核的指标之一。但与支持政策形成一体两面的是干预政策。"由于长期接受政府资助担当服务提供者的角色，现时很多资助机构仿佛都变成了政府这个庞大机器的一部分，完全丧失了推动社会创新的能力。"② 而以创新为导向的国家，则给予社会企业宽松的发展空间，尽管支持政策不多，但历练了其生存能力。同时，社会企业需要哪些政策支持，则由企业自身或非营利组织提出，游说政府对其进行支持。总体来看，就业导向与创新导向，由于立足点与目标诉求的差异，也形成了社会企业"自上而下"与"自下而上"发展的两种路径。就中国文化领域的社会企业培育发展而言，创新导向更为适宜。政府仅需要承担"减其负担、授其以渔"的职能，而社会企业自身的发展规划、经营模式等由其自身决定，创新能力、市场竞争能力乃其生存发展的根本，不能过多依赖政府，走"等、靠、要"的老路。

（2）社会企业的资金筹募机制。社会企业应当探寻基于互惠互信原则

---

① 汪浩、翟本瑞主编《社会企业经营管理》，台湾台中逢甲大学通识教育中心，2014，第15页。
② 陈耀启：《重新认识社会企业》，《不一样的香港社会经济：超越资本主义社会的想象》，商务印书馆（香港）有限公司，2013，第197页。

的资源汲取模式，政府资助、社会捐赠等"馈赠型"资源，实际上转移了社会企业的经营风险，从长远来看，不利于社会企业自立，只能作为培育初期的支持手段。实际上，作为创新驱动的组织形态，文化社会企业的资源汲取模式多种多样。当前，就各国经验来看，以下几种资源汲取模式值得借鉴。

①公益创投（venture philanthropy）。公益创投是资本与公益结合的桥梁，也是推动美国社会创新的重要动力来源。21 世纪以来，公益创投模式在世界范围内涌起，除了美国的阿育王、施瓦布基金会之外，典型的公益创投机构还有新加坡的亚洲社会效益投资交易所、香港地区的社会创投基金等。它们以创新股权、债权、奖金等机制，解决社会企业的资金筹措问题，在考虑资本回报的同时，更将资本对社会、生态、文化等的改善程度作为重要的考量指标。在文化领域，则以中国台湾的"艺文社会企业育成方案"较具代表性。2011 年 6 月，台湾文化艺术基金会发起了"艺集棒"项目（即"艺文社会企业育成方案"）①，由企业家投入初期种子基金，扶助艺文社会企业建立自给自足的商业模式，借由公益创投等企业经营趋势，引导民间企业资源投入文化艺术领域。

②PtP 模式。PtP 模式（Philanthropication thru Privatization），由美国霍普金斯大学第三部门研究学者莱斯特·M. 萨拉蒙教授新近提出。2014 年，笔者在美国霍普金斯大学访问期间，萨拉蒙教授重点向笔者介绍了这一理论。"PtP 模式的核心要义即以非战略性国有资产的私有化交易收益为初始资金成立专项基金或基金会，定向投入公共慈善领域。"② PtP 模式的资金流向具有战略性、定向性和独立性。这类交易模式有以下三个特征："第一，原始资产为政府资产或半官方资产；第二，将资产的所有权或控制权剥离给一个或多个私人机构；第三，由一个独立自主的私人慈善机构以固定捐

---

① 《2011 年财团法人台湾文化艺术基金会年报》2012 年 6 月出版，第 50 页。http：//www. ncaf. org. tw。

② Lester M. Salamon (2014), *Philanthropication thru Privatization: Building Permanent Endowments for the Common Good*, New York and Baltimore: East – West Management Institute and Johns Hopkins Center for Civil Society Studies, p. 16.

赠基金等形式拥有或控制全部或部分交易收益。在此过程中，一方面，国有资产交易所得能够投入非营利部门用以直接资助社会福利、生态环境、高新技术以及文化艺术等领域，化解社会矛盾、促进社会发展；另一方面，通过合理设计交易机制，使实际利益直接受到影响的人民群众能够在这一交易过程中受益，从而减少阻力，加快国企退出非战略性行业，优化国有资产布局结构，提高经济效益。实际上，PtP 模式在实践中早已有之。萨拉蒙教授带领团队经过初步调查研究，发现了全球范围内超过 500 家 PtP 性质的基金会，它们分布在 21 个国家，持有超过 1350 亿美元的资产。世界上一些规模较大的、负有盛名的基金会就来源或拓展于 PtP 模式。例如，德国大众汽车基金会作为最早的 PtP 案例之一，其创始资金来源于德国联邦政府和下萨克森州政府将大众汽车公司私有化过程中产生的收益。该基金会的目标是支持自然科学、人文科学研究和大学教育以及面向未来的研究。截至目前，基金会拨款超过 42 亿欧元，支持了超过 3 万个项目，是德国最大的私人研究资助者。"[①] 简言之，PtP 模式是将政府资产转向社会资产的典型模式。当前，在文化非营利组织、国有文化企业等相关组织形态向文化社会企业转型阶段，PtP 模式既有利于盘活大量低效运转的国有文化资产，又能够成为支持文化社会企业发展的种子基金，值得参考借鉴。

③社会效益债券（Social Impact Bond）。除了 PtP 模式这种将政府资产直接转向社会资产的资源供给模式之外，社会效益债券则是政府调动民间资源实现社会目标的融资模式，取之于社会，用之于社会。社会效益债券由政府发行，专项用于一项改善公共问题的解决方案。在这一过程中，投资者购买社会效益债券的资金作为项目投入，政府再招标资质较高的社会企业完成项目的执行，待项目验收达标后，投资者可取得本金与分红。社会效益债券这种创新模式，在美国、英国等国家均有开发，对于中国政府在扩展购买公共文化服务的资金渠道、为文化社会企业提供优质业务机会等方面均有借鉴价值。

---

① 潘娜：《私有化收益慈善化：慈善发展新选择》，《中国社会科学报》2015 年 4 月 1 日，第 7 版。

（3）文化社会企业的资质认证机制。公信力是社会企业安身立命之本，特别是在社会企业转型、成长阶段，严格的监管环境对其健康、有序发展至关重要。当前，从各国经验来看，社会企业认证制度是完善社会企业监管机制的有效途径。除了前文提到的韩国政府通过立法，对社会企业资质进行强制性认证外，中国香港业界为了提高社会企业素质，由第三部门推动社会企业认证体系，以提高社会企业的公众辨识度与社会信任。2013 年底，中国香港社会企业总会推动研发了"社会企业认证系统"（SEE Mark），于 2014 年正式运行。截至 2015 年 6 月，在香港全部 527 家社会企业中，已经有约 1/10，总共 50 余家社会企业获取了认证，还有一批等待审批中的社企，这反映了业界对"验明正身"的需求。香港财政司司长曾俊华也点名赞扬 SEE Mark 是社企的"Q 唛"（香港优质商品认证标志），呼吁公众见到带红色眼镜的企鹅标志，便可以放心光顾。① 可以说，社企认证系统是香港社会企业进一步发展的重要一步。实际上，SEE Mark 是一项兼具审核与培育两项功能的认证体系，对应社企不同的发展阶段和规模，设有不同级别。认证制度可以协助社企提升营运和管理的能力，提高透明度，增加公众、客户和潜在投资者对社会企业的认识和支持。

美国社会企业的资质认证同样是由行业推动的，从政府层面来讲，社会企业并不需要进行资质认证。以美国较具影响力的第三方资质认证组织 B Lab 为例，它实际上是一家推动社会企业更好发展的非营利组织，它通过对受益企业进行资质认证，游说政府确立公共政策，以及建设社会企业数据分析系统等三项相互关联的业务体系，强化其平台所整合的社会企业群的社会、商业价值和世界影响力。目前，已经有 34 个国家、60 个行业的 1063 家受益公司加入 B Lab 的认证体系，成为具有较高社会和环境效益的社会企业。B Lab 对受益企业进行严格的评估，并按评分排名，防止那些将社会责任视为赚钱噱头的企业滥竽充数。同时，B Lab 通过游说各州政府推进立法，促使社会企业这种具有更高社会目标、社会责任和透明机制的创新组织形态获得专门的法律身份，优化社会企业发展的生态环境，为社会企业

---

① 香港社会企业总会，http://www.sechamber.hk/zh_cn-news-details-71.html。

积累社会资本。当然，纳入 B Corp 认证体系的社会企业，可以享受 B Lab 提供的服务和支持，从而赢得更多的投资和发展机会。① 可以说，在社会企业监管体系建设初期，像 B Lab 这样高质量的第三方评估组织，作为将社会企业、政府、市场三方联结起来的枢纽，对社会企业的有序发展起到了不可忽视的作用。

基于以上分析，笔者认为，培育文化社会企业需要从"存量"与"增量"两方面入手：一方面，尽快推动文化类民办非企业单位整体转型为社会企业；另一方面，推动文化社会企业成为大众创业、万众创新的重要载体。其中，存量转型尤为重要。这不仅是中国全面深化文化体制改革的新生长点，同时也是解决文化资源配置失衡失序的有效途径。

从具体改革举措而言，一是建立"以减为主"的政策支持体系。文化社会企业应当具有较好的创新能力与市场竞争力。在文化社会企业转型及培育初期，应当得到国家的政策倾斜，但切忌投入大量专项财政资金直接供给。合宜的做法是，按照"减其负担、授其以渔"的思路，从三方面着力落实税收优惠政策；创新政府购买服务模式，以验收质量为标准，招标对象向优质文化社会企业倾斜；充分利用民间资源与金融手段支持文化社会企业的资源汲取，如公益创投、社会效益债券等。②

二是借鉴英国模式，成立文化社会企业的监管与育成部门。英国政府在 2001 年成立了社会企业局，相继发布了两项社会企业发展战略。特别是2006 年出台的《社会企业行动计划：登上新高度》，明确提出政府在促进社会企业发展方面的职责。一方面，在税收方面给予优惠政策，成立各种基金会，为社会企业提供资金保障；另一方面，积极引导商业部门支持社会企业的发展，强化与社会企业的合作。按照转型原则，社会企业的主体方位应置于社会与市场中间，民政部门与工商管理部门的现有制度框架，均无法完全对应社会企业的监管职能。在转型初期，建议根据社会企业社会目标第一原则，在民政部门将原有民非管理司升格为社会企业局，制定

---

① 潘娜：《美国社会企业的创新态势》，《中国社会报》2014 年 8 月 11 日。

② 潘娜：《国有文化企业转型之路》，《学习时报》2015 年 10 月 12 日。

《社会企业暂行管理规定》，尽快推动民办非企业单位转型，逐步培育文化社会企业主体规模，完善文化社会企业监管机制；推动社会企业成为中国特色社会主义制度下最重要的文化主体形态，弥补政府、社会与市场的有限性，有机整合文化发展的社会效益与经济效益。

三是培育第三方监管机构，并由业界制定"文化社会企业认证系统"，提高其辨识度与公信力。

当前，尽管学界、业界已有探索与实践，公众对社会企业的认知度还很低，文化社会企业发展的社会基础仍较为薄弱。因此，在培育初期，建议委托业界制定文化社会企业的资质认证体系。一方面对各类文化社会企业进行资质审核与评级；另一方面加强对其培训，以规范文化社会企业的经营行为。可考虑借鉴香港模式，对获得认证资格的社会企业标以显著 LO-GO，以区别于一般企业，通过增强辨识度、透明度，加强公众监督，从而提高文化社会企业的社会公信力。

总体而言，现代国家文化治理体系横向上突出主体多元、纵向上强调上下互动，文化治理重构需要统筹协调、全面推进，存量调结构、增量拓空间。位于政府、社会、市场中间地带的人民团体、事业单位等具有一定发展历史的组织形态，社会企业、公民自治组织等新兴组织形态等，都需要进一步明确功能属性与主体方位。位于政府与社会之间、政府与市场之间的组织机构，应转型为枢纽型非营利组织，切实发挥桥梁纽带作用；位于社会与市场之间的组织机构，应当在功能上加强融合，在组织形态上鼓励创新，激励社会效益与经济效益相统一。

四　加强文化非营利组织的事中事后监管

随着我国非营利组织发展进入快速推进、增强能力和提升公信力的关键时期，非营利组织监管层面爆发出的问题引发日益广泛的社会关注，这主要是由于以下三个方面的原因。第一，随着部分类型实行直接注册制，非营利组织的数量大幅增加，强化对非营利组织的监督管理日益提上议事日程。第二，管理体制抑制非营利组织发育成长。社会部门亟待一个宽容有序的发展环境。第三，非营利组织出现的腐败现象，集中暴露了非营利组织的信任危机。完善非营利组织管理体制对于修复社会信任体系至关重要。

非营利组织要能有效参与文化治理，关键是自身要有很强的社会公信力。而提升非营利组织社会公信力的基石就是强化对非营利组织的有效监管。解决非营利组织监管问题，找准病症、开对药方是前提和关键。首先要找准目前存在的主要问题，然后基于这些问题科学构建一套系统完备、相互衔接的制度体系。

（一）夯实非营利组织监管的法律支撑体系

党的十八大以来，支持与规范非营利组织发展的法律法规不断完善，但仍有优化空间。虽然《慈善法》的出台填补了社会公益领域立法的空白，但到目前为止，中国仍然没有一部统一的专门关于规范非营利组织监管方面的法律，难以对全部类型的非营利组织进行全面有效的监管。监管主要还是依靠《社会团体登记管理条例》《民办非企业单位登记管理暂行条例》《基金会管理条例》这三部法规。然而随着非营利组织的迅猛发展，有的法规已难以满足新的治理要求，特别是新兴领域非营利组织不断涌现，监管法规的缺位无法做到有法可依。例如，对"离岸社团"、网络非营利组织、社区非营利组织、"草根"非营利组织的监管等，目前法律法规还处于空白状态。这表明，非营利组织监管的法制建设已然落后于实际需要，应根据新的形势进行新的立法，为新兴非营利组织的有序发展提供法律依据。更为重要的是，要加紧制订非营利组织基本法，将对非营利组织的监管放在一个统一明确的体系框架内予以考量和推进。当前，由于行政法规的规定较为笼统，实践操作中执法部门的自由裁量权较大。例如，目前中国非营利组织的监管主体的职责不清晰，存在交叉与重叠的问题，主要表现在登记管理机关和业务主管单位的权责不匹配，实践中易造成业务主管单位对非营利组织的违法行为"睁一只眼，闭一只眼"。因此，出台非营利组织基本法，有助于从全局与战略层面审视非营利组织的整体发展。此外，当前非营利组织监管的配套法规不足，造成了实际执行时的尴尬或不作为，配套法规、实施细则的跟进也非常必要。笔者于 2016 年 6 月 15 日对 S 市文广局公共文化处负责非营利组织审查业务的同志进行电话访谈了解，目前 S 市文广局作为业务主管单位的非营利组织约 200 余家，其中民办非企业单位 140 多家，社团 50 余家。作为业务主管单位，该处对递交材料的非营利组织进行前置审查，按照条例规定对其名称、业务等进行审核，并联合宣传部对意识形态进行审查，符合规定的一般支持组建。根据诚信申报原则，申报单位对其真实性负责。在民政部门登记注册后，这些非营利组织等于跟文广局失联了。它们开展业务的情况以及后续发展情况文广局基本不掌握。

（二）通过精细化的服务达到严格监管的效果

非营利组织最佳的监管方式是在服务中实施监管，在监管中体现服务，做到服务与监管并重。这就需要及时回应非营利组织发展中碰到的最现实的利益问题，塑造服务型的监管部门形象。具体而言，需要从以下几个方面做出改进。

1. 监管资源要与非营利组织发展相匹配

与迅猛成长的非营利组织相比，监管部门的发展相对滞后，特别是在机构设置、人员配备、资源支撑等方面亟须重点加强。第一，在机构设置方面，部分地区的民间组织管理局只设立一个处室负责监管，尤其是基层登记管理部门力量最为薄弱。第二，在人员配备方面，不仅专门从事监管职责的工作人员少，往往只有几个人，日常登记注册工作和年度检查都显得力不从心，更别说跟踪监管上千乃至上万个非营利组织的运行状况。此外，缺乏专业执法人员。省级层面除北京、上海、天津、广东、新疆、云南等部分省份外，基本没有执法队伍，而市县一级的矛盾更为突出。从全国非营利组织的层次结构来看，80% 以上分布在基层，而基层监管力量却最为薄弱。全国县以下没有专门机构的比例高达 70% 以上，基层非营利组织可以说处于无人监管的失控状态。[1] 第三，财政资源支撑不足，日常监管和

---

[1] 廖鸿、田维亚、石国亮：《社会组织参与社会管理创新的调查研究——基于全国三省一市调查的分析与展望》，《中国青年研究》2012 年第 2 期。

执法的经费需要进一步增加。

2. 提高非营利组织违法违规成本

提高非营利组织违法违规成本，对未实行信息公开或者在信息公开方面弄虚作假的非营利组织，应对其年检结论不予通过，视情况鉴定为基本合格或不合格，严格责令整改。当然，也要避免随意处罚。在这方面，民政部 2012 年 8 月 13 日颁布了《社会组织登记管理机关行政处罚程序规定》（2012 年 10 月 1 日起实施）。该规定对非营利组织违法违规行为的管辖、立案、调查取证、行政处罚决定和执行的程序等问题进行了明确规定，对于保护非营利组织合法权益、避免多头随意处罚将发挥积极导向功能。在从严处罚的同时，也要加强激励。将开展信息公开活动的情况纳入非营利组织年度检查的范围，并作为评估、评比和有关表彰活动的重要指标，表彰在信息公开方面做得好的非营利组织。

3. 重点对获得免税资格的非营利组织严格监管

税务机关应当要求获得免税资格的非营利组织定期上交财务报表、年终时提交财务汇总报表和资产负债表，在指定平台详细披露资金的使用情况、有效监督善款的使用合理性。如果违背规定，除不能享受相应的减免税待遇外，还须接受相应的处罚。在这方面，加拿大的经验值得借鉴。"在加拿大，有一个名为 Revenue Canada 的组织制定了慈善编号制度。如果想在加拿大成立一家慈善机构，必须向政府证明已从该组织取得慈善编号才准许开展慈善筹款。此外，还必须在每一个财政年度末向政府汇报筹集了多少钱款，并严格规定了项目用途与日常开销 8∶2 的比例。同时，还须按规定向社会公众公布财务收支和经营状况。如果没有做到，慈善编号就会被收回。"① 由此，慈善组织的生存发展就与社会信用紧密挂钩，不重视社会信用也将失去发展空间。

4. 建构社会化的评估体系

组织质量评估对于非营利组织的健康发展至关重要。在世界范围内，根据政府的参与程度，非营利组织评估主要分为三种模式。一是政府主导

① 闻丛：《国外慈善组织监管的基本做法》，《学习月刊》2011 年第 6 期（上）。

型。如香港社会福利署。二是政府参与型。如菲律宾的 PCNC 非政府组织认证委员会，就是由政府官员参与理事会组成的。三是社会负责型。例如，"美国的马里兰州非营利组织联合会，在该评估中看不到政府参与，而完全是发自民间又反馈应用在民间的评估模式"①。目前，我国对非营利组织的评估大都由民政部门组织实施，不仅工作量大、耗时长，评估的专业性与有效性并不理想。因此，为了提高评估效能，需要大力培育第三方专业评估组织，以提高评估效果的客观性。

5. 设立统一的非营利组织培育和管理委员会

当前，"双重管理"的不适应性日益突出，甚至异化为"双重不管"。因此，设立统一的非营利组织培育和管理委员会迫在眉睫。这个委员会应当统一管理各类非营利组织登记注册、日常活动、规制监管，并享有执法权和部分立法权。同时，也承担对非营利组织进行综合监管的责任。只有这样，才能从根本上解决相关部门的相互推诿、扯皮现象。在这方面，英国的经验值得借鉴。英国慈善委员会，是英国统一管理各类非营利组织登记注册、规制监管的政府机构，享有部分立法权、执法权，英国近 20 万家非营利组织，90% 在慈善委员会登记注册。慈善委员会对它们进行统一监管，并根据规模大小将非营利组织分为三种类型，集中精力监管规模和影响力大的头等非营利组织，这些组织的数量大约在 400 家（但其年度运行经费约占全部非营利组织总额的 43%），对中等规模的非营利组织主要以加强审计为主要监管措施，其余大量的小微组织，则委托专门的中介机构进行监管。②

（三）加大非营利组织的信息公开力度

阳光是最好的防腐剂。非营利组织建立公开透明的信息披露制度，不仅是确保其健康有序运行的内在要求，更是获得社会公信力的关键要素。非营利组织信息公开，指的是非营利组织依法依规将其组织自身及其活动

---

① 陈恒等：《让评估成为衡量社会组织的"一杆好秤"》，《光明日报》2013 年 6 月 8 日。
② 王名：《社会组织论纲》，社会科学文献出版社，2013，第 124～125 页。

的相关信息通过一定的媒介公之于众的行为。

当前，非营利组织信息公开的状况令人堪忧，亟须改进，以加大推进力度，倡导廉洁自律。在文化领域，某些非营利组织利用文艺评奖搞暗箱操作、利益交换的问题突出，导致评奖过多过滥，对社会风气造成恶劣影响。2014 年底，中央巡视组对文化部开展的专项巡视就指出了这一问题，"业务主管社会组织设置过多，有的利用文化部资源从事营利性活动，领导干部在其中违规兼职取酬、谋取利益"，"文化部有干部玩风较盛""有的干部'退而不休'"[①]。文化部根据中央巡视意见做出整改，修订印发了《关于进一步规范文化部业务主管社会组织开展各类活动的通知》，撤销了全国戏剧文化奖等评奖。文化部通过网站向社会公布了对其业务主管的文化部文化艺术人才中心、中国儿童戏剧研究会、中国艺术节基金会三家单位违规参与举办"德艺双馨"评选活动的通报批评，收缴了文化部文化艺术人才中心违规收取的 10 万元业务指导费。[②] 从长远来看，促进文化非营利组织健康发展，还需要建构制度化的信息公开规制体系，拓展信息公开的内容覆盖面。

1. 细化非营利组织信息公开的程序和内容

信息公开分为基础信息公开和特殊信息公开两类。基础信息公开包括项目活动报告、年度工作报告、财会报告、审计报告等内容，这类信息需要通过媒体平台向社会公众发布。"而捐赠合同、受助人、捐助款物使用流向等特殊信息，可以采取申请公开的方式，即不需要主动公开，以加强隐私保护，避免对受助人带来心理伤害。"[③] 此外，相比于基金会，社团和社会服务机构的相关管理条例关于信息公开的规定较为模糊，并且对于违反信息公开的责任追究缺乏具体的程序规定和惩戒举措，致使这些规定可操作性不强，甚至形同虚设，在实际操作中没有起到应有的作用。这两类组

---

① 《中央第二巡视组向文化部反馈专项巡视情况　文艺评奖过多过滥存在暗箱操作》，《中国纪检监察报》2015 年 2 月 11 日。

② 资料来源：文化部网站，http://www.mcprc.gov.cn/whzx/zxgz/shzzgl/zgtbsx/201506/t20150616_441813.html。

③ 康晓强、潘娜：《当前加强社会组织监管的着力点》，《学习时报》2013 年 9 月 23 日。

织信息公开制度建立，应向基金会看齐。《基金会管理条例》《基金会信息公布办法》《关于规范基金会行为的若干规定（试行）》（2012）等规定，不仅明确了原则要求，还细化了具体措施与责任追究，将信息公开与年检和评估挂钩。此外，目前关于非营利组织信息公开的弹性空间过大，关于信息公开的程序和步骤都需要进一步具体规范明确。

2. 组织规范与社会监督相结合

非营利组织的诚信自律是如实进行信息公开的内因，这就需要组织内部对信息公开做出制度性规范。一方面，组织内部要建立公开透明的信息公示制度，随时接受社会公众与媒体的查询与监督；另一方面，以互联网为平台主动进行信息公开，包括基础信息平台、项目管理平台、实时服务平台等。此外，要建立社会参与监督的平台与渠道。当前，社会公众缺乏制度化监管渠道、平台，很难对非营利组织的不法不良行为实施监督。因此，监管要透明化，改变过去封闭的监管模式，提升监管过程的公开化程度。做到保护合法的非营利组织和取缔非法的非营利组织，维护非营利组织的合法权益和惩处非营利组织的非法行为的有机统一。特别要重视群众和舆论的社会监督，设立监督举报电话，畅通社会监督渠道，实现政府监督和社会监督良性互动，最大限度提高监督效能。更充分发挥新闻媒体的监督作用。非营利组织应有效运用媒体向社会公众传递活动信息，消解社会公众对非营利组织的误会、误解。

3. 健全责任追究的实际举措与救济程序

由于对社会团体、社会服务机构违反信息公开的要求还没有相应的责任追究规定与有效的强制措施，民政部门实际上难以对其实施行政处罚，造成违规成本过低。而基金会的信息公开，只是针对没有公开和虚假公开两种情况，这不足以达到对各类非营利组织的监督和对社会公众知情权的保护。而且即使发生这两种情况，由于缺少责任认定标准和违规惩戒程序，处罚在实际执行难以落实，登记管理机关的自由裁量空间过大。因此，在未来的立法中有必要督促各类非营利组织按要求公开信息，切实加大对所有非营利组织信息公开责任追究力度。同时，要制订非营利组织违反信息公开责任追究的救济程序。非营利组织如果不同意处罚结果，可以进行申诉。目前这方面的制度供给还较为欠缺，需要予以科学的制度设计。

五　注重社区文化非营利组织的治理功能

我国社区非营利组织发展快速，在基层文化娱乐生活中发挥了积极作用，可以说是文化治理体系的"毛细血管"，是社会公众文化需求和活动状况"下情上传"的基础信息来源。社区文化非营利组织扎根于鲜活的群众文化生活，能在第一时间获得接地气的信息并做出回馈。可以说，社区文化非营利组织日益成为公众参与国家文化治理的渠道和平台。社区文化非营利组织来自并服务于社区居民，满足社区居民的多样性的文化需求，以公益或互益为目的。因此，社区文化非营利组织除了具有文化非营利组织的基本属性之外，还具有四方面的独特属性：规模小、数量多、活动空间小、影响力小。社区文化非营利组织，作为最基本的小微文化共同体，共同构成了民族国家层面的大文化共同体。

（一）社区文化非营利组织治理能力的提升需要一定的自主空间

总的来看，社区非营利组织的发展与基层政府的管理体制变迁密切相关。20 世纪 90 年代开始，我国社区建设的目标取向是社区自治。这一政策取向是对市场经济作用下分化的基层社会进行整合，最大限度增强社会的凝聚力。可以说，社区建设的兴起，深刻改变了城市生活中的社会关系结构，同时为社区非营利组织的成长创造了条件。不过，社区非营利组织真正兴盛是进入 21 世纪以后，自下而上的社区组织开始兴起。① 与此同时，国家文化建设演变为公共文化服务与文化产业"两轮驱动"的发展格局。其中，政府在公共文化服务体系建设过程中肩负起主导职责，强化了基础公共文化设施建设，并建构起一系列成体系的公共文化服务项目，形成了一种自上而下的单向性的公共文化供给模式。但是，社区居民对公共文化服务的需求与供给存在一定的张力、鸿沟，迫切需要社区非营利组织有所

---

① 王颖：《公民社会在草根社区中崛起》，《唯实》2006 年第 10 期。

作为，发挥积极作用。实际上政府所应承担的角色是"促进者""观察者"，而非"主角"，微观的公共文化服务活动应当交给社会，特别是基层的社区文化非营利组织。因为社区文化非营利组织实际上是社区群众自我服务的组织化，所开展的文化活动是本社区这一文化共同体成员真正需要和感兴趣的，政府不需要在这些微观文化活动中充当主角，作为促进者更为合适。

（二）重点培育发展公益性社区文化非营利组织

当前，社区文化非营利组织主要以兴趣社团为主，例如各种俱乐部式的文艺协会和表演娱乐组织。但是，这些互益性的社区文化非营利组织的受益对象有限（仅限于组织内部成员），服务范围也有限。从国家文化治理的角度而言，应重点发展公益性的社区文化非营利组织，使其在文化精准扶贫当中发挥独特优势和作用。社区文化非营利组织有它的独特优势，主要表现在直接呼应社区居民的精神文化需求。这对于激活社区居民的主体意识和公共精神大有裨益，有利于实现公益精神与公益活动的有机统一。

（三）对不同发展阶段的社区文化非营利组织采取分类支持政策

对于发育期的社区文化非营利组织而言，政府应重点做好政策宣传、人员培训、筹备工作等方面的支持。对于成长期的社区文化非营利组织而言，政府应重点做好场地、资金、能力培训、项目筹划等方面的支持。对于成熟期的社区文化非营利组织而言，政府应加大购买服务力度，鼓励其汲取社会资源，加强自身能力建设。在这方面，浙江省走在了实践前沿。例如，杭州市上城区采用分阶段培育"残疾人民间艺术中心"的模式。2009 年 1 月至 4 月为宣传发动阶段，出台实施方案及配套举措，召开残疾人动员大会。2009 年 5 月至 10 月为全面打造阶段，加紧联系相关企业，先安排 15 名残疾人就业，并逐渐把管理工作交给残疾人自己，社区逐渐退出"残疾人民间艺术中心"的内部工作，使其往独立自主自治的残疾人就业培训主体转型。[1]

---

① 陈微、马丽华主编《中国和谐社区——上城模式》，中国社会出版社，2011，第 86~87 页。

（四）　建立社区文化非营利组织的资源支撑体系

社会文化非营利组织需要稳定的资源支撑体系，这就需要外部资源与内部造血两方面共同努力。具体建议：一是通过政府购买服务、活动经费补贴等途径加大扶持力度；二是探索建立社区文化非营利组织发展专项资金制度。通过"评估制""竞标制"等形式，从直接的经费补贴转向以奖代拨，形成有序竞争；三是探索社区文化非营利组织的自我"造血"功能，形成社区文化非营利组织经费使用的良性循环；四是拓展社区文化非营利组织培育的资源渠道，鼓励企业、民间社会资本积极参与培育社区文化非营利组织。此外，在当前发展阶段，社区文化非营利组织的负责人对其健康有序发展至关重要。因此，社区在组织大型活动时，应将参加对象逐步扩大到部分社区文化非营利组织的负责人，使他们明确文化政策、形势、任务和要求，发挥他们在社区文化非营利组织中的宣传员作用。此外，还要加强对负责人的培训。如举办社区文化非营利组织负责人专题培训班，通过整合社区教育资源，对社区文化非营利组织负责人进行政治培训、业务培训。发挥社区文化非营利组织负责人的带头示范效应，吸引、鼓励志愿者参与社区文化非营利组织的活动，提高社区文化活动的社会影响力和美誉度。

第十章　完善文化政策法规

　　本章梳理了"十二五"时期文化政策法规体系状况，论述了"十二五"时期我国文化政策法规制定和实施的成绩及不足，对"十三五"时期完善文化政策体系和文化法规体系提出了建议，同时对加强依法行政、强化法律实施提出了思路。

　　党的十八届四中全会作出全面推进依法治国的战略部署，文化领域的法治建设是全面推进依法治国的重要内容。近些年来，我国文化领域政策法治建设取得长足进展，但仍存在着文化政策法规体系不健全的问题，完善文化政策法规体系、依法管理文化的要求十分迫切。

　　本研究围绕文化领域中的公共文化服务、文化遗产保护、文化产业发展、文化市场监管、文化对外贸易、文化体制机制改革、文化人才队伍建设、文化依法行政等八大重点领域，通过对目前文化政策法规进行系统梳理，分析其取得的成绩和存在的主要问题，提出"十三五"时期完善文化政策法规体系的建议。主要观点有：加快推动文化立法，建立健全文化法规体系；完善文化政策保障体系；加强依法行政，强化法律实施，实现文化行政执法能力的现代化、法治化；加强政策与立法、实践的有效衔接，提高依法治文水平等。

一　"十二五"时期文化政策法规体系建设状况

　　文化政策法规体系是中国特色社会主义法律体系的有机组成部分。改革开放以来，文化领域的制度建设从无到有，逐步建立起了覆盖公共文化服务、文化遗产保护、文化市场管理、知识产权保护、文化产业发展等领域的政策法规体系。截至目前，与文化相关的现行有效法律法规共计45部，其中，制定机关为全国人大及其常委会的有10部，剩余35部为国务院制定的与文化领域相关的行政法规。这些法律、法规和规章的颁布施行，有力地推动了文化事业和文化产业的繁荣发展。

（一）公共文化服务政策法规

"十二五"时期公共文化服务政策法规体系逐步建立。目前，与公共文化服务相关的法律有3部，公共文化服务专门性行政法规2部，文化部公共文化服务专门性部门规章2部，国务院及其各部委与公共文化服务相关的规范性文件200余个。整个体系呈现出以下几个特点。

政策法规体系层级多样。以《宪法》中"国家发展为人民服务、为社会主义服务的文学艺术事业、新闻广播电视事业、出版发行事业、图书馆博物馆文化馆和其他文化事业，开展群众性的文化活动。国家保护名胜古迹、珍贵文物和其他重要历史文化遗产"等规定为根本指南，涉及公共文化服务的政策法规有：①全国人大通过的法律《文物保护法》《非物质文化遗产法》中关于文化遗产为公众服务的条款，《公益事业捐赠法》中关于社会公共文化机构、社会公共设施建设、文化事业受赠的条款；②国务院颁布实施的行政法规《博物馆条例》《公共文化体育设施条例》《广播电视设施保护条例》等；③部门规章，原文化部《乡镇综合文化站管理办法》《博物馆管理办法》等；④规范性文件，中办、国办《关于进一步加强公共文化服务体系建设的若干意见》，原文化部《"十二五"时期公共文化服务体系建设实施纲要》等。它们形成了涵盖法律、法规、部门规章和规范性文件的多层次政策法规体系。

政策法规体系覆盖面广。公共文化服务政策法规体系涉及经济支持、文化权益保障、公共文化设施、文化产品和服务供给等领域，覆盖范围广泛。具体包括在宏观层面对公共文化服务体系建设做出综合性、整体性、基础性、指导性要求的宏观整体性政策法规，如《中共中央关于全面深化改革若干重大问题的决定》；对公共文化服务的财政投入、多元化投融资、税收优惠等做出规定的经济支持类政策法规,如《中央补助地方农村文化建设专项资金管理暂行办法》;有关公共文化设施的建设、管理、经费保障、服务规范、服务标准等方面的公共文化设施政策法规,如《全国公共图书馆事业发展"十二五"规划》;对优秀公共文化产品在内容、形式等方面的创作和生产进行引导、鼓励的公共文化产品创作和生产政策法规,如《文华奖奖励办法》;扩大公共文化产品和服务的供给数量、质量、范围以及促进公共文化服务多元化、社会化的公共文化产品和服务供给政策法规,如《关于推进全国美术馆公共图书馆文化馆(站)免费开放工作的意见》;推进数字文化建设,强化公共文化服务技术支撑的公共文化领域的文化和科技融合政策法规,如《关于进一步加强公共数字文化建设的指导意见》;为实现公共文化服务均等化,针对农村、偏远山区、边疆少数民族地区等地域,少年儿童、老人、农民工等特定群体制定的特定地域及特定群体政策法规。

政策法规体系作用效能丰富。公共文化服务政策法规体系从作用效能看,侧重保障、促进和管理等方面。在财政投入、人才培养、机构设置等方面,为确保公共文化服务有效开展而设定了相关保障类制度。如财政部、原文化部《中央补助地方美术馆、公共图书馆、文化馆(站)免费开放专项资金管理暂行办法》。鼓励社会力量参与公共产品和服务创作、生产的税收优惠、物质奖励、表彰等促进类制度,如《关于鼓励和引导民间资本进入文化领域的实施意见》《创新奖奖励办法》等。规范公共文化设施建设标准,公共文化机构管理、运行,公共机构工作人员从业要求,基本公共文化服务标准等领域的相关管理类制度,如《乡镇综合文化站管理办法》《公共图书馆服务规范》等。

(二) 文化遗产保护政策法规

"十二五"时期,以宪法为依据,以《文物保护法》《非物质文化遗产法》两个基本法律为主干,以文化遗产核心要素保护等行政法规为依托,综合一般要素保护的部门规章及地方性法规、政府规章和自治条例、单行条例,通过国家一元多层级的立法体制,文化遗产保护法律体系已经基本形成。

物质文化遗产保护政策法规体系。物质文化遗产作为文化遗产的重要组成部分,全国人大、国务院、原文化部及其他部委分别出台了多项法律、行政法规以及其他规范性文件对其进行保护,我国物质文化遗产保护政策法规体系形成了以《文物保护法》为主,以文物进出口、文物认定、博物馆管理、传统村落保护等领域其他政策法规为补充的体系结构,各层级政策规章超过 600 项。2010 年后,物质文化遗产保护范围扩大,物质文化遗产保护进入新阶段,传统村落评价认定指标体系、大运河遗产保护管理、《文物保护法》的修订等做了重要探索。2012 年《印发〈传统村落评价认定指标体系(试行)〉的通知》,2013 年 6 月 29 日公布施行了新的《文物保护法》,2014 年,出台《关于切实加强中国传统村落保护的指导意见》《关于做好中国传统村落保护项目实施工作的意见》等。

非物质文化遗产保护政策法规体系。"十二五"时期,我国非物质文化遗产的保护形成了以《非物质文化遗产法》为主,以其他政策法规为补充的非遗保护政策法规体系。其发展大致可分为以下三个阶段:2005 年前政策法规,探索非遗保护;2005～2010 年政策法规,基本建立非遗保护政策法规体系;2010 年后政策法规,完善非遗保护政策法规体系。2011 年《非物质文化遗产法》这一基本法出台,有力地推动了非遗保护保存工作,非遗保护进入全面发展新阶段。2012 年《文化部关于加强非物质文化遗产生产性保护的指导意见》提出了非遗生产性保护,指导建立完善保护机制。2014 年《关于印发国家非物质文化遗产保护利用设施建设实施方案的通知》使得非遗保护政策法规日趋完善。

(三) 文化产业政策法规

文化产业政策从无到有,再到初成体系、不断完善,在引导产业发展方向、优化产业发展环境、规范文化市场秩序、促进文化资源有效配置等方面发挥着重要的作用,形成囊括财政、税收、金融、用地、人才等文化产业基本生产要素及产业融合、新闻出版、广播影视、动漫游戏、互联网产业等重点领域的广覆盖、多维度、有层次的政策体系。

宏观整体性政策法规。从宏观角度对文化产业发展指明方向，明确各项原则，提出发展规划等，对出版发行、影视制作、印刷、广告、演艺、娱乐、会展等传统文化产业以及文化创意、数字出版、移动多媒体、动漫游戏等新兴文化产业领域进行财税、金融、土地、人才等方面的统筹规划。

宏观整体性政策法规分为三个层次：一是中共中央关于推进文化产业繁荣发展的指导性文件。如 2014 年，中共中央发布的《关于全面推进依法治国若干重大问题的决定》。二是国务院关于推动文化产业发展的规划纲要和政策支撑，如 2014 年，国务院办公厅发布的《文化体制改革中经营性文化事业单位转制为企业和进一步支持文化企业发展两个规定》。三是文化部关于支持文化产业发展的具体政策规章。如 2014 年，文化部、财政部发布的《关于推动特色文化产业发展的指导意见》对于依托各地独特的文化资源，通过创意转化、科技提升和市场运作，提供具有鲜明区域特点和民族特色的文化产品和服务的产业形态规定了六大财税、人才扶持等具体措施。

财政支持文化产业政策法规。财政支持文化产业政策法规的发展大致分为三个阶段：2000 年之前，财政政策法规侧重支持发展文化事业。这个阶段是我国财政支持文化产业的酝酿阶段，财政支持文化发展主要体现在对文化事业的重点扶持上。2000 年至 2008 年，财政政策法规侧重支持文化产业重点领域。在此期间，党的十五届五中全会明确提出要"完善文化产业政策"，制定财政支持文化产业类政策渐渐被提上议事日程。2008 年至今，财政政策法规重在支持文化产业全面发展。在此期间的财政支持文化产业政策法规主要有以下几个特点：一是财政扶持资金规模不断增长。财政政策支持文化产业的支持规模从 2007 年的 2 亿元增加到 2013 年的 48 亿元，2014 年推动特色文化产业发展项目达到 800 多个。二是财政政策扶持范围扩大。财政扶持政策既包括对文化产业各个行业的扶持，也包括对特定文化企业、文化企业特定行为的专项扶持。如《推动特色文化产业发展的若干意见》，将特色文化产业发展纳入中央财政文化产业发展专项资金扶持范围，分步实施、逐年推进，重点支持具有地域特色和民族风情的民族工艺品创意设计、文化旅游开发、演艺剧目制作等特色文化资源向现代文化产品转化和特色文化品牌推广，支持丝绸之路文化产业带、藏羌彝文化产业走廊建设。三是财政投入方式多样。现阶段财政扶持文化产业发展的方式有：项目补贴、贷款贴息、政府采购、奖励、贷款担保、股权投资、配套资助、陪同投入、后期赎金、创业投资引导基金等，以项目补贴、贷款贴息、政府采购、奖励等为主。如 2014 年财政部、文化部发布的《关于推动 2014 年度文化金融合作有关事项的通知》，提出充分发挥财政资金的杠杆作用，推动金融资本和文化资源对接是创新财政投入方式的重要举措。2014 年，文化部、中国人民银行、财政部发布的《关于深入推进文化金融合作的意见》提出，中央财政在文化产业发展专项资金中安排专门资金，不断加大对文化金融合作的扶持力度。2014 年财政部发布的《关于申报2014 年度文化产业发展专项资金的通知》明确将"巩固文化金融扶持计划"作为支持重点，从 2014 年度文化产业发展专项资金中单独安排资金，专门用于支持相关贷款贴息项目。财政扶持文化产业，除设立文化产业专项资金外，为落实中央关于实施重大文化产业项目带动战略的要求，还下设动漫业发展专项资金、舞台艺术创作生产专项扶持资金等，扶持文化产业重点项目建设。

税收支持文化产业政策法规。我国现行税收政策法规扶持和鼓励文化产业发展的激励措施在相关税种中均有体现。在增值税优惠方面，主要运用下调增值税税率、出口退（免）税、免征进口环节增值税、先征后退、免税等政策手段，在生产、出口、销售等环节，对经营性文化事业单位转制、重点文化产品生产企业、国务院批准成立的电影制片厂、经国务院广播影视行政主管部门批准成立的电影集团及其成员企业等机关单位及组织进行扶持。在企业所得税优惠方面，主要体现在免征、降低税率、加计扣除、加速折旧、即征即退以及投资抵免等方面。在个人所得税优惠方面，对企事业单位、社会团体和个人等社会力量，通过非营利性的社会团体和国家机关对公益性青少年活动场所（包括新建）的捐赠，在缴纳个人所得税时准予扣除等。在营业税优惠方面，主要为免征和降低税率，如纪念馆、博物馆、文化馆、美术馆、展览馆、书（画）院、图书馆、文物保护单位举办文化活动所售第一道门票收入，宗教场所举办文化、宗教活动的门票收入均免征营业税，2013 年《关于动漫产业增值税和营业税政策的通知》

对符合条件的动漫企业，减按3%税率征收营业税等。在关税免征方面，税收支持也表现在多个方面，如为承担国家鼓励类文化产业项目而进口国内不能生产的自用设备及配套件、备件，在政策规定范围内，免征进口关税等。如在房产税及土地使用税免征方面，由财政部门拨付事业经费的文化单位转制为企业，自转制注册之日起对其自用房产免征房产税等。

金融支持文化产业政策法规。国务院及文化部先后出台了多项政策法规，通过金融手段使文化产业获得更广领域、更大规模的资金支持，以促进文化产业的发展。我国金融支持文化产业发展的政策大致分三个阶段：第一个阶段是2003年之前，文化产业起步阶段，金融支持文化产业政策不足。第二个阶段是2003年至2008年，文化产业发展阶段，金融支持文化产业政策不断丰富。第三个阶段是2008年至今，文化产业快速发展期，金融支持文化产业政策不断深化。其中主要鼓励担保和再担保机构对文化产业的金融支持。提出了加强文化产业合作，并提出了促进当前金融改革和文化产业发展的新趋势。

土地支持文化产业政策法规。截至目前，国家尚未专门出台土地支持文化产业的专门政策法规，但在一些相关政策文件中，涉及一系列土地支持文化产业发展的优惠政策，包括土地供应、土地利用、土地规划、土地管理、土地金融和税收等方面，主要用于支持文化设施、文化产业基地和园区建设，以促进文化产业的快速发展。在土地支持文化产业政策法规推动文化设施建设方面，实行支持影院建设的差别化用地政策；对非国有经济投资在文化领域给予政策支持。同时提出了"实行有利于服务业发展的土地管理政策。"在土地支持文化产业政策法规侧重文化产业基地和园区建设方面，主要提出加快文化产业园区和基地建设，并提出对符合规划的产业园区和基地，在基础设施建设、土地使用等方面给予支持。同时加强文化产业园区基地管理，促进文化产业健康发展；2013年文化部发布《国家级文化产业示范园区管理办法（试行）》，对文化产业园区的土地支持及其他问题做了较详细的规定。

文化产业与相关产业融合发展政策法规。一系列宏观政策提出了要加快文化与科技融合、促进文化旅游融合发展、推动文化与特色农业有机结合、促进文化与体育产业融合发展，着重以文化提升相关产业产品和服务的附加值，以融合发展拓展文化产业发展空间。其中文化产业与科技融合发展政策法规侧重于宏观调控，明确提出了要加快文化产业与科技融合发展，为文化产业与科技融合发展提供更大的空间。文化产业与旅游业融合发展政策法规意在推动文化旅游深度结合。

文化产业重点门类政策法规。一是新闻出版业法律法规侧重新闻传播管理。目前，新闻出版业法律法规初步形成以《宪法》的言论自由等条款为依据，《刑法》《民法》《突发事件应对法》等法律中有关新闻传播、出版条款为基础，《出版管理条例》《广播管理条例》《互联网管理条例》《政府信息公开条例》等国务院和各部门出台的条例、规章等为主体的法律制度体系。新闻出版业政策侧重新闻出版改革。2014 年 10 月，国家新闻出版广电总局颁布《深化新闻出版体制改革实施方案》，针对完善新闻出版管理体制，增强新闻出版单位发展活力，建立健全多层次出版产品和要素市场，推进出版公共服务体系标准化、均等化，提高新闻出版开放水平等 5 个重点方面的改革任务提供政策支撑，并制定了 23 项具体措施。这意味着新一轮媒体融合将着眼于深化改革，以改革释放红利，打造新闻媒体融合发展的升级版。

二是电影产业政策法规主要是促进电影产业的规范化、市场化。一方面电影产业政策法规规范电影产业运营，主要是对电影的批准、放映等，对电影艺术档案的收集和管理、电影企业经营资格准入等做出了具体的规定。另一方面电影产业政策法规扶持电影产业发展，主要是在财政资金方面扶持电影产业发展、电影产业主体培育、扩大院线经营规模、大力支持城镇数字影院建设、积极推动科技创新、全面加强公共服务、努力增强国际影响力、不断完善监管体系、大力加强队伍建设等方面提出了指导意见。2014 年出台的《关于支持电影发展若干经济政策的通知》，对加强电影事业发展专项资金的管理、加大电影精品专项资金支持力度、通过文化产业发展专项资金重点支持电影产业发展、对电影产业实行税收优惠政策、实施中西部地区县级城市影院建设资金补贴政策、加强和完善电影发行放映的公共服务和监管体系建设、对电影产业实行金融支持政策、实行支持影院建设的差别化用地政策等方面进行了规定。

三是动漫产业政策法规侧重原创动漫扶持，主要从原创动漫、动漫产业项目、动漫企业认定管理、动漫产业人才培养、动漫产业"走出去"等方面为动漫产业的发展保驾护航。游戏产业政策法规侧重游戏内容及出版管理，对电子和互联网游戏出版物的审批、网络游戏发展和管理、改进和加强网络游戏内容管理、强化网络游戏社会监督与行业自律等方面予以规制。

（四）文化市场监管政策法规

文化市场管理政策法规。一是演出市场类政策法规，侧重加强经营性演出行为及从业人员规制。目前，我国演出市场管理类政策法规相对其他文化产业门类政策法规显得比较全面、完善。宏观管理类法规如《营业性演出管理条例》，主要对文化市场主体的条件、程序及如何管理做出规定。市场主体管理方面如《演出经纪人员管理办法》，其他文化市场管理类政策主要是对涉外、涉中国港澳台的文化市场管理行为的规范，如《关于加强演出市场有关问题管理的通知》。

二是娱乐市场政策法规，侧重娱乐场所管理。其中最主要的是《娱乐场所管理条例》，主要对开办娱乐场所的主体、经营内容、监督管理、法律责任做出了规定。文化部发布的《关于〈娱乐场所管理条例〉贯彻执行中若干问题的意见》则是对《条例》进行了较为详细的解释。

三是音像制品市场类政策法规，以音像制品管理及打击侵权盗版为主。《音像制品管理条例》主要对音像制品的出版、复制、进口、批发、零售和出租等做出了规定。其他相关规定主要是对音像制品管理及打击侵权盗版做出规定。

四是网络文化市场类政策法规，以网络游戏管理为主。《互联网文化管理暂行规定》对互联网文化产品、互联网文化活动、互联网文化单位的设立、限制等做出了具体规定。《网络游戏管理暂行办法》则主要对经营活动的经营单位在内容准则方面做了具体规定。

五是广播影视市场类政策法规，以影视制作、内容审查、播出调控为主。《电影管理条例》对电影制片、审查、进出口、电影发行和放映、电影事业的保障和处罚做了具体规定。《广播电视管理条例》在修改后主要对广播电台和电视台、广播电视传输覆盖网、广播电视节目做了具体的规制。其他政策法规主要对影片进出口管理、电视剧内容管理、电视剧播出调控等方面做出规定。

六是新闻出版类政策法规，以出版市场的管理为主。《出版管理条例》主要对新闻出版的指导思想、出版单位的设置与管理、出版物的进口、出版物的出版、法律责任、出版物的监管等方面做了详细的规定。

七是艺术品市场类政策法规，侧重文物艺术品拍卖及美术品经营管理。现行的艺术品市场类政策法规侧重文物艺术品拍卖及美术品经营管理。《文物艺术品拍卖规程》确定了文物艺术品拍卖的基本原则、主要程序与基本要求。《美术品经营管理办法》是艺术品市场中唯一一部专门性的部门规章，主要对美术品的收购、销售、租赁、装裱、经纪、评估、咨询以及商业性美术品展览、比赛等活动做了具体规定。《美术品进出口管理暂行规定》旨在将美术品进出口活动的审批权下放至各省市，便于文化、美术活动的交流。

文化市场执法政策法规。文化市场行政执法是文化市场监管的重要组成部分。文化市场行政执法又主要包括文化市场执法改革和文化市场综合执法规范及执法队伍建设。文化市场执法改革政策法规主要是对文化领域行政执法综合试点工程、文化市场综合执法改革步骤、文化市场执法用人机制改革等做出了具体规定。文化市场综合执法规范及执法队伍建设政策法规中《文化市场综合行政执法管理办法》从执法依据、执法对象、执法方式、执法主体、执法责任等方面做出较为详细规范，促进了执法体制建设。《文化市场综合行政执法人员行为规范》主要规定了执法行为规范、执法礼仪规范及廉洁执法规范。

（五）文化对外交流与贸易政策法规

完善发展对外文化贸易和对外交流政策，对于拓展我国文化发展空间、提高对外文化交流和贸易发展质量，对于继续扩大改革开放、转变经济发展方式，对于稳增长促就业惠民生、提升国家软实力具有重要意义。现行文化对外交流与贸易政策法可分为文化服务与产品进出口类、对外文化交流类、资金扶持类、对外贸易基地管理类。

扶持文化服务与产品进出口。《关于加强文化产品进口管理的办法》主要针对广播影视节目、电影、电视剧、动画片、网络游戏、音像制品、图书、电子出版物等文化产品进行规制。2013 年、2014 年对外交流与贸易呈大规模发展状态，针对规模不断扩大、结构逐步优化但核心文化产品和服务贸易逆差仍然存在、对外文化贸易占对外贸易总额的比重还较低的情况，2013 年制定《对港澳文化交流重点项目扶持办法（试行）》，2014 年制定了《国务院关于加快发展对外文化贸易的意见》等重要政策，这些政策对加快发展对外文化贸易、提高对外贸易发展质量起到了重要的作用。

资金扶持类政策重点规范专项资金管理。在《国产音像制品出口专项资金管理办法（试行）》中明确提出专项资金由中央财政文化事业费拨款，其总预算和年度预算由财政部根据国产音像制品"走出去"工程的总体规划和年度工作计划以及国家财力核定其他资金扶持类政策。其他政策主要针对各个领域的专项资金进行规范。

对外贸易基地管理类政策重点推动文化金融服务创新。《北京市人民政府、文化部关于加快国家对外文化贸易基地（北京）建设发展的意见》是现行的最主要的对外贸易基地管理的政策法规。该政策在基础设施建设、设立国家文化艺术口岸、发展国际版权贸易、发展跨境文化电子商务、推动文化金融服务创新试点、加快文化贸易公共服务平台建设等方面进行了具体规定，又在推进文化贸易改革创新与合作、强化高端文化贸易人才支撑、完善财税支持和金融服务、建立健全文化贸易标准体系以及加强文化贸易政策集成等政策措施方面进行了规定，是一部结构比较完整、目标较为明确、体系相对完善的政策法规。只是由于该政策颁布时间较短，实施时间不长，而且对外贸易基地制度建设尚处于起步阶段，未形成规模，实施效果不甚明显。

（六）文化体制机制改革政策法规

"十二五"时期文化体制机制改革政策法规主要对文化宏观管理体制改

革、培育壮大市场主体、公益性文化事业单位改革三方面进行了规定。

第一，文化宏观管理体制改革侧重政府职能转变。《国家"十二五"时期文化改革发展规划纲要》强调，"深化文化行政管理体制改革，加快政府职能转变，强化政策调节、市场监管、社会管理、公共服务职能，推动政企分开、政事分开，理顺政府和文化企事业单位关系"。2014年文化部文化体制改革工作领导小组发布的《2014年文化系统体制改革工作要点》及其《分工实施方案》，也明确了新一轮文化体制改革的路线图、时间表、任务书，提出2014年文化系统体制改革工作的要点是加快转变文化行政部门职能。

第二，培育壮大市场主体，扶持小微文化企业发展。一是深入推进国有文艺院团体制改革，推进文化企事业单位改革等。如2013年文化部等九部门联合发布的《关于支持转企改制国有文艺院团改革发展的指导意见》，2014年联合发布的《关于印发文化体制改革中经营性文化事业单位转制为企业和进一步支持文化企业发展两个规定的通知》。二是扶持小微文化企业发展。据统计，国家各部委相继发布了16个支持小微企业发展的政策文件。政策内容涵盖税收、金融服务、专项资金管理等领域，以减轻小微企业负担。2014年7月，文化部、工业和信息化部、财政部联合印发了《关于大力支持小微文化企业发展的实施意见》（文产发〔2014〕27号）。这是在国家部委层面上，首次发文对支持小微文化企业发展工作进行专门部署，为支持小微文化企业发展工作指明了目标、方向和任务。2015年，国务院办公厅印发《关于发展众创空间推进大众创新创业的指导意见》等，在财政支持、税收优惠等方面推出不少具体举措，形成了支持小微文化企业发展的政策叠加。如放宽增值税一般纳税人认定标准及小微企业认定标准，不强求企业必须"同时具备"相关条件才能认定，进一步扩大小微企业减半征收企业所得税的适用范围；在现有20%的企业所得税税率的基础上，进一步细化优惠税率，对不同规模的年应纳税所得额实施不同的优惠税率；提高增值税和营业税起征点，暂免征收部分小微企业增值税和营业税以及免征部分小微文化企业文化事业建设费，减免部分艺术品进口关税等。

第三，稳步推进公益性文化事业单位改革创新。推进图书馆、博物馆、纪念馆、美术馆、文化馆等公益性文化事业单位深化人事、收入分配和社会保障制度改革，建立健全事业单位法人治理结构。如 2012 年《文化部"十二五"时期文化改革发展规划》提出："稳步推进公益性文化事业单位改革创新。"《国家"十二五"时期文化改革发展规划纲要》提出"深化文化事业单位改革"。2014 年文化部文化体制改革工作领导小组发布的《2014 年文化系统体制改革工作要点》及其《分工实施方案》明确规定推进文化企事业单位改革。

（七）文化人才队伍建设政策法规

人才是文化产业和文化事业可持续发展的核心要素。文化人才队伍建设是文化建设内容中的根本。要提高人民群众的文化素质，促进经济社会和人的全面发展，离不开一支素质优良的文化人才队伍。现行有效的文化人才队伍建设政策法规可分为人事改革类、教育培训类、人才评价类、人才激励保障类四大类。

人事改革政策促进文化事业单位人才队伍建设。文化事业单位的机制改革问题一直是政策制定的重中之重。这些政策主要是从建立文化事业单位人事分类管理制度、用人制度和分配制度等多个维度对文化事业单位改革进行了规定。如《关于深化文化事业单位人事制度改革的实施意见》。文化事业单位人事制度改革涉及面广，政策性强，关系广大文化工作者的切身利益，关系文化事业的繁荣和发展。但是由于历史原因、利益纠葛等诸多主客观因素，改革进程较为缓慢。

教育培训类政策侧重基层文化队伍建设。目前尚未出台文化人才队伍建设相关的法律及行政法规，国务院和文化部公布了一些相关的政策规章或措施。如 2002 年文化部公布的《关于加强基层文化队伍职业资格和教育培训工作的实施意见》指出，在基层文化从业人员中同样实行职业资格制度，建设高素质的基层文化工作队伍，为新时期基层文化工作的全面发展提供强有力的人才保证。2010 年 10 月 21 日，文化部下发了《关于开展全国基层文化队伍培训工作的意见》，正式启动"全国基层文化队伍培训项目"。

人才评价类政策以职业标准及准入管理为主。对民族乐器演奏员等 4 个职业和电影电视演员等 10 个职业确定了国家标准。如《关于印发电影电视演员等十个国家职业标准（试行）的通知》。在准入管理方面主要是对广播电视编辑记者、播音员、主持人资格管理，对演出经纪人资质、准入及管理制度的规范，如《广播电视编辑记者、播音员主持人资格管理暂行规定》。

人才激励保障机制逐步建立。在人才激励保障机制方面，颁布了文化艺术优秀人才和优秀青年文化艺术人才支持计划和扶持、奖励政策。2014年，国务院发布的《关于推进文化创意和设计服务与相关产业融合发展的若干意见》明确提出对人才培养的强化机制。在推动实施文化创意和设计人才扶持计划方面，提出应打破体制壁垒，扫除身份障碍，营造有利于创新型人才健康成长、脱颖而出的制度环境；在人才激励体系建设方面，提出建立健全符合创意和设计人才特点的使用、流动、评价和激励体系。

（八）文化依法行政现状

法律的生命力在于实施，法律的权威也在于实施。《中共中央关于全面推进依法治国若干重大问题的决定》中提出，"各级政府必须坚持在党的领导下、在法治轨道上开展工作，创新执法体制，完善执法程序，推进综合执法，严格执法责任，建立权责统一、权威高效的依法行政体制"。具体贯彻到文化领域，就是要加强文化依法行政工作，主要包括文化行政审批、文化市场综合行政执法、文化行政政务公开与监督等方面。

积极深化行政审批制度改革，简政放权。2013 年 3 月 14 日，十二届全国人大一次会议审议通过了《关于国务院机构改革和职能转变方案的决定》。两年多来，围绕"转变职能、推进行政体制改革"，国务院加大机构改革力度，减少四个正部级机构，取消下放 400 多项行政审批事项。在文化行政审批制度改革方面，一是自 2002 年行政审批制度改革工作开展以来，文化部陆续取消行政许可和非行政许可审批项目 28 项，下放 11 项，划转 5 项，仅保留 4 项，取消和下放的项目比例在国务院各部委中名列前茅。二是文化行政审批程序日益规范。文化部先后制定了《文化市场行政审批规范化建设示范标准》《关于公布文化市场行政审批服务监督电话及电子邮箱的通知》，汇总编订了 14 项 29 种审批事项的《办事指南》《业务手册》《行政审批通用文书》等一揽子制度规范，建立了行政审批行为、程序、社会监督等全流程的示范性标准。三是建立了文化产品、服务的事先审查制度和事中、事后监督制度。采取文化产品预审管理的主要有电视剧、电影、境外广播电视节目、音像制品、组台营业演出，对涉及国家安全、社会安定等方面的重大选题，要求实行备案，未经备案不得出版。

全面推进文化行政政务公开。十八届三中全会专门就"强化权力运行制约和监督体系"做出了深化改革的全面部署："坚持用制度管权管事管人，让人民监督权力，让权力在阳光下运行，是把权力关进制度笼子的根本之策。必须构建决策科学、执行坚决、监督有力的权力运行体系，健全惩治和预防腐败体系，建设廉洁政治，努力实现干部清正、政府清廉、政治清明。"在推进文化行政政务信息公开制度建设方面，完善了"全员参与政府信息公开工作机制"和"对外公开先对内公开机制"；在扩展公共文化事业单位信息公开范围方面，由国家图书馆推动，中国政府公开信息整合服务平台、省级平台，分站建设取得突飞猛进的发展，新建 15 个省级（副省级）分站，累计建设分站 37 个，覆盖 80% 的副省级以上公共图书馆，有效地扩展了信息公开受众范围；在文化机构信息公开基础理论研究工作方面，2013 年国家社科基金项目"我国公共图书馆的政府公开信息服务机制与模式研究"顺利结项；在多元立体化信息公开方式方面，指导故宫博物院等公共文化单位在新媒体时代积极拓展传统媒体以外的公开渠道，将传统新闻报道方式与数字化传播方式相结合，满足不同群体的信息需求；在主动公开政府信息情况方面，公开的内容不断丰富，公开形式多元化；在依申请公开政府信息情况方面，文化部设置了信息申请公开受理机构，对只涉及特定主体权利义务，且不涉及国家秘密、商业秘密、个人隐私的政府信息，采取了依申请公开的方式。

加强文化市场执法水平。十八届三中全会通过的《关于全面深化改革若干重大问题的决定》重点强调了"深化行政执法体制改革"问题。从整合执法主体到减少执法层级，从理顺执法体制到完善执法程序，既有对人民群众反映强烈的突出问题和社会矛盾的积极回应，也有对经济社会发展中出现的新情况、新问题而出台的新举措、新办法。文化市场执法领域主要体现在以下几个方面，一是进一步深化文化市场综合执法改革。通过改革，各地整合了不同文化部门的执法力量，组建文化市场综合执法机构，在体制上解决了长期存在的职能交叉、多头执法和管理缺位等问题，文化市场执法体制和运行机制初步形成。二是文化市场行政管理体制建立基本完成。目前，全国共有 286 个地级市、846 个县（区）实现了文化（文物）、广播影视、新闻出版（版权）三局合一；有 36 个地级市、809 个县（区）文化部门与广播影视或新闻出版（版权）两部门进行了两局合并，科学有效的文化市场行政管理体制得到逐步健全，文化行政管理范围不断拓展，管理职能进一步完善。三是文化执法程序和制度进一步规范。文化部出台了《文化市场综合行政执法管理办法》，这是我国第一部专门针对文化市场综合行政执法工作进行专门管理和规范的部门规章，首次确认了综合执法机构的委托执法模式，解决了执法合规性问题。四是文化执法队伍建设得到增强。以综合执法改革为契机，各地执法人员编制明显增多，素质明显提高，装备明显改善，经费明显增加，综合执法保障大大加强，文化市场综合执法队伍不断壮大。为加强队伍建设，文化部制定了《关于加强文化市场综合执法制度建设的通知》《文化市场综合执法队伍培训规划（2011—2015 年）》《关于加强文化市场综合执法装备配备的指导意见》，组建了 131 人的综合执法培训师资队伍，组织统一培训。

二　"十二五"时期我国文化政策法规制定和实施的成绩及不足

"十二五"以来，文化建设取得了一系列成就，覆盖城乡、结构合理、功能健全、实用高效的公共文化服务体系基本建立，文化产业实现跨越式发展，现代文化市场体系基本建立，文化市场监管进一步加强，文化遗产保护体系基本形成，对外文化交流和贸易迈上新台阶，中华文化影响力不断扩大，文化体制改革重点任务基本完成，文化人才队伍发展壮大，人才结构更加合理。但社会与经济发展日新月异，随着文化改革深入推进，文化政策法规体系不够完善的问题日渐凸显，与实现文化大发展大繁荣的任务还不相适应，离形成健全的文化法规政策保障体系还有一定差距，建立健全中国特色文化政策法规保障体系的任务依然十分艰巨。

（一）"十二五"时期文化政策法规制定和实施取得的成绩

政策推动现代公共文化服务体系基本建立。一是作为公共文化服务体系的重要组成部分，经济支持类政策法规对于保障公共文化服务体系建设资金和经费投入，完善公共文化服务设施网络，加大公共文化产品和服务供给力度，推进公共文化服务的标准化、均等化具有重要意义。二是作为公共文化服务体系中最基础的环节，公共文化设施是服务人民群众、传播先进文化、实现人民群众基本文化权利的重要支撑。公共文化设施一般由政府或社会力量举办并向公众开放，如公益性文化馆（站）、图书馆、纪念馆、博物馆、美术馆、体育馆等场地、建筑物和相关文化设施。国务院及文化部先后推出了多个政策法规推动上述公共文化设施的建设、管理、经费保障和服务规范，促进覆盖全国城乡的公共文化设施网络基本形成。三是公共文化产品的创作和生产作为公共文化服务体系的重要组成部分，是保障人民群众基本文化权利、提升民众文化素养的物质基础。文化部、财政部等部门先后制定了推动公共文化产品的创作和生产的实施办法、奖励办法等措施，促进艺术表演团体、编剧、作曲家、杂技艺术家等单位或个人创作出更多优秀作品。四是加大公共文化产品和服务供给，推动公共文化设施绝大部分实现免费开放，使公共文化设施服务人次明显增长，公共文化领域非营利组织数量增长，国家公共文化服务体系示范区（项目）创建活动成效显著。五是公共文化领域文化和科技融合发展，使政府为社会提供的公共文化设施、产品、服务、制度体系、服务方式和运营管理向数字化、智能化形态转化。六是针对未成年人、残疾人、老年人、农民工、城乡低收入人群等特殊群体及少数民族地区、贫困地区等特定地域的公共文化服务体系建设初见成效。

文化遗产保护不断加强。在一系列政策法规的推动下，"十二五"时期我国文化遗产保护取得了飞速进步。物质文化遗产主要体现在文物保护项目及文物保护管理两个方面。截至 2017 年，共普查全国可移动文物 1.08 亿件（套）、文物收藏单位 1.1 万余个，全国共有各类文物机构 9931 个，全国文物机构拥有文物藏品 5096.32 万件，全国重点文物保护单位 4296 处。在非物质文化遗产方面，截至 2017 年，全国共有非物质文化遗产保护机构 2466 个、国家级非物质文化遗产代表性传承人 1986 人，各省（区、市）批准公布了 14928 名省级非遗项目代表性传承人。国家级非物质文化遗产代表性项目 1372 项，各省（区、市）批准公布了 11402 项省级非遗代表性项目。

政策促进文化产业成为国民经济支柱性产业。在一系列政策法规的推动下，我国文化产业实现较快增长，文化产业在国民经济中的份额稳步提高。据国家统计局数据，2016 年我国的文化产业（即文化及相关产业）的增加值为 30785 亿元，同比增长 13%，GDP 的占比为 4.14%。近年来，随着金融支持文化政策法规的不断出台，政府部门、金融机构和文化企业等各方汇聚力量，积极探索更好地促进文化产业发展的工作机制和有效措施，经过努力实践，文化与金融的合作取得了一定的成效，初步形成了多层次、多渠道、多元化的文化产业投融资体系，成为我国文化产业持续快速健康发展的重要动力。在文化园区建设及重大文化项目用地政策支持下，国内文化产业基地、园区加快建设，一些文化产业基地、园区文化创新、产业集聚效应明显，成为我国文化产业跨越发展的"助推器"。文化与其他产业融合呈良性发展，科技在推动文化发展方面发挥的作用越来越受到重视。目前，已有两批 34 家被认定为首批国家级文化和科技融合示范基地，为进一步发挥文化和科技的相互促进作用，引导和推动二者融合，积极构建以科技创新支撑文化产业发展的新格局指明了方向。文化与旅游融合既促进了当地旅游业的发展，也有利于当地民族文化的保护和传承，实现了两大产业的共赢。文化产业重点门类发展也十分迅速。新闻出版业总体实现平稳增长，产业规模继续扩大。2017 年，全国出版、印刷和发行服务（不含数字出版）实现营业收入 18119.2 亿元，较 2016 年同比增长 4.5%；拥有资产总额 22165.4 亿元，增长 3.0%；利润总额 1344.3 亿元，增长 2.7%。另据中国新闻出版研究院调查汇总数据，2017 年数字出版实现营业收入

7071.9 亿元，增长 23.6%。① 在政策法规扶持下，实施国产动漫振兴工程、开展中国文化艺术政府奖动漫奖评选、实施国家动漫精品工程和实施中国原创动漫游戏海外推广计划以来，动漫产业实现快速、可持续发展。

文化市场管理工作取得长足进步。主要体现文化市场经营单位不断增加，文化市场主体实现利润上涨明显；文化执法方面，初步建成专门的文化行政执法队伍，形成了一套较为系统的执法制度，初步形成执法体制机制，执法人员的执法能力不断提升，文化市场监管效能提高。文化部出台的《文化市场综合行政执法管理办法》，这是我国第一部专门针对文化市场综合行政执法工作进行专门管理和规范的部门规章，首次确认了综合执法机构的委托执法模式，解决了执法合规性问题。同时各地也初步形成了一套较为完善的执法制度，进一步推进了执法规范化建设。

对外文化交流与贸易蓬勃发展。我国对外文化贸易发展势头良好，业已成为国际文化贸易格局中的重要力量。成功举办加拿大"中国文化系列活动"、美国"跨越太平洋"系列活动、德国"中国文化年"闭幕式、第 28 届沙特阿拉伯"杰纳第利亚遗产文化节"中国主宾国活动、第 55 届威尼斯艺术双年展中国馆活动、"中阿丝绸之路文化之旅"等重大对外文化项目近百起，参与和深化各类中外人文交流与合作。

文化体制机制改革步伐进一步加快。随着我国文化生产力快速提升，文化生产方式变化越来越大，文化体制机制进一步改革创新。主要表现为：转变政府职能成效显著，国有经营性文化单位转企改制基本完成，文艺团体改制不断深化。"十二五"期间，全国共注销经营性文化事业单位法人近 7000 家，核销事业编制近 30 万个，重塑了一大批新型市场主体，国有或国有控股文化企业的实力、活力、竞争力大大增强。2009 年之后，文化部系统相继组建了中国东方演艺集团有限公司、中国文化传媒集团有限公司、中国动漫集团有限公司、中国数字文化集团有限公司，连同 2004 年作为文化体制改革试点转制成立的中国对外文化集团公司共 5 家文化央企，发展活

---

① 原新闻出版广电总局规划发展司、中国新闻出版研究院：《2017 年新闻出版产业分析报告》，中国出版传媒网，2018 年 7 月 30 日。

力和市场竞争力显著增强。

文化人才队伍建设初见成效。在相关政策法规的指导下，文化从业人员逐年增加，2017 年，全国文化市场经营单位 25.74 万家，比上年增加 1.47 万家；从业人员 173.37 万人，增加 12.42 万人。通过制定颁布多项政策积极支持和鼓励专业技术人员进行知识和技能的更新和补充，不断有重点、有计划地加大专业人才培训力度。通过制定颁布《劳动和社会保障部办公厅、文化部办公厅关于印发民族乐器演奏员等 4 个国家职业标准（试行）的通知》与《劳动和社会保障部、民政部、文化部关于印发电影电视演员等十个国家职业标准（试行）的通知》等职业标准分类政策，实施对专业技术人才、技能人才进行分类界定的方式，推进评价体系多元化，人才结构更加合理。

（二）"十二五"时期文化政策法规制定和实施存在的主要问题

"十二五"时期，我国文化领域政策法规体系建设虽取得了一些成就，但相对经济、社会、教育、卫生等领域，文化政策法规体系不健全的问题十分突出，尤其是文化立法滞后，建立健全中国特色文化政策法规体系、依法管理文化十分紧迫，文化领域政策法规体系主要问题如下：

1. 文化法规保障体系不健全

（1）文化立法盲点多。目前文化领域大多数仍处于依靠政策调控和推动阶段，据不完全统计，我国约有 38000 件立法，其中文化立法的数量约 3024 件，约占整个立法的 8%。许多早该通过立法规范的领域，目前都还是空白。

公共文化服务领域立法缺失。在文化公共设施已有的法规中，一部分重要的政策法规缺失。例如，《博物馆法》缺失，除此之外，文化馆、美术馆、纪念馆、科技馆、城市社区文化设施等公共文化设施也存在立法盲点。

文化产业立法空白多。一是基础性法律《文化产业促进法》仍未出台。虽然我国早在《"十一五"时期文化发展规划纲要》中就已经明确提出要抓紧研究制定《文化产业促进法》，但至今仍未能出台，这是一个重要的立法盲点。以《文化产业促进法》为基本法的局面尚未打开，造成文化产业法制建设的体系化进程停滞，使得我国文化产业立法近乎空白。面对文化产业发展日益成为国家经济发展支柱性产业的趋势，主要依靠产业政策内部文件和个案批复进行文化管理的局面对文化产业的繁荣发展造成负面效应。《文化产业促进法》涉及的法域相当广泛，其中包括公民文化权利实现、文化企业运营以及政府行为规制三个主要方面的内容，而这都需要通过立法做出明确规定。由于政府在促进文化产业发展中具有重要作用，大量的促进措施需要政府制定实施，因此政府权力运行是其中的重要因素，需要立法作出明确规定。文化产业法律法规涉及多层次的权利、权力，在此体系中孰前孰后，何为基础性的权利也是重要问题。《文化产业促进法》作为基础性法律，如何处理个体层面、企业层面以及国家层面之间的利益关系，既做到个体权利实现，又注重企业产业集群发展，同时规范政府管理行为，进而达到增强社会整体利益的目标，颇具难度，但是尽快促成《文化产业促进法》的进程刻不容缓，因为该法的缺失不利于规范政府管理行为进而达到增强社会整体利益的目标。

二是文化产业的重点门类的专门法空白。例如，《新闻法》《出版法》《中国电影产业促进法》等的立法迫在眉睫。如随着新闻出版业的蓬勃发展，各种复杂社会关系的调整，主体权利和义务的规范，都急需健全完善的法律、法规来平衡和保障，但《民法》《突发事件应对法》等广义上的法律并不能解决新闻媒介领域遇到的诸多难点，实践中依然有无法可依的局面。比如，记者的报道权、舆论监督权受到抵制或打压，记者人身安全受到威胁，却不能拿起法律武器保护自己，与之对应的是，一些被监督对象却可以利用受贿、诽谤、损害商业声誉等罪名，动辄起诉或通缉记者，让一些从事舆论监督的记者人人自危。

文化市场管理方面立法盲点多。一是统一的《文化市场管理法》缺失。从根本上治理文化市场违法行为，要从依法治文的要求出发，充分认识文化市场法制建设的重要性，切实做好文化市场管理法的立法工作。二是除文化场所管理领域的《娱乐场所管理条例》、艺术品领域的《美术品经营管理办法》、广播电视领域的《广播电视管理条例》、音像制品领域的《音像制品管理条例》等，艺术品综合市场管理领域、游戏游艺机市场领域等存在立法盲点。《艺术品市场管理条例》仍未出台，艺术品市场立法缺乏使监管依据不足，体制交叉与管理空白同时存在，也导致艺术品市场的诚信缺失，不利于画廊经纪、拍卖交易、展览展销、艺术品进出口、鉴定等方面的健康发展。游戏游艺机市场管理等领域存在立法盲点。而随着游戏游艺机市场数量的增长，规模的不断扩大，需要在市场准入、主体资格、主体责任、主体规范等方面做出明确的法律规定以促进和规范游艺游戏市场的健康发展。另外，《新闻法》《出版法》等领域的立法迫在眉睫。

文化遗产保护立法少。在整个物质文化遗产保护领域，基本法律以及行政法规所占比重很小，仅有《文物保护法》、《长城保护条例》以及年代久远的《水下文物保护管理条例》。在地下文物埋藏区、水下文物、历史文化街区、传统村落的保护、大遗址保护与国家考古遗址公园建设、流失文物的追索等文化遗产保护领域均存在立法空白，不利于物质文化遗产的全面保护。

例如，对传统村落保护法律法规的缺失，导致对传统村落保护的重视度不够，缺乏保护管理机制和保护发展规划，传统村落遭受破坏的状况日益严重。再加上管理薄弱、保护资金投入不足，导致基础设施落后，生态环境未能改善，传统村落空巢化现象进一步加剧，那些保留了丰富传统资源、以活态方式承载着传统文明的村落仍在继续消失。

（2）立法层级低。目前，文化法规体系立法层级较低，法规多法律少。我国文化建设主要是以国务院发布的行政法规和部门规章为依据，影响了法律法规的规范性、权威性和稳定性，直接关系到实现和保障公民基本文化权利。

例如，在公共文化设施方面，除已经出台的《博物馆条例》《公共文化体育设施条例》等行政法规和《乡镇综合文化站管理办法》等文化部部门规章外，其他均为部门规范性文件，效力层级不高，制约了公共文化服务的高效有序开展。

又如，广播电视管理、出版管理、演艺业管理等重要方面，本应通过立法提供依据，但现在只有管理条例，如《音像制品管理条例》《出版管理条例》《营业性演出管理条例》《广播电视管理条例》《印刷业管理条例》

《娱乐场所管理条例》等，其他均为各部委的政策规章，效力层级不高，制约了相关产业的快速发展，同时致使这些市场领域管理无法可依。

非物质文化遗产方面，也仅有一部 2011 年出台的《非物质文化遗产法》和一个《传统工艺美术保护条例》，其余均为规范性文件，这与我国非物质文化遗产的保护现状及面临的紧迫性任务不相符。又如，在民间文学艺术方面，《非物质文化遗产法》虽从公法角度给予了民间文学艺术以保护，但民间文学艺术与其他法律法规，尤其是著作权法未能有效衔接。对民间文学艺术作品产权的确认、利益的归属、权利人利益的保护等问题，以及民间文学艺术作品著作权人享有的表明身份、禁止对民间文学艺术作品进行歪曲或者篡改，以复制、发行、表演、改编或者向公众传播等方式使用民间文学艺术作品的权利，使用民间文学艺术作品的报酬等尚无规定。

（3）立法覆盖不均衡。文化法规体系立法覆盖面不均衡不利于文化的全面可持续发展。首先，文化建设各领域立法不平衡，主要集中在文化遗产保护和文化市场管理方面，其他领域的立法较少。行政法规也集中在出版、广播电视、音像制品、演艺业等文化市场管理方面，公共文化服务、文化产业等方面立法较少。公共文化服务法规体系内部法规覆盖也不均衡，公共文化设施方面的规范较多，其他领域较少。如现行有效的《公共文化体育设施条例》、"三馆一站"法规及正在制定中的《公共图书馆法》《文化馆管理办法》《城市社区文化设施管理办法》《美术馆管理办法》等，均与公共文化设施有关。其次，对于中小微企业的扶持性立法偏少。截至2017 年末，我国小微企业法人约有 2800 万户，个体工商户约 6200 万户，中小微企业（含个体工商户）占全部市场主体的比重超过 90%，贡献了全国 80% 以上的就业，70% 以上的发明专利，60% 以上的 GDP 和 50% 以上的税收。① 2017 年中国国内生产总值（GDP）达到 827122 亿元人民币，按照60% 的比例计算，中小微企业创造的 GDP 达到 496273.2 亿元人民币。

由此可见，中小微文化企业作为我国文化产业发展中的重要组成部分，尽管 2014 年以来，我国政府已出台多项措施，从审批、税收和融资等多个

---

① 《2017 年中小微企业贡献 60% 以上 GDP》，《证券日报》2018 年 6 月 22 日。

方面扶持中小微企业的发展，但是现有政策法规中对小微企业的扶持力度还是有待提高。如北京颁布的文化创意产业发展专项资金的申报细则规定，所申报项目的项目单位组织形式为企业法人的，注册资金不低于100万元，该项规定使得很多处于成长阶段的小微企业被排除在外。

（4）重管理限制、轻保障促进。我国文化立法理念多趋向于"重管理限制、轻保障促进"，制定较多的行政法规大都是一些管理条例，多集中于管理规范性，而较少在促进性条款上加以规定。如广播电视、出版、演艺、娱乐、互联网上网服务经营等领域的法规条文侧重于对资质管理、内容审查、市场监管、义务和处罚的规定，对公民及文化市场主体的权利保障与财税、金融等关注较少。这与保障人民群众基本文化权益、满足人民群众精神文化需求以及促进文化大发展大繁荣、建设文化强国的要求不相适应。

（5）现行有效的法规需要修订和细化。20世纪80～90年代制定的，"十二五"期间仍有效的部分政策法规具有鲜明的时代特征。随着时代的进步、立法技术的改进及相关大政方针的调整，在法规内容、法律概念、体例逻辑等方面存在着严重的滞后性，无法满足实际需要，甚至阻碍文化建设和发展。

例如，文化部1982年《省（自治区、市）图书馆工作条例》、1985年《革命纪念馆工作试行条例》、1986年《美术馆工作暂行条例》、1992年《群众艺术馆、文化馆管理办法》、1997年《传统工艺美术条例》等，这些法规制定时间久远，尤其是随着社会经济的发展和文化的变迁，文化发展的环境和条件不同以往，其条例内容存在缺陷。如对传统工艺美术的定义不够完整，保护措施的实施主体不明确，对传统工艺美术保护力度不够、措施不全等。这些政策法规有待修订和细化。

又如，《广播电视管理条例》为1997年公布，近20年来，广播电视行业尤其是传播和录制技术取得了突飞猛进的发展，发生了翻天覆地的变化。随着我国广播电视的不断发展，特别是近年来广播电视数字化的发展和视听新媒体的蓬勃发展，《广播电视管理条例》已不能满足当前广播电视管理的需求，更不能满足将来实质性实现三网融合后广播电视管理的要求。因此，国家立法部门应制订符合我国国家体制特点、符合"三网融合"下广播电视管理特点的广播电视专门法律，确定新形势下广播电视管理的法源依据。

此外，《文物保护法》1982 年颁布实施，虽在 1991 年、2002 年、2007 年、2013 年先后四次修订，但文物保护政策法规建设依然面临诸多新课题。一是对于实践中已经比较成熟的新类型文物未纳入《文物保护法》，例如实践中已经认可的生态文物。二是文物行政执法力度严重不足，文物保护可能带来与工程建设、文物使用之间的矛盾，甚至利益上的对立，仅依靠无强制权的行政执法，常陷入僵局。三是对文物违法案件处罚的 50 万元最高限额，已远不能震慑违法分子。四是文物保护法律责任规定不完善，文物违法案件缺乏执法依据。五是文物所有人、使用人的责、权、利不对等。《文物保护法》对不可移动文物的使用人或所有人提出了严格的责任要求，增加了他们保护文物的时间和经费成本，而通过保护可获得的相应利益却没有规定。六是社会参与度较低。文物保护涉及各行各业，需要调动各方面的力量和积极性，但《文物保护法》基本都是对文物所有人、使用人以及各级政府的要求，缺少社会力量参与文物保护的具体措施和办法。

（6）配套法规不健全。有些政策法规存在配套法规不健全的现象。例如《非物质文化遗产法》存在条文规定宽泛、配套法规缺乏、缺少具体的保护方法和实施方式等问题。其第四十四条规定："使用非物质文化遗产涉及知识产权的，适用有关法律、行政法规的规定。"但现有的法律法规中，却没有可以直接适用于非遗的规定。再如，《非物质文化遗产法》第二条对传统医药知识的保护做了规定，接着第四十四条又规定"对传统医药、传统工艺美术等的保护，其他法律、行政法规另有规定的，依照其规定。"但是现行政策法规对传统医药没有相关规定。

再如，《娱乐场所管理条例》的配套细则也迟迟未能制定。尽管《娱乐场所管理条例实施细则》自 2006 年就被列入国家的立法规划，但至今仍未出台，导致《文化市场综合管理法》《娱乐场所管理条例》不能得到有效的实施，或者在实施的过程中会遇到一些具体的实施程序、实施结果评价等问题。早在 2011 年安徽省就根据《娱乐场所管理条例》出台了《娱乐场所分级管理办法》对安徽省娱乐场所进行评定等级、分级管理，并对娱乐场所等级定期评定、动态升降，违规处罚与等级管理评分制度直接挂钩，使得《娱乐场所管理条例》中对娱乐场所设立方面的规定更加量化、经营更加具有针对性、监督管理的评价体系更加健全、法律责任更加明晰，使得执法机构娱乐场所的设立、经营、监督管理、法律责任的管理有效串联了起来。可见，配套细则、办法是否到位，也关系到现行法规是否能够顺利实施。

（7）缺乏协调性、可操作性。文化法规政出多门，行政法规和部门规章之间、部门规章和部门规章之间、不同层次的法规之间，存在内容抵触和交叉规定的现象，实施中相互矛盾、推诿扯皮以及多头审批、多头执法和交叉处罚等现象时有发生，损害了法律应有的严肃性和权威性。法规的可操作性是政策能否真正贯彻执行的关键，否则，法规往往成为一纸空文，难以实施。例如，在文化遗产保护管理方面的一些法规对具体保护管理工作所涉及的程序、监督、处罚等问题缺乏详细规定。《文物保护法》规定，进行大型基本建设工程，建设单位应当事先报请文物部门在有可能埋藏文物的地方进行考古调查、勘探。但是，对于"大型"却没有明确的量化规定，造成执行困难，使现有法规不具有操作性。再如，《水下文物保护管理条例》只是笼统地规定了只要是位于中国领海内的遗产，都应属于中国所有，而对于中国领海外的其他海域的文化遗产未涉及所有权归属，不利于我国文物所有权的保护，且对于专属经济区和大陆架这两个特殊区域内海洋文化遗产的归属，条例中也没有做出规定，违法盗捞、抢捞情况严重，不利于物质文化遗产保护工作的高效开展。

（8）部门利益难以协调导致立法进程缓慢。文化领域有些立法虽然较早地列入国家立法规划，但是进展缓慢，究其原因，主要是部门之间利益冲突难以缓和。由于文化法规涉及的部门较多，存在部门利益分化明显、从自身立场出发等问题，有些部门在制定文化产业相关政策文件时，趋向于维护本部门和本领域的利益，产生"部门利益法制化"的现象，这也是我国较为传统的"部门立法"模式的劣势，造成文化立法迟缓。例如，我国文化产业对于同类型问题实行多头管理，没有统一的上位法作为依据容易造成同类问题不同规定的混乱现象，造成《文化产业促进法》的立法进程迟迟不能推进。

2. 文化政策保障体系不完善

（1）文化政策系统性不强。政策的系统性是指政策是一个有机整体，以系统的形式存在，系统内部某一个环节、层次或部分的缺损或失灵，都将使政策失效或失去价值。目前，文化政策多集中于公共文化服务、文化产业、文化遗产保护等方面，而文化人才队伍建设、文化对外贸易、文化土地支持、公共服务平台搭建等方面政策较少。例如，文化人才是一个国家文化的灵魂和支撑，在提升国家文化软实力的过程中具有不可替代的时代价值，但我国当前人才培养、引进、使用、激励、评价、权益保障等方面政策不健全，唯学历、唯数量、唯资历、唯亲疏的现象大量存在，文化人才队伍总体状况与建设社会主义文化强国的时代要求还不相适应。"十二五"规划提出应制定文化创意人才扶持、重点文化设施经营管理人才与成长型小微文化企业核心技术人才培养与培训政策，但无相应政策出台；《全国演艺企业经营管理人才培训规划》被列为《2014年文化系统体制改革工作要点》的要务，但是该规划仍未制定。

在经济类政策中，系统性不完善的弊端较为明显。例如，对于扶持和鼓励文化产业发展的税收优惠激励政策比较零散、不完整，不成体系。主要表现在税收优惠政策规定太笼统又没有相关配套措施，使大多数文化企业享受不到相关税收减免政策；税收政策通常以通知、公告的形式出现，有的有效期过短，没有建立一套专门长期扶持和激励文化产业发展，且便于有效执行的税收政策激励体系；缺乏扶持文化产业可持续发展的协调一致的税收优惠方式，即没有通过税率、纳税期限、征收管理、减免税、出口退税、成本核算、税项扣除、亏损弥补、投资抵免等多种方式来构建全面、规范的激励文化产业大发展的税收政策体系。税收政策不成体系影响了税收政策对文化产业发展的宏观调控和引导激励作用，不能满足文化企业对税收政策扶持的迫切要求。

（2）文化政策协调性不够。政策的协调性是指政策应与整体布局、组织发展、结构布局、技术支撑等相互配套，不同的政策之间应相互协调运作，形成政策合力。按照我国政府职能分工，在现行文化行政管理体制下，文化领域范围广泛，涉及多个管理部门，管理较为分散，政出多门的现象比较普遍，相关部门只能根据其职能管辖范围出台相关政策，往往对整体的发展把握不够，一些已出台的政策带有明显的部门特点。另外，政策协调性不足还表现为割裂文化事业与文化产业的关系。文化产业与文化事业在资源资本、产业业态、产品创新等方面的交汇、互动是不可避免的，特别是在产品的提供和消费上经常是合二为一的，如文化旅游、文化科技创新、公共文化基础设施建设等都是文化事业与文化产业相互作用、互为促进的产物。政策协调性方面的限制，使文化事业与文化产业的信息资源、人才资源、物力资源等无法有效配置，影响文化资源的整合，出现重复性建设、产品同质化等问题。

政策协调性不够导致在政策实施中存在交叉管理或无人管理的现象，在文化市场管理领域尤为明显。根据文化体制改革的要求，文广新局负责文化市场的日常管理和行政许可，文化市场综合执法局负责文化市场的日常巡查和行政处罚，两个部门行政级别相同，人、财、物相对独立，各自管理，互不干涉，但往往在市场管理中容易出现矛盾。文广新局认为市场管理是文化执法部门的事，而文化执法部门则认为文广新局是市场管理的主体，本部门只负责执法工作，这样一来，就造成两家单位在市场管理上互相推诿，谁也不去管。出了问题，两家单位都推责任，无形中造成矛盾。文广新局对行政许可事项不告知文化执法部门，文化执法部门对文化市场行政处罚案件不通报给文广新局，长此以往，给文化市场的管理带来不利的影响。

（3）文化政策操作性不强。政策的操作性是政策能否真正贯彻执行的关键，操作性的强弱是衡量政策质量高低的重要指标，一项难以操作的公共政策出台可能导致政策公信力的下降。政策操作性主要表现在是否有明确的实施主体及实施对象，政策是否具有规范的操作流程，工作流程是否明确、便于操作，否则政策难以达到预期目标。

例如，虽然相关部门已经出台了一些政策对文化产业发展提供土地方面的支持，但主要是宏观层面的提倡鼓励政策，在具体实践中存在较多问题，如普遍缺少文化产业发展、文化基础设施的整体土地利用规划，政策缺乏具体细化的措施，在实施过程中落实不到位。比如在土地使用、市政配套、基础设施建设等方面，缺乏具体扶持政策。《国务院办公厅关于加快发展服务业若干政策措施的实施意见》指出：积极支持以划拨方式取得土地的单位利用工业厂房、仓储用房、传统商业街等存量房产、土地资源兴办信息服务、研发设计、创意产业等现代服务业，土地用途和使用权人可暂不变更。这是宏观上的提倡，怎样落实这些政策，各地差异很大。可见，该项政策可操作性较弱。

再如，在对外文化贸易扶持政策方面，也存在操作性不强的情况。《国务院关于加快发展对外文化贸易的意见》中的实施措施其中之一规定："支持文化和科技融合发展，鼓励企业开展技术创新，增加对文化出口产品和服务的研发投入，开发具有自主知识产权的关键技术和核心技术。支持文化企业积极利用国际先进技术，提升消化、吸收和再创新能力。"该条规定较为模糊，也没有释义或补充说明，导致其实施性较差。

（4）文化政策公平性不足。政策的实质是利益表达和价值分配，其制定和执行主要解决市场失灵的外部性问题，因此政策的公平性是政策所追求的根本价值目标，要充分发挥文化政策的功能必须以公平为前提。对于不同地区、不同行业的政策应当因地制宜，不能搞"一刀切"，否则容易出现利益失衡的情况。例如，面向特殊群体的公共文化服务投入力度不够。以浙江省为例，近5年来浙江省年均文化投入36.84亿元，但公共文化服务供给未向基层、偏远地区、弱势群体倾斜。省财政每年只安排600万元活动经费，与整体文化投入不成比例，不利于加强对农村贫困群体、外来务工人员等特殊群体的公共文化服务，不利于"文化扶贫"。近年来国家虽然着力推进经济欠发达地区的公共文化服务，但是整体上面向特殊群体的投入力度不充分，扶持政策主要还是向发达地区倾斜，对于一些贫困地区、特殊行业、重要领域从业人员的扶持、激励政策缺失。例如，在人才政策制定方面，非物质文化从业人员、少数民族文化从业人员以及传统文化从业人员队伍建设是"十二五"期间文化人才队伍建设重点工程，然而关于这几类从业人员的扶持和培养政策严重缺失；边远贫困地区、边疆民族地区和革命老区以及基层文化人才政策匮乏，不利"三区"及基层紧缺文化人才培养与扶持。

文化产业财政资金投入方面的政策，也存在弊端。一是我国财政对东部与西部、农村与城市地区、发达地区与欠发达地区的文化产业的支持存在较大差距，农村和西部地区在公共文化建设方面处于明显的弱势。二是不同门类的文化产业获得中央财政支持存在不均衡，新闻出版、动漫电影等产业获得支持力度较大。如目前仅动漫产业具有中央财政专项资金，2014年度文化产业发展专项资金重点扶持内容明确为扩大实体书店扶持试点范围、实施环保印刷设备升级改造、新闻出版业数字化转型升级、推动电影产业发展等。三是我国文化产业财政资金支持重大型企业、轻中小微企业。中小微文化企业作为我国文化产业发展中的重要组成部分，缺乏资金支持，发展必然受到制约。四是我国财政政策法规重国有企业、轻民营企业。政策虽对于文化产业的财政投入不区分国有和民营，但由于资源有限性与增长需求之间的矛盾，财政投资资金一般偏向于国有文化企业或者具有政府背景的国有控股、参股文化企业，使国有文化企业在经营领域内具有独特的行政垄断优势，私营企业因此面临较为严重的不公平竞争。如2012年全国国有演出院团数量约等于民营演出院团数量的1/4，但在政府拨款和演出补贴上所获得收入相当于民营院团的10余倍。

在税收政策方面，也存在不公平的现象。一些发展尚未成熟的行业和企业税负相对偏高，不利于各领域协调发展。比如文化娱乐业除了缴纳20%的营业税，还要缴纳3%的文化事业建设费，再加上其他收费，文化娱乐业综合税费负担很重。此外，文化产业税收优惠政策的适用范围有所限制，并不是适用所有文化企业，不利于文化产业公平竞争，也不利于鼓励社会资本投资文化产业。例如，手机媒体、手机网游等需要扶持发展但没有相应的税收优惠措施；小微企业所得税率的税收负担明显高于大中型企业，差距甚至接近一倍。

（5）文化政策效果不佳。一是财政政策杠杆效果不佳。经济类政策对于文化发展影响不言而喻，尤其是现阶段，文化在我国正处于快速发展阶段，对资金的需求量不断加大。如何充分发挥财政资金的杠杆作用，撬动金融和社会资本积极投入文化的发展至关重要。但目前我国现行财政政策支持文化发展的手段与方式比较滞后，仍然以财政一次性补贴、多次减免费、税收减免等传统支持方式为主，缺乏多元化的支持方式与手段，财政撬动金融和社会资本积极投入文化的作用不明显。例如，我国的传统做法是财政资金的无偿投入，而有偿发行国债、公债、专项债券筹融资方式，以及专门扶持文化产业的财政信用手段缺失，这不利于建立投资者信心和分散投资风险，难以满足我国文化产业发展需求，这类政策也就无法达到预期目的。

二是政策的实施效果及绩效评估缺失。文化政策执行监管不严、绩效评估缺失造成文化政策的服务效率及服务质量不高。例如各项财政资金使用的监督机制不健全，缺乏严格的申报、评审、使用程序，公开化程度不高，导致无法客观、准确地反应政策效果，第三方机构和社会公众也无从监督，出现权力寻租、挪用资金等违法违规现象，影响了政策的实施效果与资金使用效率。

（6）政策的延续性与稳定性不够。例如，在以往文化产业政策制定过程中，有些政策是为了解决某一行业某一时期的特殊问题而临时制定的，政策出台前的基础调研工作不足，政策目标设定不够明确，没有考虑到政策的长远影响，从而导致政策目标改变频繁、内容变化过快，影响了政策功能的发挥。

3. 文化依法行政存在的问题

（1）"小文化"式文化产业管理体制不利于提高监管效率。文化产业不仅涉及宣传文化系统，也涉及发改、财政、国土、规划、科技、工信等众多政府部门。当前，我国文化产业管理由党委宣传部门主抓，文化部门、新闻出版广电总局等政府部门分业管理，即"小文化"式的文化产业管理格局。该文化产业管理格局使文化系统内部普遍存在着条块、部门、行业和区域分割，各个文化管理部门各自为政、管理分散的现象，这种现象带来一系列问题。一是造成全盘规划政策的困难，难以实现文化资源的有效统筹，政府调节整个文化行业发展的杠杆机制未能得到充分发挥；二是导致行政效率不高，出现多个部门职能交叉管理，造成政府人力、物力、财力的严重浪费；三是出现"小马拉大车"的现象；四是"小文化"式的文化产业管理格局与产业发展趋势不相符合，导致产业的上下游环节割裂、部门职能交叉、职责不清、多头审批、重复管理与管理缺位并存等诸多问题。这种分业管理模式还使统一的管制权被不同的管制机构分割，九龙治水的分权架构不仅不能起到制衡的作用，反而在一定程度上加大了监管成本、降低了监管效率，同时导致争功诿过、执法责任不明确的法律后果，若不进行文化机构改革，扭转"小文化"式的分业管理格局，文化治理体系和治理能力现代化就会沦为空谈。

（2）行政审查烦琐、审批效率较低。对于文艺创作者和文化企事业单位来说，一个相对宽松、自由的创作环境显得尤为重要，而有关部门的审查审批程序复杂，例如对于影视作品、文学作品等审批标准过于严格、程序过于烦琐，可能会扼杀创作者或文化单位的积极性，导致难出大作品、大创作，也就难以产生大影响。同时，在行政审批方面还存在着部门职能交叉、职责不清、多头审批、重复管理与管理缺位并存等诸多问题。由于各个部门的情况和要求不同，在流转审批的过程当中往往效率较低，同时，各部门之间的沟通机制不够顺畅，往往在一个部门完成审批之后，不能及时履行告知义务，延迟了企业或公民的审批时间。

（3）文化行政执法程序不规范。第一，文化执法人员在办案过程中采取暂扣、封存、扣留等强制措施时程序上经常出现执法漏洞。第二，有些执法人员调取证据材料不规范，调取证据时往往主次不分，且调取来的证据材料也存在不注明来源和出处，不注明出证单位或个人，不加盖公章或签名等漏洞，经不住行政复议的考验。第三，自由裁量权运用不当，有些执法人员往往对事实不深入调查，对法律不认真研究，只凭主观估量运用自由裁量权，随意改变罚款数额，处罚畸重畸轻，既侵害了相对人的合法权益，又损害了法律法规政策权威，影响了法律法规政策的正确实施。

（4）文化监管队伍建设和业务水平亟待提高。一是人员编制不足。管理部门由于受人员的限制，远远不能适应区域宽、任务重的现实情况，突击式、点对点式的检查很难形成较大的监管态势，且检查的周期长，无法对文化市场实施全面、及时、有效的监督管理，特别是乡镇文化市场监管。二是综合业务能力有待提高。队伍的业务能力建设落后于市场与科技的发展，随着科技的进步，文化市场的管理手段也须不断的改进提高，故要求监管工作人员必须与时俱进，学习先进的监管方式与手段。例如互联网的迅猛发展要求监管人员的互联网知识有所加强，而有些监管人员缺乏专业的网络知识，不能敏锐地发现一些问题和漏洞，导致工作无法顺利开展。

三 "十三五"时期完善文化政策法规体系的建议

在中央提出建设文化强国及全面推进依法治国的新形势下，"十三五"时期，文化立法要乘势而上，积极推进，既重视创立新法，也要重视与时俱进地修改旧法，同时优化文化政策的出台与修订，不断完善既有中国特色又符合文化发展规律的文化政策法规体系，为保障人民基本文化权益，促进社会主义文化大发展大繁荣发挥积极作用。

（一）"十三五"时期完善文化法规体系的建议

1. 统筹规划，完善文化法规制定机制

文化法规体系是一个内容庞杂的机制安排，在这个大概念之下，又可细分出诸如公共文化服务体系、文化产业体系、文化遗产保护等相对独立的子系统，如何将组成文化法规体系中的各种要素统一纳入文化法律保障的整体框架就是关键，这既涉及文化立法的整体性问题，也考验立法怎样反映这种整体性以及相应的立法技术。因此，要将文化立法作为一个有机整体来考虑，加强法制理论研究，在已有的文化相关法律法规与制度政策的基础上，对文化领域的各个环节、各项制度进行统筹设计，使之成为一个全面反映、保障文化建设全过程的规范群。

其次，文化领域的立法是一项具有长期性、复杂性和艰巨性的工作，更是一个困难的利益博弈过程，文化法规体系的建构不能一蹴而就，需合理确定立法项目，把握立法节奏，寻求重点领域立法的突破口。如以《公共文化服务保障法》为依据和基础，对需要进一步加以细化、补充的部分制定配套的法规规章，从而形成紧密的配合关系。对于一些利益博弈尤其复杂、对文化体制改革依存度较高的立法项目，则作为长期规划，或者地

方立法先行先试，从而逐步建立健全文化法规体系。

最后，文化领域涉及门类庞杂，存在多头管理、条块分割、立法部门化等问题，协调难度大，争议反弹多，造成立法效率低下。因此建议：一是建立由全国人大相关专门委员会、全国人大常委会法制工作委员会组织有关部门参与起草综合性、全局性、基础性等重要法律草案的制度，如《文化产业促进法》等；二是完善行政法规、规章制定的程序，重要法规由政府法制机构组织起草，如《博物馆法》等；三是建立法规规章、规划、编制及政策的协调机制，破除部门利益的限制；四是健全社会公众参与机制，通过座谈会、论证会、听证会、专家学者论证征询等多种形式和渠道，健全法律法规、规章草案公开征求意见和公众意见采纳情况反馈机制，拓展社会公众参与文化立法的途径，广泛凝聚社会共识。

2. 加快出台重点文化法律法规

（1）文化领域基本法。加快出台《文化产业促进法》。早在1999年，韩国颁布了《文化产业促进基本法》（the fundamental law of cultural industry promotion），成为世界上第一部专门的文化产业法律，奠定了韩国文化产业发展的基石。日本国会于2004年5月批准通过了《关于促进创造、保护及应用文化产业的法律案》，统称《文化产业促进法》。《文化产业促进法》是一个集大成的法律文献，包括发展振兴电影、音乐、戏剧、诗歌、小说、戏曲、漫画、游戏产业等内容。这两个国家从国家立法的高度，为文化产业的发展提供了坚实的法律保障，显示了政府振兴文化产业的决心，高度体现了国家对发展文化产业的扶持。鉴于各国先进的做法，我国也需加快出台《文化产业促进法》。一是明确基本促进制度，应规定财政税收、投融资环境、市场准入、对外贸易、扩大文化消费、文化产业集群等具体促进制度，重点是市场准入与文化集群制度。例如在市场准入方面，应明确规定经营性和非经营性两种不同文化活动主体的资格和市场准入制度，而在文化集群制度方面，应构建文化产业集群建设和规模效应实现的政府指导制度。二是明确各项促进措施，包括完善政府投入保障措施、财政税收及金融支持政策、文化贸易促进政策及知识产权保护政策等。例如完善政府投入保障措施，应包括保障"扶持文化产业发展专项资金"的拨付与使用、保障公共文化设施用地、设立农村文化建设专项资金及健全国家文化发展基金等方面。三是建立侵权救济法律制度，明确法律责任。针对文化产业侵权问题的特征建立相应的侵权救济制度，特别是要完善司法救济制度。完善侵权责任承担法律制度，应包括对行政责任、民事责任及刑事责任的明确规定。

（2）文化领域专门法。第一，推动制定《博物馆法》。《博物馆法》应将《博物馆条例》《博物馆管理办法》《全国博物馆评估办法》《关于民办博物馆设立的指导意见》等经实践证明有效的规定上升为法律。这样做有两点益处：一是明确政府与博物馆的法律关系，包括明确博物馆的法人地位，明确博物馆的职能及权利义务、博物馆及捐赠人分别依法享受的税收减免优惠政策等；二是明确非国有博物馆的地位及促进、管理机制。

第二，加快研究制定《新闻法》。2008 年 6 月 5 日韩国再次修订颁行《关于保证新闻自由和功能的相关法律》。这部现行《新闻法》对公民享有的新闻权益、新闻机构的设立和运作、新闻产业振兴等事项做了详细规定。我国《新闻法》可借鉴韩国《新闻法》，重点规定以下内容：一是应明确规定公民享有新闻自由。明确规定新闻媒体、新闻工作者的地位、权利和义务。新闻立法应明确规定新闻工作者拥有采访报道权利、批评权利、评论权利和舆论监督权利。二是新闻立法应划定新闻自由和公民名誉权、人格权的范围。新闻立法应注意从规范协调和利益平衡上解决隐私权与新闻自由的冲突和矛盾。三是要明确舆论监督的内容，明确规范新闻机构的设立和运作，明确监督方式、舆论监督的保护措施、舆论监督权与其他权利或利益冲突的解决原则。

第三，研究制定《文化市场管理法》。法律的效力比政策更富有执行力，文化市场管理领域不能长期依靠政策法规调控，已成形的政策法规具备条件立法的应当制定法律。目前《广播电视管理条例》、《电影管理条例》、《音像制品管理条例》和《印刷业管理条例》等都已经制定并施行了较长时间，并且经过了反复的修订，为制定《文化市场管理法》提供了基础条件。建议制定的《文化市场管理法》可参照各地方文化市场管理条例，从许可和备案、经营、管理、法律责任等方面规范文化经营和管理行为。

（3）文化领域行政法规及部门规章。第一，推动出台《民间文学艺术作品著作权保护条例》。借鉴 2014 年国家版权局公布的《民间文学艺术作品著作权保护条例（征求意见稿）》，重点规制著作权人身份确定和支付报酬管理两大难点问题。在著作权人身份确定方面，民间文学艺术作品的著作权应属于特定的民族、族群或者社群，但也不排除个人享有著作权的情况；在支付报酬管理方面，专门机构应当将其收取的民间文学艺术作品著作权报酬及时分配给相应的民族、族群或者社群，并建立数据库，每年向社会公示民间文学艺术作品著作权报酬的收取和分配等相关情况。

第二，推动出台《艺术品市场管理条例》。一是重点规范艺术品鉴定问题，包括对鉴定人员和鉴定机构实行准入制度、规范鉴定程序、确定艺术品鉴定的收费制度、推动科技鉴定等方面；二是建立从拍卖交易、画廊经纪、销售、展览展销、进出口，到鉴定评估、产业聚集区等全产业链的管理制度；三是加大对制假贩假打击力度，净化市场经营环境。

第三，尽快制定《对外文化贸易管理办法》。《对外文化贸易管理办法》应主要针对现阶段我国对外文化贸易逆差严重的现象制定促进措施：一是实施出口便利化措施，促进在重点出口地区建立对外文化贸易基地，推动出口便利化；二是积极制定激励措施尤其是鼓励精品文化和品牌的战略措施；三是搭建对外文化贸易平台，加强国际营销网络建设。

（4）文化领域法律法规配套细则。第一，尽快制定《非物质文化遗产法实施细则》。针对非物质文化遗产调查的具体规范、境外组织和个人在我国境内开展非物质文化遗产调查的审批程序、非物质文化遗产生产性保护的相关扶持政策等方面，对《非物质文化遗产法》逐步细化和落实。重点包括以下几个方面：一是完善调查制度，加强调查成果的利用；二是强化名录保护制度，规范名录的管理；三是健全传承传播制度，落实对代表性传承人的扶持措施；四是构建保障机制，充分发挥部际联席会议的作用；五是拓宽交流渠道，推动非物质文化遗产保护的国际交流与合作。

第二，尽快出台《娱乐场所管理条例实施细则》。《娱乐场所管理条例》在 2006 年已经出台，但是其配套政策《娱乐场所管理条例实施细则》至今仍未出台。建议重点关注以下内容：一是对娱乐场所的市场准入、经营规则、管理规则、评价体系、法律责任等做出明确、细化的规定；二是在评价体系方面，可对娱乐场所进行评定等级、分级管理，对娱乐场所等级定期评定、动态升降，违规处罚与等级管理评分制度直接挂钩。

3. 尽快修订重点文化法律法规

第一，修订《文化馆管理办法》。修订《文化馆管理办法》应着眼以下几个方面：一是全国各级文化馆的规划和建设，包括用地规划、建设选址、建设标准、设施标准等；二是文化馆的职能和服务，包括向社会提供基本公共文化服务的各项职能，文化馆的设施、设备、场地管理、安全管理、资产管理等制度；三是文化馆的人员和经费，包括人员编制数额、馆长负责制、人员从业资质、财政经费投入、社会捐赠等；四是文化馆的评估定级、绩效考核等检查和评估制度。

第二，修订《文物保护法》。修订《文物保护法》应重点关注以下几个方面：一是确立国家保护为主、社会共同参与的文化遗产保护新体制；二是明确政府责任，强化政府对文物保护重大事项的统筹协调职能；三是将实践中已经认可的新类型文物纳入其中并进行规制保护；四是设立文物保护专项资金；五是加强文物保护队伍建设；六是确立考古提前介入和政府出资的原则；七是完善文物保护法律责任立法。

第三，修订《传统工艺美术保护条例》。修订《传统工艺美术保护条例》应重点关注以下几个方面：一是明确从中央到地方负责传统工艺美术保护工作的部门，明确其工作职责及范围；二是建立传统工艺美术认定体系、建立传统工艺美术技艺认定体系、建立工艺美术大师评授体系；三是强化传统工艺美术原材料资源保护和利用；四是明确对传统工艺美术品种、技艺、人才和珍稀资源的保护措施和相应扶持政策；五是健全《条例》实施情况的监督机制。

4. 废止相关文化法律法规

1982 年《省（自治区、市）图书馆工作条例》、1985 年《革命纪念馆工作试行条例》、1986 年《美术馆工作暂行条例》可分别根据《公共图书馆法》《博物馆条例》《美术馆管理办法》等法律法规的出台进行修订或废止。

（二）"十三五"时期完善文化政策体系的建议

1. 政府投入保障政策建议

（1）公共文化服务政策体系。第一，建立公共文化服务的财政保障稳定增长机制。确保公共文化服务增长幅度持续高于财政总支出的增速；将公共文化服务投入与教育、科学、卫生等基本公共服务横向比较，不低于其他项目增速；预算执行中如有超收，从超收收入中相应安排文化支出。研究制定统一的公共文化领域中央财政专项资金管理办法，包括明确专项资金设立、分配计划的审批权限，明确财政部门、业务主管部门、专项资金使用单位、审计部门和监察部门管理职责以及中央、地方的监管职责，明确专项资金设立、调整、申报、审批、分配、使用等各个环节流程，建立预算编制、项目库管理、绩效考核机制，落实责任追究机制，建立专项资金信息公开机制等。

第二，在公共文化产品的创作和生产政策法规方面的建议。一是深化落实精品战略，包括继续引导实施"国家舞台艺术精品工程""国家重点京剧院团保护与扶持规划"等重点项目，持续推进"国家艺术作品引导发展工程"，健全精品战略系列扶持计划的运行机制、监督机制等；二是加大财政投入力度，促进各艺术门类全面协调发展；三是切实加强和改进文艺评奖和文艺评论；四是发挥艺术科研的导向和促进作用；五是健全面向基层群众的公共文化产品创作和生产机制。

第三，在公共文化产品和服务供给政策法规方面的建议。一是完善政府购买公共文化服务机制，从建立完善的公共文化服务政府采购机制、建立政府公共文化服务采购名录、加强对公共文化服务政府采购的监督管理和绩效评估等方面着手；二是建立由政府、社会组织和个人共同参与的多元主体生产模式，首先政府应积极制定、落实鼓励社会力量参与公共文化的制度和机制，搭建社会力量资助公共文化服务的平台，其次积极培育文化类社会企业，最后政府鼓励公民参与提供公共文化服务；三是提升公共文化服务效能，可从加强对公共文化产品创作生产引导，建立健全需求表达机制、创新公共文化服务方式，扩大公共文化服务机构免费或优惠开放范围，建立不同部门、行业的公共文化服务机构统筹机制，建立区域性服务体系等方面着手；四是完善国家公共文化服务体系示范区（项目）创建工作体制机制，可从探索完善示范区（项目）创建工作机制、加强对示范区（项目）创建工作的动态管理、总结推广各创建示范区（项目）的先进典型经验等方面着手。

第四，在公共文化领域文化和科技融合发展政策法规方面的建议。一是加快公共文化服务机构的数字化改造，包括实施公共文化服务机构的数字化改造、鼓励有条件的地区创设公共文化机构的数字化服务环境、加强公共文化服务机构管理的数字化等方面；二是加快公共文化服务内容数字化，包括构建公共文化服务内容数字化实现机制、推进公共数字文化资源建设、打造公共文化服务资源的信息服务体系等方面；三是建立互联互通的公共文化数字化综合服务平台，可从建立公共文化服务信息库、加强公共数字文化资源共建共享、探索公共文化服务数字化建设的创新模式等方面着手。

第五，在特定地域及特定群体的公共文化服务政策法规方面的建议。一是加强面向特殊群体的公共文化服务；二是加快推进农民工文化建设；三是深化少数民族地区公共文化服务体系建设；四是加强贫困地区公共文化服务体系建设。

（2）文化遗产保护政策体系。第一，在物质文化遗产保护政策法规方面的建议。一是建立健全物质文化遗产保护政策法规体系，包括完善历史文化街区、传统村落等不可移动文物保护制度，完善地下文物埋藏区保护制度，完善水下文化遗产保护制度等方面；二是健全文物保护的各项管理制度。

第二，在非物质文化遗产保护政策法规方面的建议。一是建立《非物质文化遗产法》和其他法律协调配合实施的有效机制；二是构建经费保障机制，确保各地方非物质文化遗产保护经费投入增长速度高于财政收入的增长速度；三是加大国家及各地区非物质文化遗产保护专项资金的财政投入力度；四是督促各地区逐步出台《非物质文化遗产保护专项资金管理办法》，该办法应对专项资金重点安排保护项目补助、各地区代表性传承人保护传承补助、非物质文化遗产实物征集三个方面做出规定。

（3）文化产业政策体系。第一，在财政支持文化产业政策法规方面的建议。一是建立健全财政资金在文化产业投入方面的稳定增长机制，包括提高文化支出占财政支出的比例及扩大文化产业发展专项资金规模，提高资金运作效能等。如英国政府为了解决中小型创意企业的融资困难，设立了多个专项基金进行扶持。美国地方及联邦政府利用部分其他产业的销售税建立了针对文化艺术产业发展的"信托基金"。二是优化财政资金在文化产业支出方面的结构，包括财政支持向欠发达地区倾斜、加大对文化产业重点领域的支持、给予不同类型文化企业同等待遇等。三是发挥财政资金杠杆作用，应设立国家文化发展基金、引导文化产业基金规范发展，并创新文化产业专项资金投入方式。四是研究出台国家层面的文化产业专项资金管理办法，应积极确立财政资金的批准制度，进一步分类规范资金的支持类型、申报流程、拨付程序以及监管方式，在财政资金分配过程中引入第三方评估与公众监督参与，筹备建立文化产业发展的联席会议制度，同时引入科学的政策评估机制。五是建立科学高效的政策绩效评估机制。第二，在文化产业与相关产业融合发展政策法规方面的建议。针对文化产业与科技创新融合发展，需推进文化产业与科技融合的体制改革，首先应切实转变政府管理职能，明确政府的管理职责，为文化产业与科技文化的融合发展提供支持和服务；其次应积极运用科技要素，发展新型文化业态；再次应建立起以市场为主导，以企业为主体，产学研相结合的文化技术创新体系；最后应完善文化科技人才建设机制，为文化与科技的融合发展提供人才保障。针对文化产业与旅游业融合发展，一是完善文化旅游融合发展协调工作机制；二是研究出台深入推进文化和旅游融合发展的实施意见，重点从明确政府对文化旅游的扶持及促进职责、文化旅游企业的权利与义务、文化旅游融合的重点任务等方面着手。

第三，在文化产业重点门类政策法规方面的建议。针对新闻出版业，一是加快新闻出版体制改革；二是放宽新闻出版准入制度；三是推进新闻出版对外开放力度。针对电影产业，一是研究制定关于鼓励电影网络院线发展的指导意见；二是探索建立电影分级管理制度。针对动漫、游戏产业，一是深化动漫产业重点工程建设，包括加强国产动漫振兴工程建设、推广国家动漫产业公共技术服务平台建设等方面；二是制定进一步推进移动网络游戏健康发展的政策措施；三是建立健全动漫、游戏产业知识产权保护体系。

（4）文化市场监管政策体系。文化市场监管政策体系包括文化市场管理政策体系和文化市场执法政策体系两部分。由于针对文化市场管理政策法规的建议主要是从文化法规立法的角度提出修改的，在政策体系建议方面应主要侧重于文化市场执法政策体系。针对文化市场执法政策体系的建议应从以下几个方面着手：一是加强队伍体制机制建设，提高执法水平；二是加强经费保障，保证执法需要；三是建立健全文化执法工作协调机制；四是加强文化市场执法制度建设。

（5）文化体制机制改革政策体系。完善文化体制机制改革政策体系可从以下几个方面着手：一是创新宏观文化管理体制，这是由于转变政府职能是文化管理体制改革的核心任务、政府在宏观领域要加强对文化事业和文化产业的调控。二是进一步壮大文化市场主体，首先在政策层面上，既要加快培育大型骨干文化企业，又要积极培育中小型文化企业；其次以建立现代企业制度为重点，深化经营性文化单位改革，培育合格市场主体。三是深化文化事业单位改革，以发展文化事业促进文化产业。

（6）文化人才队伍建设政策体系。完善文化人才队伍建设政策体系可从以下几个方面着手：一是提高文化事业单位人力资源体制改革政策可操作性，包括建立文化事业单位人事分类管理制度、完善文化事业单位内部领导体制、进一步推行人员聘用制度和岗位管理制度、加大分配制度改革力度、充分发挥收入分配的激励导向作用等方面。二是制定重点领域人才政策。日本非常重视内容产业人才的培养。如很多大学和职业学校开设有关内容产业的专门学科，如形象造型学科，尖端艺术表现，数码艺术，动画学科、媒体、艺术学科和情报设计研究室等。我国则主要从加大非遗传承人等基层人才支持力度、推动出台《全国演艺企业经营管理人才培训规划》等方面着手。三是建立科学的文化人才评价体系，主要从建立科学化、社会化的人才评价发现机制、健全科学的职业分类体系、推进职称制度改革方面着手。四是推进人才激励保障机制改革，主要从完善创新人才激励机制、完善分配制度、完善社会保障制度等方面着手。

2. 文化经济政策建议

（1）公共文化服务政策体系方面。一是推行"资金改基金"的基金制管理模式，以国家艺术基金、国家出版基金的运作为突破，广泛吸纳来自公共财政、文化产业经营收益和各种社会力量捐赠的资金。如根据美国国会 1965 年出台的《国家艺术和人文基金会法》（The National Foundation on the Arts and Humanities Act of 1965）成立了国家艺术基金会，其是联邦政府的一个独立机构，是国家每年为文化活动提供资助的最大的公共机构，并在艺术教育领域扮演领导者角色。它的使命是促进各种优秀艺术（包括传统艺术和新兴艺术）的发展，为所有 50 个州的美国人民提供接触艺术的机会，包括农村地区，内城区（inner cities）和军事基地。二是引入竞争机制，通过扩大政府购买主体、培育文化非营利组织、丰富购买内容等推动公共文化服务社会化，出台政府购买公共文化服务管理办法，将政府购买公共文化服务资金纳入预算，加大政府购买公共文化服务的力度。三是采取措施刺激、扩大文化消费，每年安排专项资金用于文化消费补贴。四是进一步健全和完善引导、鼓励的政策措施，落实税收、用地、精神激励等方面的具体优惠政策。如建立系统化的税收优惠政策，加大企事业单位、社会组织和个人对投资文化基础设施、赞助公共文化活动、捐赠公共文化机构等公共文化事业资助的税收优惠，允许企业通过税前列支、加速折旧、税收减免等方式进行企业所得税、个人所得税扣除；鼓励企业参与公共文化服务产品生产和供给，并对符合条件的企业给予增值税、营业税、城建税、房产税等税收优惠；扩大对图书馆、博物馆等公共文化场馆免征营业税，加大对公共文化事业增值税优惠，拓宽公共文化事业税收返还优惠对象，加大税收返还优惠力度。对捐赠公益文化事业，除税收优惠外，可酌情从土地转让、建设规费、水电使用费、冠名表彰等方面给予一定的支持。

（2）文化产业政策体系方面。第一，利用税收杠杆引导投资是各国政府对文化产业进行支持的普遍方式。如英国重视通过税收政策来支持文化产业的发展，对出版业从未征收增值税；对投资 2000 万英镑以上的电影实行减税优惠等。美国联邦政府对出版物不征收商品销售税；对出口图书不征收增值税和营业税（先征后退）；对进口图书也免征进口税。此外，对出版物的邮寄实行优惠政策。美国政府给予美国软件企业"永久性研发税优惠"。为此，我国在税收支持文化产业政策法规体系的完善方面，需要从以下几个方面着手：一是构建完善的文化产业税收政策体系。建议从颁布统一的文化产业税收优惠政策法规、形成覆盖文化产业全产业链的税收优惠、适当延长政策执行时限加强税收征管协调、全面清理各类税收优惠政策等方面着手。二是实施以间接优惠为主、直接优惠为辅的文化产业税收优惠方式。建议从直接优惠循序渐进向间接优惠过渡，在过渡期内采取两种优惠方式并举的办法，同时加大所得税的优惠力度，增加关于增值税、营业税等间接税种的优惠政策等方面着手。三是加大文化产业税收优惠力度，促进公平竞争。包括将推动文化体制改革和"转企改制"的税收政策的受益主体延伸至各类文化企业，针对小微文化企业的特点加大税收优惠力度，加大对西部、民族文化产业、地方特色文化产业等地区的税收优惠力度，对为贫困、少数民族地区及少年儿童、老人等特殊人群提供公共文化产品、科普文化产品的企业实行免征增值税、所得税优惠，对新闻出版、电影电视、游戏动漫、软件互联网等产业比照对高新技术企业开展税收优惠，鼓励文化企业加大科技投入，对其用于研发的费用实行税收抵扣甚至加倍抵扣，对文化产业园区实施税收优惠等。四是扶持"营改增"后税负增加的文化企业。

第二，在金融支持文化产业政策法规体系方面的建议，一是健全文化金融服务体制机制，包括支持创新文化金融服务组织形式、建立完善的文化金融中介服务体系、推广创建文化金融合作试验区等方面；二是创新文化产业金融产品与服务，可从加快推动金融机构针对文化产业的金融创新、研究出台支持文化企业上市融资的意见及加大金融支持文化消费的力度等方面着手；三是完善文化金融组织实施机制及配套保障体系，包括强化文化金融合作联席会议制度、加强财政对文化金融合作的支持等。对于产业融合，应建立健全文化产业与科技融合的投融资机制，出台文化科技型的轻资产企业融资担保解决方案及设立文化产业风险补偿基金等。

第三，在土地支持文化产业政策法规方面的建议。一是借鉴地方成功经验，细化土地支持政策。鉴于政策法规只在大方向上对土地支持文化产业相关问题进行了指导性规范，在土地使用、市政配套、基础设施建立等方面还没有专门规定，建议国土资源部等有关部门在制定政策法规时可以借鉴地方在土地支持文化产业方面的经验。二是制定文化产业土地规划，实行差别化供应土地制度。一方面，根据我国资源现状和土地利用规划的原则，科学制定文化产业土地供应计划和土地利用规划；另一方面，实行差别化供应土地，优先安排、重点供应一些基础性项目、公益性项目、文化产业集聚发展项目；此外，鼓励将城市转型中退出的企业原有用地、流转集中后的农村集体经营性建设用地优先用于发展文化产业。三是研究出台进一步加强文化产业园区管理的指导意见，主要从明确建设目标、加强科学规划、强化园区建设的功能定位、突出重点分级推进园区建设、加强园区规划指导、规范园区设立条件等方面着手。四是建立文化产业土地供给的地区联动制度。

3. 文化贸易促进及人才队伍建设政策建议

在文化贸易促进方面，主要从以下几个方面着手：一是建立部门协调机制。例如文化和旅游部、商务部与海关协调合作，完善对文化企业的出境出口审批政策，减少出境出口审批程序，为文化企业"走出去"提供通关便利。二是完善对外文化贸易税收政策，增强文化保税区功能。重点采取加大对文化出口的政策支持力度、对国家重点鼓励的文化产品出口实行增值税零税率政策、支持文化企业提高外汇资金使用效率等措施。三是依托"丝绸之路文化产业带"制定可行性政策。主要从推动建立区域性对外文化贸易网络、加强政策和规划的顶层设计、协调统筹发展等方面着手。四是建立对外文化贸易人才培养体系，主要从改进对外文化贸易人才培养模式、建立对外文化贸易人才激励机制等方面着手。

实施创新人才培养和引进机制。鼓励高等院校通过自主办学或者联合办学、与文化企业合作建立教学、科研和实训基地等方式，培养文化产业实用型人才。因地制宜，创新基层文化人才队伍培养。例如，在韩国，文化产业振兴院制定了一个综合计划来培养专业的文化创意人才，产生有创造性的实际能力的专家，还提供各种培训项目，对现有文化从业人员进行再培训，以提高工作绩效。此外，很多韩国大学都设立与文化产业相关专业。目前已有包括韩国外国语大学、汉阳大学等重点大学在内的110所大学开设了文化产业本科专业，81所研究生院开设了文化产业相关硕博课程。鼓励政府机构设立文化产业研究课题，鼓励有条件的高校、产业集团等单位成立文化产业研究机构，为政府决策及市场运作提供参考。建立科学化、社会化的人才评价及激励机制，统筹推进专业技术职称和职业资格制度改革，优化人才结构，提升文化人才队伍的创新能力。鼓励文化企业建立和完善绩效评价与收入分配制度，采取股权奖励、股权出售、股票期权、分红激励等方式，激发高端文化创意人才的创新活力。建立非遗传承人、高层次人才、高技能人才、复合型人才、专门人才等重要人才和特殊人才的补充保险和政府投保制度。

4. 加强文化政策制定的科学性、可行性、公正性

一是文化政策制定将产业发展与公共文化服务体系建设有机结合。形成政府资金引导、政策鼓励扶持、社会主体广泛参与的公共文化服务供给格局，强调文化产业在传承文化、价值引领、培育和践行社会主义核心价值观方面的人文价值和功能，形成公共文化服务体系建设与文化产业相互促进、相互扶持的良性循环机制。二是加强文化政策的协调性。在文化政策制定时形成文化经济的战略思维，坚持"大文化"的整体发展思路，形成关联带动效应，最大限度地影响带动其他产业的发展。加强文化部门内部及文化部门与相关部门之间的沟通协作，推动各部门在文化政策制定过程中，将与文化建设相关的关系纳入考量，避免相互冲突、彼此阻碍的状况，形成相互衔接、联通合作、配合无间的文化政策体系。三是促进政策制定过程的开放透明公开。政策制定过程中采取广泛征求公众意见、举办政策听证会等方式，确保政策制定的客观性、公正性，政策制定后及时实行内容公开、执行信息公开，加强政策解读和普及，建立公正高效的政策绩效评估体系，以人民群众是否满意作为绩效考核的主要标准，积极引入第三方机构、新闻媒体和社会力量进行监督，特别是涉及相关财政资金支

出的政策，形成政策调整退出机制。四是强化政策程序性保障。尽快研究建立、完善统计指标体系和统计制度，做好政策制定前的调研工作和数据收集分析工作，发挥专项人才作用。促进政策制定目标、政策调节手段、政策形势的多样化，形成政策体系观念，形成文化综合治理机制。

（三）加强依法行政，强化法律实施的建议

1. 进一步深化文化行政管理体制改革

从分业管理转向综合管理。"十三五"时期，文化产业管理需由"小文化"向"大文化"转变，文化结构需由原来的纵向式管理向纵横结合的综合管理转变，稳步推进文化管理的大部制改革，科学设置综合文化行政部门的内设机构，对于原有各文化行政管理部门的业务处室予以保留，对于行政、人事、财务等处室综合安排，确保履行有关行政职责。

从单一管理主体转向管理主体多元化。治理的灵魂主线在于主体的多元化。西方各国在文化艺术管理体制上普遍实行一种政府、社会、个人共同参与的治理模式。这样一个"政府—专家（精英）—民众（社会）"共同治理的文化事务管理模式有效保障了文化决策，尤其是重大文化决策的广泛社会参与，保证了政府文化决策的科学性和民主性，有效避免了因决策失误造成的重大损失。

从依靠行政管理为主转向依法管理为主。文化治理能力的现代化要从依靠行政管理为主向依法管理为主转变。其一，加快文化立法，制定完备的文化法律法规体系，包括基本文化法律和各种配套的文化法规。其二，完善文化行政执法体系，提高执法效能。要确立文化执法的独立地位，增强文化执法机构的权威，进一步完善文化执法程序，建立一支高素质的文化执法队伍。此外，还要建立文化执法责任制，用机制来约束和监督执法行为，促使执法机关和执法人员严格执法。

2. 进一步加快政府职能转变

按照建设法治政府和服务型政府的要求，加快政府职能转变应做到以下几个方面：一是进一步推动文化系统行政审批制度改革，以加强事中事后监管为重点，内容管理需更加尊重艺术创作规律。在文化行政许可的设

定上，应当遵守《行政许可法》第 13 条的规定，充分发挥市场和社会的调节功能，与行政审批改革相结合，清理整顿目前名目繁多的、妨碍文化市场发展、限制公民行使文化基本权的不必要的文化行政许可事项。在文化产品及服务的内容管理上，如电视剧、电影等事先审查，要坚持以人民为中心的创作导向，尊重文化艺术规律。二是推动文化行政管理部门实现由主要管理直属单位向社会管理转变，充分发挥社会行业组织和文化企业的自我监管功能，综合运用自我规制、受规制的自我规制、共同规制和政府规制等多元监管模式。三是由行政管理手段为主向综合运用法律、经济、行政、技术等多种管理手段转变，更好地履行政策调节、市场监管、社会管理、公共服务职能。四是理顺政府和文化企事业单位关系，要继续规范推进政企分开、政事分开、政资分开、政府与市场中介组织分开有关工作。

3. 进一步提高依法行政能力

一是健全依法决策机制，加强对重大决策的合法性审查，规范应对行政复议、行政诉讼等行为，完善促进文化系统依法行政的内部监督机制。二是制定健全文化市场体系的总体方案，全面推进文化市场管理体系建设，建立文化市场动态监测网络，制定出台《关于加强文化系统知识产权工作的指导意见》，建立健全文化系统知识产权工作体系，研究设立文化知识产权服务中心和文化知识产权研究中心。三是进一步健全完善和继续实行文化部常年法律顾问制度、文化法制专家委员会制度，为文化立法和行政审批制度改革提供重要智力支持。四是全面推进政府信息公开，完善公众参与和监督机制，坚持以公开为常态、不公开为例外原则，推进决策公开、执行公开、管理公开、服务公开、结果公开，例如建立中央财政文化专项资金信息公开机制，开通信息公开统一平台，对专项资金管理办法、申报指南、申报情况、分配方式和分配程序、分配结果、绩效评价、监督检查和审计结果以及接受和处理投诉情况等方面的信息向社会全面公开。五是适时召开全国文化法制工作会议，全面部署文化系统法制工作。

4. 进一步提高文化执法水平

一是健全文化市场综合行政执法机制，理顺职责分工，密切配合，形成工作合力。严格明确文化部与有关部门在指导文化市场综合行政执法上各自的职责，建立统一完善的文化市场综合行政执法工作制度、文化市场管理联席会议制度，实行部门联动，开展联合执法行动。二是进一步规范执法程序及执法制度。完善《行政处罚法》中未明确规定的重要执法制度，如举报受理制度、重大案件管理制度、处罚决定抄告备案制度等；对执法实践中存在的重点、难点内容进行深化和细化，如紧急措施、重大案件集体讨论、听证会召开的程序及听证报告的内容等；改进重大案件管理工作，依法惩处各类违法行为，加强网络文化市场违法经营活动查处工作。三是加强文化市场支撑体系建设，包括建立完善的技术体系、信用体系、监管体系、行业管理等文化市场支撑体系。如制定信用管理规章制度，建设艺术品征信系统和演出信用系统，建立健全文化市场守信激励和失信惩戒机制，发挥文化市场领域各协会行业自律作用，制定娱乐场所经营规范和演出经纪人员从业规范，推动中国艺术品经营行业协会成立。四是加强执法队伍体制机制建设。增强文化执法人员的理论素养和综合素质，不断提高文化市场综合执法队伍的整体装备水平和执法形象，着力建设一支政治强、业务精、纪律严、作风正、形象好的文化市场综合执法队伍，逐步提高综合执法队伍的专业化水平。

5. 健全组织机构，加强文化系统法治人才队伍建设

推动在文化和旅游部各业务司局、各直属单位和各地文化厅局建立政策法规研究机构，负责本业务领域和行政区域内的法治建设，在全系统形成共同推动法治建设的合力。以文化法制联络员队伍为依托，建立一支高素质、懂法律、能力强的文化系统法治人才队伍，加大培训力度。在现有的人才队伍中选择骨干力量，结合未来五年的立法规划和重点立法项目进行重点培养。充实完善文化部文化法制专家委员会，建设文化新型法制智库，充分发挥外脑资源在决策参考、立法咨询、项目论证等方面的作用。

（四）加强文化政策与文化立法的有效衔接

文化政策和文化法律一起构成文化管理的主要手段和方式，二者呈现出相互作用、相互影响的关系。"十三五"时期完善文化政策法规保障体系，在抓好法律法规层面立法的同时，应结合实际，把一些经得起时间考

验的、实践证明行之有效的政策及运行机制用法律的形式固定下来，巩固改革成果，改变文化领域总靠政策和"红头文件"规制的现状，走上依法治理的轨道，加强立法和政策、实践的有效衔接。

1. 文化政策转化为文化法律

法律调整将在社会文化领域内越来越多地取代原来文化政策的职能和作用，成为社会文化生活中最主要的调节手段。通常来说，文化政策的转化具有不同的形式。有的文化政策采取党中央与国务院联合发布的形式。这种形式使得文化政策与文化法律在形式和属性上相统一并直接具有了相应的法律效力。还有的文化政策文件在贯彻执行过程中被文化立法机构援引，成为具有法律效力的权威性文件，从而完成从原则到具体规则的转化，这也是文化政策转变为文化法律的一种典型方式。还有一部分文化政策虽然并没有在形式上被转化为法律规范，但是被作为了立法的渊源，其功能性等同于法律机制。① 以《公共文化服务保障法》的制定为例，应将各类文化政策中可操作的保障制度作为立法渊源固化为法律条款。如经费保障制度，2011 年十七届六中全会通过的《关于深化文化体制改革推动社会主义文化大发展大繁荣若干重大问题的决定》提出把"主要公共文化产品、服务项目和活动纳入公共财政经常性支出预算"，2013 年文化部《"十二五"时期公共文化服务体系建设实施纲要》提出保证公共财政对文化建设投入的增长幅度高于财政经常性收入增长幅度，提高文化支出占财政支出比例。《公共文化服务保障法》应纳入上述文化政策中确定的政府投入保障机制，明确国务院和地方人民政府把公共文化服务纳入本级公共财政经常性支出预算，确保公共文化服务投入增长幅度持续高于财政总支出的增速；建立中央和地方财政分项共担的经费保障机制，规定国务院和地方人民政府需要合理划分所属各级财政公共文化服务支出责任。

同时，文化政策转化为文化法律必须要遵守正当程序，这是文化政策转化为文化法律的重要保障，也是民主与法制社会的重要原则。现阶段，在我国的文化立法实践中，虽然并没有明确正当程序原则，但是《立法法》

---

① 景小勇：《"文化政策"与"文化法律"概念的比较分析》，《艺术评论》2012 年第 4 期。

中关于提案、听证、审议等制度要求，以及《行政许可法》等包含的类似法律规定，已经对正当程序原则进行了实践中的贯彻。只是专门针对文化政策转化文化法律的制度研究，并没有得到特别的关注。文化政策的广泛性、基础性，以及在社会文化生活中起到的核心指导作用，奠定了文化政策的独特特点和在国家文化事业发展中统领性地位。① 因此，必须加强文化政策转化为文化法律的正当性研究，这是党在进行文化宏观管理过程中如何实行依法执政和提高执政能力这一命题的重要内容之一。

2. 文化政策作为文化法律的有益补充

在进行文化管理过程中，文化法律的作用并不能一味高估，尤其由于文化法律滞后性的存在，法律对如网络中的草根媒体崛起、人肉搜索、微博客与微视频的兴起、网络盗版、网络侵权等类似文化现象的界定往往迟迟难以划定，这可能会导致法律未覆盖的社会文化生活处于无监管和无序状态，而文化政策则可以弥补某些方面文化法律的空白。无论文化法律如何严密，其固有的局限性导致其始终将出现落后于实际和客观形势，永远都存在不完善、不详尽之处。这就要求不仅要建立协调预期的法律机制，更要善于利用文化政策的灵活性来弥补其中的不足。② 一是在尚未制定文化法律的社会文化领域内，社会关系只能以文化政策调整为主。例如，目前我国规范文化内容的相关法律很少且立法难度特别大。即使最新发展的网络管理立法，因为内容管理母法缺失，目前也只是有《信息网络传播权保护条例》《关于加强网络信息保护的决定》等侧重规范传播的立法。硬件设施管理立法容易，内容管理立法难，从推动立法的角度可以优先进行文化管理偏重硬件领域的立法，比如硬件设施条件、网络建设等，文化内容管理则更多偏重采用政策手段。二是当已经制定的文化法律不足以调整社会文化领域内各种复杂关系的时候，政策和法律同时作为调整规范存在，相互配合和补充。如文化执法领域，文化行政机构和文化执法机构在依法行政及办案过程中往往要进行适当变通，以考虑党的文化政策需要。

---

① 景小勇：《"文化政策"与"文化法律"概念的比较分析》，《艺术评论》2012 年第 4 期。
② 景小勇：《"文化政策"与"文化法律"概念的比较分析》，《艺术评论》2012 年第 4 期。

第十一章　文化安全的法律治理

本章论述了我国文化安全治理所面临的体制机制瓶颈，分析了文化安全的内涵，强调加强法治建设是文化安全治理的根本途径，梳理了我国文化安全法治建设的现状及存在的问题，提出了加强文化安全法律治理的思路。

党的十九大报告将"坚持总体国家安全观""完善国家安全制度体系""加强国家安全能力建设"确定为新时代坚持和发展中国特色社会主义的重要内容。在《国家安全法》框架内加强文化安全法治建设、推进文化安全治理法治化，对保障文化安全、促进文化发展、健全国家安全体系具有重要的理论价值和实践意义。

一　文化安全治理面临体制瓶颈

近年来，随着我国经济社会的发展，人民群众的精神文化需求迅速增长，并呈现出多层次、多样化的发展趋势，这既推动了文化的发展和繁荣，也使文化安全问题日益凸显。

(一) 文化安全的概念与内容

文化安全是文化不受威胁的客观状态，是国家安全的有机组成部分。文化有"显性"和"隐性"之分，文化安全也有蕴含精神内容的物质实体的安全和附着在物质实体上的精神要素或思想观念的安全之别。附着在物质实体上的精神要素或思想观念的安全包括时间和空间两个维度，时间维度的精神要素或思想观念的安全又可分为共时性的精神要素或思想观念安全（如公共文化安全）和历时性的精神要素或思想观念安全（如文化传承和创新）；空间维度的精神要素或思想观念的安全则指本国文化免受他国文化的侵蚀和不同种族、地域的文化免于消亡。就当前我国文化领域的实际状况而言，文化安全主要涉及精神要素或思想观念的安全，包括意识形态安全、民族文化安全和公共文化安全三个方面内容。

1. 意识形态安全

意识形态安全是反映统治阶级意志、代表统治阶级利益的观念和理论体系不受威胁的客观状态。社会主义意识形态是反映我们党和人民群众意志的自觉的、系统化的思想观念体系，任何违反四项基本原则、背离社会主义核心价值观的文化生产及相关文化产品都会对社会主义意识形态造成冲击，危及意识形态安全。

2. 民族文化安全

民族文化安全是意识形态安全的特殊表现形式，民族文化安全问题的产生源于极端民族主义者对不同民族文化之间差异的偏狭理解。极端民族主义者往往鼓吹本民族文化至上，贬低、抹黑其他民族文化，从而导致民族矛盾和冲突不断激化。在宗教因素的作用下，一些民族宗教冲突甚至演变为恐怖主义活动，而互联网技术的广泛应用、网络文化产品的快速传播又为恐怖主义和极端主义的传播和扩张提供了便利条件。

3. 公共文化安全

公共文化安全即文化产品所承载的精神要素或思想观念不得违反社会公共道德。任何违背基本道德准则的文化活动，如制作含有淫秽、色情内容的网络直播，发布带有赌博性质的手机游戏，销售宣扬暴力、凶杀的网络动漫等均有害于公共文化安全。与此同时，在文化生产和传播中，受利益驱使侵犯他人名誉、隐私和著作权的行为虽然侵犯的是个人权利，但加重了社会成员的不安全感，加剧了人与人之间的信任危机，最终会破坏社会道德秩序，也可视为危害公共文化安全的一种形式。

维护文化安全本质上就是要应对"文化不安全"。《国家安全法》第二十三条规定："国家坚持社会主义先进文化前进方向，继承和弘扬中华民族优秀传统文化，培育和践行社会主义核心价值观，防范和抵制不良文化的影响，掌握意识形态领域主导权，增强文化整体实力和竞争力。""防范和抵制不良文化的影响"是当前我国文化安全治理的首要任务，目的就是要化解各类文化不安全因素。尽管《国家安全法》并未明确什么是"不良文化"，但从文化安全所涉及的内容来看，其主要包含危害意识形态安全的文化、激化民族矛盾和宗教冲突的文化、违背社会公德的文化和侵犯个人权利的文化四种类型。

（二）文化安全治理的现实困境

文化安全治理即运用各类制度和方法管理文化安全事务，防范和抵制不良文化的影响。文化安全治理是文化治理的有机组成部分，是国家治理的重要领域。党的十九大报告指出，必须坚持和完善中国特色社会主义制度，不断推进国家治理体系和治理能力现代化。推进国家治理体系和治理能力现代化，就是要实现党、国家、社会各项事务治理的制度化、规范化、程序化，善于运用制度和法律治理国家。作为文化领域内的国家治理对象，文化安全治理同样需要体系和能力的现代化，需要系统、规范、有效的制度支撑。然而，从文化安全领域的实际状况来看，我国的文化安全治理制度仍需完善，离治理现代化尚有一段距离。

当前，我国文化领域实行的是在党委宣传部门指导和监督下的，文化和旅游部门、国家广播电视总局等政府部门的分业管理模式。这种多头和分业的管理模式不仅有分工过细、条块分割、政出多门、职责不清、效率不高等问题，还存在重行政手段、轻法律手段，行政许可和前置审批设置较多等现象，文化市场主体参与文化经营活动的难度较大、成本较高。[1] 政府文化管理的弊端对文化安全治理的影响也显而易见：文化管理主体结构不合理导致文化安全治理缺乏系统性和协调性；前置或事前审查较多导致文化安全治理效率偏低；文化安全治理过于依赖行政手段，无法满足治理体系和治理能力现代化的要求；等等。

---

① 孙萍：《文化管理学（第三版）》，中国人民大学出版社，2015，第 66~67 页。

2018 年 3 月中共中央印发《深化党和国家机构改革方案》（以下简称《方案》），《方案》详细部署了文化领域的党和国家机构改革。[①] 上述改革能够优化职能配置、提高效率效能、规范行业监管，对推进国家文化治理体系和治理能力现代化具有积极作用。但也要看到，无论机构如何设置，都会有边界存在，都不可避免地会出现职能的交叉和交错，很难彻底改变分业管理格局，适应产业融合、跨界经营的发展趋势。

总体来看，文化安全治理面临的困境和障碍实质上是一种制度性的困境和障碍，而制度困境的破解和制度障碍的克服需要借助法律的力量，走法治化道路。

二　加强法治建设是文化安全治理的根本途径

文化安全治理是一项复杂的、长期的工程，需要系统、稳定的制度支持，需要与文化发展相适应的现代化治理手段。作为国家治理的基本方式、国家治理现代化的关键环节，法治能够满足文化安全治理的内在要求，是文化安全治理的根本途径。

（一）法治能够调整与文化安全相关的行为或社会关系

法治即根据法律治理国家和社会，强调法律作为一种社会治理工具在社会生活中的重要地位。设定权利义务、追究责任、施加制裁等是法律规制人们行为、调整人与人之间交互关系的主要方式。法律以行为和社会关系为调整对象，与文化安全相关的生产、经营、管理行为或社会关系也符合法律调整的客观要求。

首先，文化安全是文化不受威胁的客观状态，文化安全状况不会随着主体主观感觉的变化而变化，不属于"单纯的思想和观念"范畴，所以，

---

① 《深化党和国家机构改革方案》指出由中央宣传部统一管理新闻出版、电影工作；整合文化部和国家旅游局，组建文化和旅游部，作为国务院组成部门；组建国家广播电视总局，作为国务院直属机构；整合中央电视台（中国国际电视台）、中央人民广播电台、中国国际广播电台，组建中央广播电视总台，作为国务院直属事业单位，归口中央宣传部领导。

与文化安全状况相关的各类行为或社会关系能够成为法律的调整对象。

其次，现阶段的文化安全以防范和抵制四类不良文化为主要内容，这些不良文化源自文化产品的生产和传播，涉及新闻、出版、广播、电视、电影、社会科学研究、网络等多个文化行业。在文化行业的生产和经营中必然会产生一系列具体的社会关系，这些具体的社会关系并非"依据社会生活客观规律发生的大规模的、群众性的社会过程"，是有关国计民生的重要的社会关系，可以为法律所调整，成为法律的调整对象。

最后，文化行业是文化生产者或经营者的集合，他们的生产或经营行为是受主体自我意识支配的行为，能够被法律调整；政府的文化管理行为同样是受主体自我意识支配的行为，并且，政府的文化管理是一种行政行为，应受行政法约束，也自然是法律调整的对象。

法治既包括静态意义上的形式统一、结构严密、内容协调的法律体系，又包括动态意义上的由立法、执法、司法等环节组成的法律运行机制。既然与文化安全相关的生产、经营、管理行为或社会关系可以成为法律调整的对象，那么文化安全治理法治化就切实可行，立法、执法、司法就是能够实现文化安全治理目标的有效手段。

（二）法治能够为文化安全治理提供系统、稳定的制度支持

安全是一种相对的状态，危险因素少就会相对安全，危险因素多就会相对不安全。在中华民族文化发展的进程中，文化安全问题虽然时轻时重，但总会不同程度地存在。文化安全治理是一项长期工作，需要从制度层面给予其系统、稳定的制度支持，在信息技术和数字技术广泛应用、新兴文化业态不断涌现、跨业经营愈加普遍的当下，系统明确的规范指引和公开透明的程序约束对于文化安全治理体系和治理能力现代化不仅必要而且必须。

从已有的文化安全治理方式来看，行政手段较为常用，并且，在当前和今后一段时期内，行政手段仍将是文化安全治理的主要手段。制定政策或发布命令等行政手段虽然具有灵活性和时效性强、收效快等特点，但却存在系统性、稳定性、程序化程度低等不足，无法为各类文化活动主体提

供明确的、相互协调的规范指引，难以借助专门机构和程序追究侵害文化利益或文化秩序者的相应责任。在多头、分业管理的格局之下，上述不足愈加凸显。当文化安全治理缺乏系统、明确的规范指引，文化生产经营者就不能预见到自己的行为会产生何种法律后果，容易导致文化活动的无序；当文化安全治理缺乏公开透明的程序约束时，文化管理权的行使就不能受到有效的监督和制约，容易出现权力寻租和暗箱操作，不利于甚至阻碍文化创造力的发挥。

法治是规则之治，确定性、协调性、稳定性是规则之治的显著特征；法治是程序之治，不论普通公民的法律行为，还是立法、执法、司法活动，都需要遵循法定的时间、空间和方式等程序性要求。法律规则的明确清晰、协调统一、持续稳定有助于弥补行政手段的不足；法律程序的正当合理、公开透明有助于权利被享有、义务被履行，避免权力滥用和权力寻租，防止腐败滋生。作为规则之治和程序之治的法治，能够满足文化安全治理对于规则和程序的特殊要求，是文化安全治理有力的制度支撑。

（三）法治能够为文化安全治理提供与文化发展相适应的治理手段

文化要讲安全，安全是发展的条件；文化要讲发展，发展是安全的基础，是最大的安全。文化安全治理不仅要防范和抵制不良文化的影响，还要坚持安全和发展并重，以发展为最终目标，这意味着文化安全治理必须要与文化发展相适应。然而，当前的文化管理体制与文化发展趋势却并不同步：一方面，信息技术和数字技术的广泛运用、网络媒体的出现不仅使文化行业的类别和文化产品的种类愈加丰富，也使不同文化行业之间，甚至文化行业与其他行业之间的界限逐渐模糊。而目前多头、分业的文化管理方式却割裂了原本联系紧密的文化生产，在应对新兴文化业态涌现、文化产业边界拓展等问题上明显反应迟缓，无法实现文化资源的整合利用。另一方面，通过行政方式配置文化资源，不仅降低了产业集中度，造成了资源的闲置和浪费（如按照行政层级设置中央、省、市、县四级电视台），还容易导致资源垄断和行业垄断，无法形成统一、竞争的文化市场，无法实现文化资源和生产要素的优化配置。

在文化管理体制与文化发展趋势不相适应的情况下，实现文化安全治理现代化必须运用法治思维和法治方式。

首先，文化发展需要改变以行政手段配置文化资源的传统管理体制，发挥市场在文化资源配置中的决定性作用。市场经济是法治经济，统一、开放、竞争、有序的现代文化市场体系的建立健全必须要建立在法治的基础之上。

其次，文化发展需要改变多头、分业的文化管理主体结构，实行文化生产领域的协调管理。不论是跨部门的协同管理，还是跨层级的整体协作，都需要依法界定管理主体的职责权限，借助法定程序规范行政权力的行使。

最后，文化发展需要广泛的社会参与，需要党委政府、企业、公民等不同主体的共同治理。法治对社会共治有促进作用，能够使政府文化管理与文化行业自我管理相协调，实现文化管理主体的多元化。

三 文化安全法律治理的现状及不足

法治主要包括立法、执法、司法三个环节。立法是执法和司法的前提和基础，文化安全治理法治化必须坚持立法先行、立法先导，发挥立法的引领和推动作用，抓住提高立法质量这个关键。然而，在现行的涉及文化安全的立法中，系统性、协调性和针对性不足，政策法律化程度不高等问题却普遍存在，这对文化安全法律体系的建立和完善、文化安全法律法规的有效实施以及文化安全领域行政和司法工作的顺利开展均产生了不利影响。

（一）立法缺乏系统性、协调性和针对性

受多头、分业的文化管理格局和以行政手段为主的文化管理方式所限，我国文化安全领域一直都没有专门的或统一的立法。现行的涉及文化安全的立法有两个突出特点：一是部门规章占据多数。部门规章共 38 部，占立法总数的 60.3% 。二是以行业立法为主要方式。新闻、出版、广播、电影、

电视、互联网等涉及文化安全的行业性立法共 53 部，占立法总数的 84.1%。① 尽管近两年《国家安全法》《网络安全法》陆续出台，但这两部法律只简略提及了文化安全或仅关注于文化安全的某个方面，并不是关于文化安全的专门性立法，未对不良文化的种类和表现形式、维护文化安全的法律义务、违反文化安全义务所应承担的法律责任等做出具体规定。在没有统一立法的情况下，涉及文化安全的法律、法规、规章以及规范性文件之间就难免会出现相互冲突或衔接不畅的情形。

比如，电视和网络相结合的产物——网络剧近些年发展势头强劲。从性质上看，网络剧为"互联网文化产品"，应受《互联网文化管理暂行规定》（由文化部制定）调整，不属于《电视剧内容管理规定》（由新闻出版广电总局制定）的调整范围。但为了扩大市场、提高收视率，网络剧或电视剧的台网同播越来越普遍，而《电视剧内容管理规定》（由新闻出版广电总局制定）第五条和《互联网文化管理暂行规定》（由文化部制定）第十六条对文化产品内容的管理规定却并不一致，人为地添加了传播壁垒。"相同内容、不同标准"现象的出现，一方面是因为在文化安全问题上分行业立法，另一方面是因为行政立法权分散，文化部和新闻出版广电总局在制定部门规章时缺乏沟通和协调。

又如，《中国电影产业促进法》（效力层级为法律）第十六条第七款要求电影不得含有"侮辱、诽谤他人或者散布他人隐私，侵害他人合法权益"的内容。但《电影管理条例》（效力层级为行政法规）第二十五条第八款只要求电影片禁止载有"侮辱或者诽谤他人，侵害他人合法权益"的内容，并未涉及"散布他人隐私"。而对含有"散布他人隐私"内容的影片，《中国电影产业促进法》本身也没有做出相应的处罚规定。不同效力层级的法律、行政法规、部门规章之间协调统一是法律有效适用的前提，新制定的法律法规规章应当与已实施的法律法规规章相衔接。《中国电影产业促进法》是《电影管理条例》的上位法，且前者的制定和施行时间要晚于后者，从法理上来说，《中国电影产业促进法》应当在《电影管理条例》的基础上

---

① 参见全国人大法律法规库：http://law.npc.gov.cn/FLFG/index.jsp。

对不良文化做出更为科学合理的管理规定，但实际并非如此。

此外，立法宽泛、缺乏针对性也是文化安全立法的一个短板。例如，我国《刑法》《网络安全法》《广播电视管理条例》《艺术品经营管理办法》等均规定相关文化产品不得含有淫秽内容，但对什么是淫秽并无特别说明。比较细致的关于淫秽内容的规定或说明主要见于新闻出版广电总局制定的一些规章和规范性文件（如《广电总局关于加强互联网视听节目内容管理的通知》），但这些规章或规范性文件的效力层级不高、适用范围有限，它们关于淫秽内容的规定不能当然地成为《刑法》《网络安全法》《广播电视管理条例》等法律、行政法规对"淫秽"的认定标准，也不能成为同为部门规章的、由文化部制定的《艺术品经营管理办法》关于"淫秽"的认定标准，这给文化安全执法和司法带来了困扰。

（二）政策法律化程度不高

党的十九大报告将"坚持社会主义核心价值体系"确定为新时代坚持和发展中国特色社会主义的基本方略，提出要"把社会主义核心价值观融入社会发展各方面，转化为人们的情感认同和行为习惯"。

培育和践行社会主义核心价值观是维护我国文化安全的重要内容。但当前培育和践行社会主义核心价值观的具体要求一般都出现在政策文件中，如《"十二五"时期国家动漫产业发展规划》要求坚持社会主义先进文化前进方向，引导广大动漫工作者自觉践行社会主义核心价值体系；《关于加强文化领域行业组织建设的指导意见》提出把社会主义核心价值观要求贯穿到行业组织运行管理的各方面和全过程；等等。《宪法》第二十四条虽然对道德、社会主义精神文明建设等社会主义核心价值观的内容做了原则性规定，但它对如何通过法律途径推进思想道德建设、怎样将社会主义核心价值观内化到法律条文中去则未有提及。

党的十八届四中全会提出要"实现立法和改革决策相衔接，做到重大改革于法有据、立法主动适应改革和经济社会发展需要"，协调好改革与法治、政策与法律之间的关系，一方面要提高立法的前瞻性，在确立基本制度和规则的同时保持必要的灵活性，为实践探索保留一定的空间；另一方面要做到立法及时跟进，将政策及时上升为法律。

最近几年，有关培育和践行社会主义核心价值观的政策文件，如中办《关于培育和践行社会主义核心价值观的意见》，中办、国办《关于进一步把社会主义核心价值观融入法治建设的指导意见》，中办、国办《国家"十三五"时期文化发展改革规划纲要》等均提出要把社会主义核心价值观融入法治建设，推动社会主义核心价值观入法。社会主义核心价值观入法、提高意识形态安全政策的法律化程度对防范和遏制各类危害意识形态安全的不良文化至关重要，对文化生产社会效益和经济效益的统一有着积极的推动作用。社会主义核心价值观入法可以发挥立法的引领作用，可以弥补法律规则的缺陷，可以推动法律制度变革，可以促进依法治国与以德治国相结合，但如何克服由立法质量和效率不高、立法部门化带来的"法律接纳能力不足"、由法律系统自身的封闭性带来的"基本道德规范入法难"等问题①，还须进一步分析论证。

（三）执法不能满足文化发展需要

文化安全执法即文化安全行政，是指政府文化管理部门依照法定职权和法定程序，履行文化安全维护职责、贯彻和实施文化安全立法的活动。

文化市场管理是文化安全执法的主要方式。目前，我国的文化市场管理主要有三种途径：一是文化经营许可。即文化管理部门通过颁发许可证、执照等形式赋予相关组织或个人从事文化生产或服务的资格或权利。二是文化产品审查。即文化管理部门对进入文化市场领域的文化产品内容实施审查管制。三是文化市场行政执法。即文化管理部门依据相关法律规定对各类文化经营活动进行监督检查，并对违法行为进行处理。② 在行政法框架内，文化经营许可属于行政主体的行政许可行为，文化产品审查属于行政主体的行政监督检查行为，文化市场行政执法则是行政主体的行政监督检查行为和行政处罚行为的结合。③

---

① 刘风景：《社会主义核心价值观入法的理据与方式》，《当代世界与社会主义》2017 年第 4 期。
② 孙萍：《文化管理学（第三版）》，中国人民大学出版社，2015。
③ 齐崇文：《公共文化管理的法律之维》，《东岳论丛》2017 年第 7 期。

从上述行政行为实施的时间点来看，市场准入行政许可、内容审查等前置或事前的审查或监督占了相当大的比重。前置或事前审查虽然简单、直接，但却并不符合文化发展的客观需要：在新媒体、互联网急速发展的当下，对海量文化产品进行前置或事前审查并非易事。即便实施审查也难免耗时冗长，无法及时回应消费者需求。并且，前置或事前审查在一定程度上会抑制文化创造自由和活力、不利于文化发展，与文化安全治理目标相悖。

与此同时，由于未能实现执法主体权限、责任以及执法程序的法定化，文化安全执法问题频现。文化部与新闻出版广电总局关于《魔兽世界》网络游戏的管理权限之争、新闻出版广电总局《电视剧内容管理规定》和文化部《互联网文化管理暂行规定》对相同文化内容实行不同管理标准等都表明，当前我国的文化安全执法体制很难保证文化安全治理的系统性和协调性，不利于各文化行业的健康发展，权责清晰、程序公正的依法行政体制亟须建立。

四　加强文化安全法律治理的思路

推进文化安全治理体系和治理能力现代化，提升文化安全治理法治化水平，首先要加强文化安全立法，坚持立法先行。在完善立法体制机制，增强法律法规规章及时性、系统性、针对性、有效性的同时，还须坚持依法行政，并通过公正司法来统一法律适用、弥补立法疏漏，为法律的制定和修改提供实证基础。

（一）综合运用"立""改""废""释"，整合现有立法

行业立法、立法部门化是文化安全立法的首要特点，也是文化安全立法的问题之源。立法分散、不同类型法律文件之间衔接不畅等问题不解决，立法的引领和推动作用就无法发挥，文化安全领域的执法、司法和守法也就无从谈起。统合各类文化行业立法，防止部门利益法律化，提高文化安全立法系统性、协调性和科学性的最直接的方式就是制定专门的文化安全

法。尽管立法并非越多越好，法律的效力层级并非越高越好，但制定专门的文化安全法确有必要。

第一，制定文化安全法是维护我国文化安全的客观需要。从当前我国的文化安全形势来看，"不良文化"的普遍存在已给社会发展带来了负面影响，需要通过制定文化安全法来明确文化安全的概念和内容、不良文化的类型、危害文化安全的行为、监督管理方式、法律责任和处罚标准等，使文化安全监管于法有据。

第二，制定文化安全法是落实《国家安全法》的重要举措。文化安全法是一部关于文化安全保障的基础性法律，涉及文化安全维护全局，不能囿于之前立法的惯性思维，将各类文化行业性立法中有关不良文化的规定简单地相加，而是要吸收《国家安全法》所规定的基本原则和基本制度，结合文化安全所具有的无形性（涉及精神需求）、变动性（文化产品不断有新的表现形式）和差异性（"文化折扣"现象的存在），将《国家安全法》中关于文化安全维护的规定进一步细化。

第三，制定文化安全法是弥补现有立法不足的有效方式。现有的涉及文化安全的法律法规存在立法分散、不同类型法律文件之间衔接不畅、立法宽泛、立法未及时跟进社会发展变化等不足，制定专门的文化安全法可以弥补上述立法不足，积极应对文化安全形势变化，有效化解文化安全风险。

除制定专门的文化安全法外，加强文化安全立法还需要灵活运用"改""废""释"对现有立法进行整合。

首先，对不具备适用条件的立法应"废"。对适用期已过、调整对象不存在、主要内容不适应经济社会发展需要、主要内容与新法或上位法相抵触或不一致等已不具备适用条件的立法应当由法的制定者予以废止。特殊情况下，上级或高位制定者有权就下级制定者所制定的法宣告废止，如国务院有权废止文化部和新闻出版广电总局制定的不具备适用条件的部门规章。

其次，对内容宽泛、法律责任不明确的立法应"改"。如《公益广告促进和管理暂行办法》第十五条规定："公益广告活动违反本办法规定，有关法律、法规、规章有规定的，由有关部门依法予以处罚；有关法律、法规、规章没有规定的，由有关部门予以批评、劝诫，责令改正"，但该规定并没有指出哪些是"有关法律、法规、规章"、哪些是有权予以处罚、劝诫的"有关部门"。没有明确的法律责任内容和具体的追责主体，法律责任就无法落到实处，立法的目标也就无从实现，而解决此类问题最妥当的方式就是由法的制定者进行相应的修改。并且，对于由同一立法主体制定的，存在内容宽泛、法律责任不明确问题的法律文件，还可以通过"包裹立法"的方式进行完善。

最后，对协调性低的立法应"释"。立法的协调性低主要表现为上位法和下位法的不一致以及同效力层级的法不一致，且立法的协调性低往往与立法内容宽泛相混杂，如《刑法》《网络安全法》《广播电视管理条例》《艺术品经营管理办法》都未对"淫秽"做出明确界定。对协调性较低的立法最宜采用"谁立谁释"的方式。为保证立法的统一性，各级立法主体在做出法律解释前应就同一问题进行充分沟通，并在法定权限内，遵循法定程序，根据有关法律规定、政策、公平正义观念、法学理论和惯例等对该问题做出说明。

（二）提高政策法律化程度，推动社会主义核心价值观入法

当前，文化安全领域政策法律化的一个重要任务就是推动社会主义核心价值观入法，利用法治来实现国家价值目标、社会价值取向和个人价值准则。[1] 社会主义核心价值观入法可以发挥立法的引领作用、可以弥补法律规则的缺陷、可以促进依法治国与以德治国相结合，但阻碍性因素也十分明显。

一方面，立法能力不足。立法行为导向错误，立法不够严谨审慎，权利义务内容设置不合理，不当地刺激放大人性丑恶的一面，导致诸如"假离婚"等不道德行为的产生等就是立法能力不足的表现，这些都会成为社会主义核心价值观入法的"绊脚石"。[2]

---

① 刘风景：《核心价值观建设的法治之维》，《中国社会科学院研究生院学报》2015 年第 4 期。
② 刘风景：《核心价值观建设的法治之维》，《中国社会科学院研究生院学报》2015 年第 4 期。

另一方面，法律调整方式具有特殊性。法律是针对行为而设立的，单纯的思想和观念不能成为法律调整的对象，要想对思想和观念加以调整必须将其转化为受意志支配的行为。社会主义核心价值观属于思想观念范畴，不论富强、平等还是诚信、友善都是价值目标，这些价值目标需要通过具体的行为调整、借助行为规则的设置来实现，而设置具体的关于社会主义核心价值观的行为规则过程就是这些价值的规范化或者法律化过程。2017年施行的《民法总则》将救危济困、崇德向善等道德要求上升为法律规范，较好地实现了社会主义核心价值观向法律规范的转化，但是否所有的相关立法都能做到这种转化还未可知。

排除上述阻碍性因素，提高文化安全政策法律化程度，推动社会主义核心价值观入法须做到以下几点。

首先，坚持民主立法。在立法过程中应通过立法听证会、论证会、座谈会的方式征询关于法律草案的意见，广泛听取各方意见，了解群众的价值诉求，从而使立法更贴合实际、反映客观规律，防止立法机关任意立法、避免立法部门化、地方化，便于公众守法和法律的实际施行。

其次，坚持科学立法。坚持科学立法，一要健全立法起草、论证、协调、审议、表决机制，通过完善立法程序来推动社会主义核心价值观入法；二要根据社会主义核心价值观入法所面临的主要问题来编制立法规划、设立立法项目；三要对立法的成本—收益、可能产生的正面或负面社会效果、可行性等进行充分论证，发现问题须及时改进和纠正。

最后，完善立法备案审查制度和立法绩效评估制度。现行法律法规体系之中，与社会主义核心价值观要求不相适应的法律规定不在少数，对此，需要加强立法备案审查制度，建立健全法律法规定期清理机制，依照法定程序及时修改和废止，确保良法的形成与维护，完善中国特色社会主义法律体系。① 而在社会主义核心价值观入法之后，对其取得的成就和效果进行绩效评估也十分必要。法律绩效评估既是决定法律保留、修改或废止的重要依据，又是检验立法主体决策质量与水平的基本途径，建立健全法律绩

---

① 刘风景：《核心价值观建设的法治之维》，《中国社会科学院研究生院学报》2015年第4期。

效评估机制对于增强法律实效、加强立法与执法、司法、守法的联系均有积极作用。①

（三）构建以政府事中事后监管为主的文化安全治理模式

党的十九届三中全会通过的《中共中央关于深化党和国家机构改革的决定》指出要强化事中事后监管，改变重审批轻监管的行政管理方式，把更多行政资源从事前审批转到加强事中事后监管上来。由于文化安全执法中的前置或事前审查会抑制文化创造自由和活力，不利于文化发展，与文化安全治理目标相悖，因此，变"事前审查"为"事中事后监管"是大势所趋。

事中事后监管是在文化市场经营和管理过程中，文化行政机关以文化产品登记备案、文化市场稽查等方式进行文化审查、追究相关行为人责任的文化管理制度。② 事中事后监管有利于放宽文化市场准入，激发文化创造活力，扩大文化产品供给，降低文化管理成本，提高文化安全执法效率；而大数据、云计算等现代信息技术的运用又使事中事后监管能力得到进一步强化：文化管理部门能够更加充分地获取文化市场主体的生产经营信息，更加精准、及时地对违法违规的文化产品和文化企业进行清理和处罚，更加科学地预判和应对文化安全风险。

从"事前"到"事中事后"并不仅仅是审查时间点的改变，还意味着要通过立法来规定与"宽进严管"相匹配的、更为合理的监管权限划分、更为清晰明确的监管标准以及更为公开透明的监管程序。由于当前多头、分业的文化管理格局已经带来了政出多门、职责不清等问题，所以，实行事中事后监管要格外强调管理主体职责权限的法定化。将机构职能优化方案与事中事后监管模式相结合，并及时以法律形式固定下来是巩固改革成果、维护文化安全、促进文化发展最好的方式。当然，文化管理权限和事中事后监管方式的法定化，应充分考虑文化安全和文化发展的特殊性，科

---

① 汪全胜：《法律绩效评估机制论》，北京大学出版社，2010。
② 陈鸣：《西方文化管理概论》，山西人民出版社，2006。

学合理地设置各机构的职责权限，推动中央各部门以及中央和地方之间的协同合作。

需要注意的是，在事中事后监管模式之下，政府对文化市场的介入程度和控制力还是要比前置或事前审查低，这在一定程度上减弱了政府防范和抵制不良文化的能力。文化安全执法应以政府事中事后监管为主，但还须发挥文化行业自律的积极作用，形成文化安全领域政府、企业、社会多元共治的格局。2017 年 5 月 11 日中办、国办《关于加强文化领域行业组织建设的指导意见》的出台，表明文化行业组织在规范市场秩序中的作用日益受到重视。在进行文化市场管理立法时，应重视文化行业的立法参与，参考借鉴行业规划、行业标准和技术规范，确保所制定的法律法规规章能够最大限度地反映行业特点、行业需求和行业发展趋势，这将有助于立法的施行和文化市场秩序的安定。

（四）以司法裁判为基础，建立案例指导制度，发挥司法在文化安全维护中的积极作用

立法无法穷尽社会生活的方方面面；并且，立法具有滞后性，不可能时刻紧跟社会发展；立法具有抽象性，只能对一般的、具有共性的行为进行规制。法的有限性、滞后性和抽象性决定了立法疏漏或模糊在所难免，文化安全领域的立法也存在同样的问题。

尽管司法解释也是司法机关适用法律的一种方式，但由于解释主体（"两高"）、对象、发布形式并不是"具体"地针对个案，而是以抽象的、一般的、规范的形式发布，因此，"司法解释虽然名为解释，但从文本形式看往往具有规范性文件的特征"①，涉及文化安全的司法解释（如《最高人民法院关于审理非法出版物刑事案件具体应用法律若干问题的解释》等）都可以被视为"准立法"，这些"准立法"自身并不能解决立法疏漏或模糊的问题。

在缺乏文化安全立法或者文化安全立法存在模糊甚至抵牾的情况

---

① 陈兴良：《我国案例指导制度功能之考察》，《法商研究》2012 年第 2 期。

下，依据已有立法、通过个案裁判和法官的自由裁量来处理纠纷，能够弥补立法的疏漏、将法律规范的一般规定具体化，所以，以司法裁判为基础建立案例指导制度是当前发挥司法维护文化安全作用的较为可行的方式。

案例指导制度一般指由最高人民法院确立、颁布的，对全国审判工作具有指导作用的案例的制度。建立案例指导制度有以下几方面动因：一是填补立法空白或立法漏洞。案例指导制度学习借鉴了英美等国的判例法传统，将判例法的理念融入了我国制定法框架，是应对制定法的滞后性和不完整性的较为有效的方式。二是统一司法适用。通过发布指导性案例，最高人民法院可以明确该判决中所含有的法律原则或规则，这些原则或规则对其他法院今后的审判都具有约束力，有利于减少"同案不同判"，有利于统一法律适用。三是为法律的制定和修改提供实证基础。法律是调整社会生活的规范，任何制定和修改都将产生普遍效力，影响广泛而深远，需要有充分的实证支撑。案例指导制度可以通过纠纷解决形成裁判规则，通过个案裁判汇集纠纷样态、总结司法经验、提出立法建议，从而为法律条款赋予生命力，保证法律制定和修改的实证基础。[①]

2010年《最高人民法院关于案例指导工作的规定》发布，《规定》对指导性案例的编选条件、编选程序、指导价值和参照适用等方面做了原则规定，经过几年的实践探索已使其积累了一些可复制、可推广的经验。在文化安全法治建设中，可择机适用，积极发挥案例指导制度对完善文化安全立法、规范文化安全执法、推进文化安全治理法治化的积极作用。同时，文化行业也可以发挥自身优势，一方面与司法部门合作，对已有的涉及文化安全的判例进行采集并建立文化安全监管大数据库，方便文化生产和经营者查询已有的相关判例和判罚数据，进一步明确监管标准，降低文化监管者的主观性和随意性；另一方面由行业协会牵头，开展相应的判例学习和传播活动，促进文化生产和经营者对国家相应法规政策的熟悉和掌握，通过公众参与发挥司法在文化安全维护中的积极作用。

---

① 宿迟：《案例指导制度的作用和意义》，《法制日报》2017年7月1日。

后 记

党的十八届三中全会以后，国家治理体系和治理能力现代化问题受到各界的高度重视。国家文化治理体系和治理能力现代化问题，也成为文化领域关注的一个热点话题。

2014 年，我有幸成功申报了国家社科基金艺术学重大课题"国家文化治理能力和体系现代化建设研究"（项目批准号：14ZD04），以课题作为依托，邀请同行、召集我的博士生组成课题组，展开研究。

几年来，课题组取得了许多研究成果，共发表论文 20 余篇，撰写咨询报告近 30 篇。本书汇集了其中部分成果。

参与本书稿撰写的成员有（按照书稿章节顺序）：

中央党校（国家行政学院）文化政策与管理研究中心主任祁述裕教授，中央党校（国家行政学院）文化政策与管理研究中心副主任高宏存教授，中央财经大学副教授孙凤毅，国家行政学院博士孙博，国家行政学院博士曹伟，首都师范大学文化研究院助理研究员蒋璐，首都师范大学文化研究院副研究员郑以然，广州大学人文学院副教授盖琪，中央党校（国家行政学院）博士后刘雪露，宁夏大学公共管理学院讲师陆筱璐，中央党校（国家行政学院）博士生刘玉栓，西部国家版权交易中心总经理、西安电视剧版权交易中心董事长党雷，西安工程大学副教授金邦庆，中国社会科学院副研究员潘娜，中央党校（国家行政学院）副教授康晓强，华东政法大学助理研究员齐崇文等。

本书各章撰写人分别是：

导言　祁述裕

第一章　现代文化治理体系建构　高宏存、祁述裕

第二章　创新文化管理体制机制　祁述裕

第三章　深化文化财税体制改革　孙凤毅

第四章　健全现代文化市场体系　祁述裕、孙博、孙凤毅

第五章　放宽市场准入，提高文化服务业开放水平　祁述裕、陆筱璐

第六章　构建现代公共文化服务体系　祁述裕、曹伟

第七章　创新文化生产经营机制，激发国有文化企业活力　祁述裕

第八章　推进公共文化机构法人治理结构建设　祁述裕、高宏存、蒋璐、郑以然、盖琪、刘雪露、陆筱璐、刘玉栓

第九章　推动文化非营利组织参与国家文化治理　潘娜、康晓强

第十章　完善文化政策法规　党雷、程莉、金邦庆

第十一章　文化安全的法律治理　齐崇文

本人承担了后期统稿工作。

国家文化治理体系和治理能力现代化问题内涵非常丰富、研究难度很大。尽管课题组成员付出了很大的努力，形成了一些成果，但本课题研究还是初步的，存在问题和不足在所难免，敬请读者批评指正。

感谢国家社科基金艺术学规划办对我的信任，感谢参与课题研究的所有同仁，感谢社会科学文献出版社编辑不辞辛苦的工作，其敬业精神令人敬佩。

祁述裕

二〇一八年十月八日

图书在版编目（CIP）数据

国家文化治理现代化研究／祁述裕等著. -- 北京：
社会科学文献出版社，2019.1
ISBN 978 - 7 - 5097 - 2277 - 0

Ⅰ.①国… Ⅱ.①祁… Ⅲ.①现代化建设 - 研究 - 中
国 Ⅳ.①D61

中国版本图书馆 CIP 数据核字（2018）第 275002 号

国家文化治理现代化研究

著　者／祁述裕 等

出 版 人／谢寿光
项目统筹／蔡继辉　任文武
责任编辑／王玉霞

出　　版／社会科学文献出版社·区域发展出版中心（010）59367143
　　　　　地址：北京市北三环中路甲 29 号院华龙大厦　邮编：100029
　　　　　网址：www.ssap.com.cn
发　　行／市场营销中心（010）59367081　59367083
印　　装／三河市龙林印务有限公司

规　　格／开本：787mm × 1092mm　1/16
　　　　　印张：18　字数：272 千字
版　　次／2019 年 1 月第 1 版　2019 年 1 月第 1 次印刷
书　　号／ISBN 978 - 7 - 5097 - 2277 - 0
定　　价／98.00 元

本书如有印装质量问题，请与读者服务中心（010 - 59367028）联系